Nolting • Paulus

Psychologie lernen

Hans-Peter Nolting • Peter Paulus

Psychologie lernen

Eine Einführung und Anleitung

15., vollständig überarbeitete Auflage

BELTZ

Kontakt:
Dr. Hans-Peter Nolting
E-Mail: hanspnolting@gmail.com

Prof. Dr. Peter Paulus
E-Mail: paulus@uni-leuphana.de

MIX
Papier aus verantwortungsvollen Quellen
FSC® C089473
www.fsc.org

Dieses Buch ist auch erhältlich als:
ISBN 978-3-621-28626-8 Print
ISBN 978-3-621-28627-5 E-Book (PDF)
ISBN 978-3-621-28663-3 (epub)

15., vollständig überarbeitete Auflage 2018

Lektorat: Anne-Marie Stöhr
Bildnachweis (Einband): Matthieu Spohn/Getty Images
Einbandtypografie: Uta Euler

Herstellung: Lelia Rehm
Satz: Reemers Publishing Services GmbH, Krefeld
Gesamtherstellung: Beltz Grafische Betriebe, Bad Langensalza
Printed in Germany

Weitere Informationen zu unseren Autoren und Titeln finden Sie unter:
www.beltz.de

Inhaltsübersicht

Inhalt

Vorwort: Wofür dieses Buch nützlich ist

Dieses Buch ist eine Einführung und eine Anleitung. Eine *Einführung* in die Psychologie ist es insofern, als es über grundlegende Phänomene psychischen Geschehens sowie über wesentliche Gebiete und theoretische Richtungen der wissenschaftlichen Psychologie informiert. Es führt dabei allerdings auf eine andere Weise ein, als es sonst üblich ist. Denn es möchte Psychologie so vermitteln, dass sich die Wissensinhalte im Kopf der Lernenden zu einem »System« zusammenschließen und sich nicht einfach in Wissen zu Themenbereich A, zu Themenbereich B usw. aufteilen. Dies ist unseres Erachtens eine wesentliche Voraussetzung, um psychologische Kenntnisse auch auf neuartige Fragestellungen anwenden zu können.

Das Buch ist daher »integrativ« und »hierarchisch« aufgebaut: Wissensinhalte von großer Reichweite, die den Zusammenhalt des Ganzen sichern können, werden deutlich von speziellen Inhalten abgehoben und nicht wie gleichrangige »Themenbereiche« neben sie gestellt. Zu den Inhalten mit großer Reichweite gehören:

- grundlegende Aspekte des psychischen Systems (Kapitel 3),
- grundlegende »Tätigkeiten« im Umgang mit psychologischen Fragen (Kapitel 7).

Die »Gebiete« und »Richtungen« der Psychologie betrachten das psychische System aus speziellen Blickwinkeln und werden daher erst nach den »grundlegenden Aspekten« behandelt (Kapitel 4 bis 6).

Das Buch ist aber auch eine *Anleitung* zum selbstständigen Lernen. Es zeigt Wege auf, wie man psychologische Literatur und Seminare verarbeiten sollte, damit mehr als eine Summierung von Einzelkenntnissen herauskommt. Es will helfen, angesichts der Fülle der Informationen zu Themen, Theorien, Untersuchungsergebnissen und Methoden jene allgemein bedeutsamen Aspekte im Blick zu behalten, die immer zu beachten sind, wenn man an psychologische Sachverhalte herangeht.

Viele Menschen, die bei sich selbst »mangelnde« Kenntnisse feststellen, gehen wie selbstverständlich davon aus, dass sie *zu wenig* Kenntnisse besäßen und folglich die »weißen Flecken« in der Wissenslandkarte durch weitere Vermehrung des Wissens auszufüllen hätten. Wenngleich auch dies zutreffen kann, liegt doch das Hauptproblem vielfach darin, dass die Kenntnisse *unzureichend geordnet* sind, dass die grundlegenden Strukturen, die die Inhalte miteinander verbinden, nicht klar genug sind. Ordnung ist das halbe Lernen!

Man kann nicht »alles« lernen. Aber man kann so lernen, dass das Gelernte vielfältig zu verwenden ist. Wer Psychologie sinnvoll gelernt hat, muss auch dann beispielsweise zur Psychologie der Hilfeleistung, der Aggression oder der Lernstörungen etwas sagen können, wenn er diese Themen noch nicht »gehabt« hat. Es kommt darauf an, grundlegende Kategorien psychologischen Denkens, die sozusagen quer durch die Themen hindurchgehen, zu erwerben und ihre Übertragung auf neue Inhalte zu üben. Dies gilt auch für das Ziel, Fertigkeiten zur selbstständigen Analyse von Praxisproblemen in Beruf und Alltag zu entwickeln. Es ist das Anliegen des Buches, eine flexiblere Wissensverwendung in beiderlei Hinsicht – bei neuen Themen und bei Praxisproblemen – zu fördern. Es kann dazu jedoch lediglich einige Wegweiser setzen. Der Besuch geeigneter Seminare, eigenständiges Erproben im Alltag und weiteres Literaturstudium müssen hinzukommen.

Da das Buch in erster Linie eine Ausgangsbasis für das selbstständige Lernen schaffen will, versteht es sich nicht als Lehrbuch im üblichen Sinne. Die Darstellung von Theorien und Untersuchungsergebnissen nimmt daher einen vergleichsweise geringen Raum ein, wenngleich diese einen Hintergrund bilden, an dem wir, die Autoren, uns orientiert haben. Einen wichtigen Platz nehmen hingegen Begriffe ein, mit denen die meisten Lernenden in Lehrbüchern und Seminaren konfrontiert werden. Doch geschieht dies nicht in einem lexikonartigen Stil, nicht in einem Nebeneinander von Stichwörtern, sondern mit der Zielrichtung, die Begriffe in eine Ordnung zu bringen, ihr Verhältnis zueinander deutlich zu machen.

Ein typisches Problem aller Psychologie-Lernenden war dabei auch unser Problem: die verwirrende Begriffsverwendung in der

Psychologie – nicht nur die Vielzahl von Fachtermini, sondern auch die Tatsache, dass dieselben Termini bei verschiedenen Autoren zuweilen unterschiedliche Bedeutungen haben. Auch unser Wortgebrauch kann folglich keine Allgemeingültigkeit beanspruchen. Doch haben wir uns bemüht, uns an (unserer Einschätzung nach) häufig vorkommende Termini und ihre jeweils typische Bedeutung zu halten und überdies auf Begriffsverwandtschaften hinzuweisen.

Aus der Absicht des Buches, Einzelinhalte immer wieder zusammenzuführen und unter ein Dach von übergreifenden Aspekten zu stellen, ergibt sich ein *»spiraliger« Aufbau*: Grundlegende Inhalte werden schon frühzeitig vorgestellt und tauchen dann später auf anderen Ebenen wieder auf – in differenzierterer Form oder in neuem Kontext. Wer also trotz vieler neuer Inhalte immer noch die »roten Fäden« sieht, die sich durch alles hindurchziehen, hat so gelesen, wie wir es uns vorstellen.

Das Buch ist unseres Erachtens geeignet

- als eine Einführung für Interessenten, die sich selbstständig mit Psychologie beschäftigen wollen;
- als Studienbegleitung, die man nutzt, um Inhalte aus verschiedenen Büchern und Seminaren unter übergreifenden Gesichtspunkten zu ordnen und zu integrieren;
- als Seminarlektüre, die abschnittsweise durchgearbeitet wird.

Der Kreis der Psychologie-Lernenden ist recht groß. Er reicht über Studierende der Psychologie-Studiengänge weit hinaus. Für viele Lernende an Hochschulen, Fachschulen, Fachoberschulen etc. ist Psychologie Teil ihres Lehrplans; andere Interessierte besuchen Kurse in der Volkshochschule oder der gymnasialen Oberstufe. Das Buch ist so abgefasst, dass es für all diese Personenkreise verständlich ist und im Sinne der genannten Zielsetzungen verwendet werden kann. Die Literaturhinweise im Text nennen ebenfalls häufig Werke, die auch für Anfänger geeignet sind.

Im Übrigen versuchen wir, zwischen vorwissenschaftlicher (»naiver«) und wissenschaftlicher Psychologie Verbindungen herzustellen, indem wir an vielen Stellen typisches Alltagsdenken aufgreifen und wissenschaftlich orientierten Denkweisen gegenüberstellen.

Lesehinweise

Über grundlegende Inhalte informieren:

- Kapitel 1: Was sind »psychologische« Fragen?
- Kapitel 3: Grundlegende Aspekte des psychischen Systems
  Dieses Kapitel ist zugleich eine Basis für die Kapitel 4 bis 6
- Kapitel 7: Grundlegende »Tätigkeiten« im Umgang mit psychologischen Fragen

Orientierung zu einzelnen Schwerpunkten geben:

- Kapitel 4: Systembezogene Blickwinkel (Grundlagengebiete)
- Kapitel 5: Praxisbezogene Blickwinkel (Anwendungsgebiete)
- Kapitel 6: Theoriegeleitete Sichtweisen (Richtungen)

Diese drei Kapitel sind nicht dafür gedacht, sie nacheinander durchzulesen. Sinnvoller ist eine gezielte Auswahl. Sie könnte durchaus mit den Theorierichtungen (Kapitel 6) statt mit Gebieten (Kapitel 4 und 5) beginnen.

Zum Lernen und Verwenden von Psychologie-Kenntnissen leiten an:

- Kapitel 2: Ordnung in der Vielfalt
- Kapitel 8: Zielkompetenz I: Neue Themen strukturieren
- Kapitel 9: Zielkompetenz II: Praxisfälle analysieren
- Kapitel 10: Rückschau: Psychologie vernetzend lernen

In der vorangehenden Überarbeitung von 2009 wurden »interpersonale Bezüge« als eigener zusätzlicher Grundaspekt eingeführt (in Kapitel 3) und Anleitungen zum Transferieren von Grundwissen wurden wesentlich ausgeweitet (Kapitel 8 und 9).

In der vorliegenden Auflage haben wir alle Kapitel inhaltlich und/oder sprachlich überarbeitet. Das gilt vor allem für die Kapitel 1, 3, 4, 5, 6 und 7. Mit Blick auf neuere Entwicklungen in der wissenschaftlichen Psychologie wurden sie an vielen Stellen aktualisiert, und sie wurden durch neue Übersichtstafeln, Beispiele und Illustrationen noch leserfreundlicher gestaltet.

Juni 2018

Hans-Peter Nolting
Peter Paulus

Teil I
Einleitung

Kapitel 1 gibt erste Informationen über Psychologie,

Kapitel 2 erläutert das didaktische Anliegen dieses Buches.

1 Was sind »psychologische« Fragen?

Was sind Fragen, mit denen sich die Psychologie beschäftigt? Wann und wodurch ergeben sie sich? Worin unterscheiden sie sich von denen anderer Wissenschaften?

1.1 Psychisch – psychologisch – Psychologie

»Psychologie« ist kein Fremdwort mehr. Der Buchmarkt bietet reichlich Lektüre zur Information. Ein großer bundesweiter Versandhändler listet allein über 65 000 lieferbare Fach- und Sachbücher. Psychologinnen und Psychologen werden auch kaum noch wie Exemplare einer exotischen Gattung betrachtet, denn viele Menschen begegnen ihnen in Beratungsstellen, sozialen Diensten, Kliniken, Volkshochschulen, Medien usw. Auch ist die Verwendung des Wortes »psychologisch« durchaus geläufig (z. B. »das psychologisch wichtige Tor vor Ende der ersten Halbzeit im Fußball«). Dennoch würde es den meisten Menschen schwerfallen, zu sagen, was »psychisch«, »psychologisch« oder »Psychologie« bedeutet.

Geht man vom Wort »Psychologie« aus, dann bezeichnet es die Lehre von der »Seele« oder »Psyche«. Beide Begriffe werden aber in der Psychologie kaum noch verwendet. Einmal, weil sie traditionell durch andere Wissenschaften begrifflich vorbelastet sind (Philosophie, Theologie). Vor allem aber deshalb, weil durch diese Begriffe suggeriert wird, es gebe eine Substanz, eine Art »seelisches Organ«, eben die »Seele«. Ob dies so ist, lässt sich wissenschaftlich nicht überprüfen. Was man dagegen beobachten und damit der wissenschaftlichen Analyse unterziehen kann, sind menschliches »Erleben« und »Verhalten«.

Vom *Erleben,* verstanden als unmittelbare innere Erfahrung, können Menschen berichten; sie können z. B. ihre Gefühle, Vorstellungen, Wünsche mitteilen. Außenstehende können das Erleben anderer Menschen nicht direkt beobachten. Sie sehen nur körperliche Reaktionen, die man mit dem Erleben in Zusammenhang bringen kann: Weint jemand, könnte man schließen, er sei traurig; denkbar wären aber auch Schmerz oder Freude. Man sieht hier schon eine grundsätzliche Schwierigkeit: Eindeutige Schlüsse vom Verhalten auf das Erleben anderer Personen sind nicht möglich.

Das *Verhalten* ist der Selbstbeobachtung *und* der Fremdbeobachtung zugänglich. Es umfasst zuerst einmal die für jedermann sichtbaren körperlichen Bewegungen (z. B. ein Mann beobachtet sich beim Rasieren im Spiegel, ein Kind wirft sich brüllend auf den Boden; ein Junge lächelt ein Mädchen an). In der Regel sind es relativ komplexe körperliche Äußerungen wie Sprechen, Mimik, manuelle Tätigkeiten etc., doch können auch einzelne Reaktionen Gegenstand psychologischer Forschung sein (Atmung, Herzschlag, Magenschmerzen, Reflexe etc.). Zunehmend sind auch physiologische Korrelate des Erlebens und Verhaltens wie neuronale, hormonelle oder biochemische Prozesse Gegenstand psychologischer Forschung, insbesondere in der Biologischen Psychologie. Je nach wissenschaftlichem Standort und nach Fragestellung richtet sich der Blick in der psychologischen Analyse eher auf Erlebnisaspekte oder Verhaltensaspekte oder auch beide (*s. Tafel 1*). Von manchen Autoren wird »Verhalten« als Oberbegriff für alle psychischen Vorgänge benutzt, der dann das Erleben mit einschließt. Wir halten einen solchen Wortgebrauch aber für verwirrend und wenig sinnvoll.

Wie man Psychologie verstehen kann

Hermann Ebbinghaus (1850-1909), ein früher Wegbereiter der kognitiv-psychologischen Forschung und Begründer der Gedächtnispsychologie (s. auch S. 139) definiert sie in seinem Buch »Grundzüge der Psychologie« (1902/1908, S. 1f.) beispielhaft vom *Erleben* her: »Die Psychologie ist die Wissenschaft von den *Inhalten und Vorgängen des geistigen Lebens* oder, wie man auch sagt, ›die Wissenschaft von den *Bewusstseinszuständen* und den *Bewusstseinsvorgängen*‹. Die Psychologie hat es, wenn man dies kurz ausdrückt, mit den Gegenständen der Innenwelt zu tun, im Gegensatz zur Physik im weitesten Sinne als der Wissenschaft von den Gegenständen der räumlichen und materiellen Außenwelt.«

Floyd L. Ruch & Philip G. Zimbardo (1975, S. 24), der angloamerikanischen Tradition des Behaviorismus folgend (S. 213), stellten in ihrem Standardwerk der Psychologie (»Psychology and Life«) noch allein das *Verhalten* in den Vordergrund: »Psychologie ist die Wissenschaft vom *Verhalten der Lebewesen*«. Zwanzig Jahre später gibt Zimbardo (1995) im gleichen Buch (5. Aufl., S. 4) nun eine Definition, die sowohl Verhalten als auch Erleben umfasst: »Der Gegenstand der Psychologie sind *Verhalten, Erleben und Bewusstsein* des Menschen, deren Entwicklung über die Lebensspanne und deren innere (im Individuum angesiedelte) und äußere (in der Umwelt lokalisierte) Bedingungen und Ursachen.«

In dem von Astrid Schütz et al. herausgegebenen Lehrbuch »Psychologie« heißt es: »Aufgabe der Psychologie ist es, *menschliches Erleben und Verhalten* zu beschreiben, zu erklären, vorherzusagen und zu beeinflussen« (Wolstein et al., 2015, S. 24).

Auch David G. Myers (2014, S. 6) berücksichtigt in seinem Standard-Lehrbuch »Psychologie« sowohl *Erleben* als auch *Verhalten* in der Gegenstandsbestimmung. Nach ihm wird »die Psychologie heute als die Wissenschaft vom *Verhalten* und von den *mentalen Prozessen* definiert.«

Neuere Entwicklungen in der Psychologie, die auch die biologischen Grundlagen von psychischen Vorgängen betrachten, werden von Michael Gazzaniga, Todd Heatherington & Diane Halpern (2017, S. 23) aufgegriffen: »Wissenschaftliche Psychologie ist die Anwendung der wissenschaftlichen Methode auf die Untersuchung von *Geist, Gehirn und Verhalten.*«

Tafel 1: Beispiele für Definitionen der Psychologie

Kommt man mit den Begriffen »Verhalten« und »Erleben« überhaupt aus, um den Gegenstand der Psychologie zu benennen? Gehören zum psychischen Geschehen nicht auch »unbewusste« Vorgänge, die nicht eigentlich »erlebt« werden? Zweifellos: Die Sinnesorgane nehmen manche Informationen »unbemerkt« auf; viele alltägliche Aktivitäten laufen als Routine ohne bewusste Kontrolle ab, und ein Mensch kann aus Motiven handeln, die ihm selbst nicht klar sind. Einige Psychologen, vor allem tiefenpsychologisch orientierte, nehmen sogar eine eigene, abgegrenzte Region psychischer Vorgänge an, die als »das Unbewusste« bezeichnet wird. Andere sehen zwischen »bewusst« und »unbewusst« fließende Übergänge, ein Mehr oder Weniger an »Bewusstheit«. Wie dem auch sei: Da nicht-bewusste psychische Vorgänge für die Psychologie nur insoweit von Interesse sind, als sie das Erleben und Verhalten bestimmen, kann man es bei diesen beiden Begriffen belassen, um ihren Gegenstand zu benennen; denn als erklärender »Hintergrund« sind die nicht-bewussten Prozesse indirekt mit einbezogen. Vorsichtshalber werden wir allerdings in diesem Buch oftmals von »inneren psychischen Prozessen« statt von »Erleben« sprechen, um dem Missverständnis vorzubeugen, dass mit der »Innenwelt« nur klar bewusste psychische Vorgänge gemeint seien.

Da Menschen sich nicht *nicht* verhalten können und ständig innere psychische Prozesse ablaufen, haben alle Sachverhalte, an denen Menschen beteiligt sind, immer auch einen *psychischen Aspekt.* Ob er bei der Betrachtung des Sachverhaltes berücksichtigt wird, ist eine andere Frage. So können physiologische Vorgänge im Körper (z.B. Herzschlag, Blutdruck, Muskelanspannung) vollkommen unabhängig vom psychischen Geschehen betrachtet werden oder auch in Zusammenhang mit ihm.

Manche Sachverhalte werden durch die *Art der Blickrichtung* zu Sachverhalten mit psychischem Aspekt. Das Haus, das in sich zusammenstürzt, der Apfel, der vom Baum fällt – diese Sachverhalte sind zunächst physikalischer Art. Aber: Der Hausbesitzer, der weinend vorm zusammengestürzten Haus steht, das Kind, das den Apfel vom Baum fallen sieht – diese Sachverhalte enthalten psychisches Geschehen. Rückt dieses psychische Geschehen ins Blickfeld eines Beobachters, nimmt er eine *psychologische Perspektive* ein. Ihn interessiert, was die beobachteten Personen erleben und wie sie sich verhalten. Welche Sachverhalte ein Mensch aus psychologischer Perspektive betrachtet, hängt offensichtlich auch mit dem theoretischen Vorverständnis des Beobachtenden zusammen. So werden nicht alle Menschen auf die

Idee kommen – wie in der Astrologie –, Sternbewegungen mit psychischem Geschehen in Verbindung zu bringen!

Verhalten aus unterschiedlichen Perspektiven betrachtet

Beispiel Cybermobbing: Eine Schülerin der Sekundarstufe wird wiederholt und über einen längeren Zeitraum von Mitschülern im Internet beleidigt, verleumdet und bloßgestellt.

Perspektive	**Mögliche Fragen**
Psychologisch:	Welche Auswirkungen hat ein solches Verhalten auf das Erleben und Verhalten der Schülerin? Wie reagieren andere Mitschüler, wenn sie davon erfahren?
Pädagogisch:	Ist ein solches Verhalten des Schülers mit den Werten und Normen der Schule vereinbar?
Medizinisch:	Zeigen sich bei der Schülerin Anzeichen psychosomatischer Störungen?
Juristisch:	Kann die Schülerin oder auch die Schule rechtlich gegen die Mobber vorgehen? Ab wann handelt es sich um strafbare Handlungen?
Soziologisch:	Ist das Cybermobbing typisch für bestimmte gesellschaftliche Milieus, Schichten etc.?

Tafel 2: Ein Verhalten kann sowohl psychologisch als auch aus anderen Perspektiven betrachtet werden.

Zusammenfassend können wir also feststellen: Haben Sachverhalte Erlebens- und Verhaltensaspekte, können sie immer unter psychologischer Perspektive betrachtet, also mithilfe psychologischer Begriffe und Theorien analysiert werden. Sobald Menschen über psychisches Geschehen nachdenken, tun sie etwas Psychologisches – Laien wie Psychologen.

Umgekehrt können psychische Sachverhalte, z. B. fahrlässiges Verhalten, auch unter anderen Perspektiven betrachtet werden, etwa unter juristischen und finanziellen (z. B. »Schmerzensgeld«, s. auch das Beispiel in *Tafel 2*).

1.2 Warum stellen Menschen psychologische Fragen?

Wie kommen nun aber Menschen überhaupt dazu, sich psychologische Fragen zu stellen oder psychologische Aussagen zu machen? Eine Grundlage ist wohl, dass Menschen nahezu unvermeidlich auf das Phänomen der Subjektivität stoßen. Wir erkennen, dass unsere Eindrücke von der erlebten Wirklichkeit keine getreuen Abbilder sind. Es muss eine subjektive »Verarbeitung« bzw. »Konstruktion« der Wirklichkeit stattfinden. Offenkundig ist dies z. B. bei den sogenannten optischen Täuschungen. Wir sehen etwas, was real so nicht gegeben ist (*s. Tafel 52*, S. 217). Auch stellen wir manchmal fest, wie unterschiedlich objektiv gleiche Situationen wahrgenommen werden; Zeugenaussagen vor Gericht belegen dies immer wieder. Oder: Kinder werden sich im Laufe der Entwicklung des Unterschiedes von »Wachsein« und »Träumen« bewusst. In diesen Erfahrungen, die uns Menschen darüber belehren, dass wir selbst die Eindrücke der Wirklichkeit wesentlich mitgestalten, liegt wahrscheinlich die generelle Wurzel aller psychologischen Überlegungen und Fragen.

Doch damit bleibt noch offen, mit *welchen* psychologischen Fragen sich Menschen beschäftigen. Die ergeben sich offensichtlich aus den vielfältigen Anforderungen des Lebens. Menschen stellen psychologische Überlegungen an, um sich im Leben zurechtzufinden und Probleme zu bewältigen. Unentwegt gibt es Anlässe für irgendwelche Fragen: »Warum kann ich mich schlecht konzentrieren?«, »Warum ist der Chef heute so schlecht gelaunt?«, »Preist mir der Verkäufer diesen Artikel an, weil er wirklich gut ist oder weil er daran am meisten verdient?«, »Ist die neue Nachbarin so nett zu mir, weil sie mich mag, oder weil sie so ein freundlicher Mensch ist?« Und unentwegt machen wir psychologische Aussagen: »Also, die Gabi würde sicher gut in unsere WG passen«, »Klar könnte Ines die Schule schaffen; sie muss nur wollen«, »Es ist gut, dass Max jetzt Fußball spielt; da lernt man, sich an Regeln zu halten«.

Nahezu unvermeidlich müssen Menschen sich also psychologische Gedanken machen, um Entscheidungen zu treffen, um mit Menschen umzugehen, um einen Rat zu erteilen oder bei einem Streitthema einfach nur mitzureden. Würde man sich keine Gedanken über die Motive eines anderen machen, würde man vielleicht in eine Falle tappen. Würde man nicht einschätzen, ob jemand für eine Arbeit geeignet ist, hätte man später vielleicht viel Ärger und Kosten am Hals. Auch Menschen, die das Wort Psychologie noch nie gehört haben, die vielleicht in einem abgeschiedenen Volksstamm fern jeglicher Schulbildung aufwachsen, auch die denken psychologisch.

Weil der Bedarf so groß ist, sollen schon seit ewigen Zeiten Sprichwörter und Volksweisheiten Orientierungshilfen geben (»Was Hänschen nicht lernt, lernt Hans nimmermehr«, »Auf einen groben Klotz gehört ein grober Keil«). Heute bieten Tageszeitungen, TV-Zeitschriften und viele andere Medien Lebensberatung zu Erziehungsproblemen, Ängsten, Mobbing am Arbeitsplatz und den Wegen zum Glück. Wie groß oder klein der »wahre Kern« von Sprichwörtern ist, wie seriös die psychologischen Beiträge in Publikumszeitschriften sind, das ist gewiss sehr unterschiedlich (zu Sprichwörtern s. Frey, 2017). Klar ist allerdings, dass zahlreiche populäre Annahmen, die wie modernes psychologisches Allgemeingut daherkommen, weit von Wissenschaft entfernt sind (etwa: Man könne am Puchingsack »Aggressionen abreagieren«; oder: Man könne visuelle, auditive und andere »Lerntypen« unterscheiden; s. Lilienfeld et al., 2010; Nolting, 2012). Allerdings: Wenn ein ernsthaftes »Problem« entsteht und der alltagspsychologische Fundus nicht weiterhilft, wird vielfach die wissenschaftlich fundierte Psychologie um Rat gefragt.

Dass Menschen nahezu unvermeidlich psychologisch denken, dass sie zudem fühlende und handelnde Wesen sind, gilt übrigens auch dann, wenn sie zum Objekt psychologischer Forschung werden. Dieser Tatbestand unterscheidet die Psychologie als Wissenschaft sehr deutlich von allen Wissenschaften, die es mit passiven Objekten zu tun haben, aber er macht Forschung nicht unmöglich (Lück, 2015; s. auch *Tafel 3*).

Menschen denken psychologisch – auch in psychologischen Experimenten

»Der Gegenstand der Psychologie unterscheidet sich in einer Beziehung ganz fundamental von demjenigen der sog. klassischen Naturwissenschaft. Als Galilei durch empirische Studien die Fallgesetze aufstellte, brauchte er sich nicht darum zu kümmern, was andere Leute über das Fallen von Steinen denken, und er brauchte auch nicht zu befürchten, dass die Steine über sich selbst und ihr Fallen nachdenken, um je nach Ausgang ihrer Überlegungen mal so und mal so zu fallen. Aber genau dies muss der Psychologe im Hinblick auf seinen Gegenstand, den lebendigen Menschen, tun. Sein Gegenstand hat Theorien über sich und andere Menschen, und er leitet aus diesen Theorien Erwartungen ab, die in seine Verhaltenssteuerung einfließen« (Laucken, 1974, S. 231).

Tafel 3: Auch als Forschungsobjekte machen sich Menschen ihre eigenen Gedanken.

In der wissenschaftlichen Psychologie werden psychologische Fragen gewöhnlich im Licht bestimmter theoretischer Ansätze formuliert. Sie liefern den Bezugsrahmen, in dem die psychischen Phänomene analysiert werden können. Solche theoriebezogenen Betrachtungsweisen werden in Kapitel 6 vorgestellt. Die Annahmen und Begriffe der jeweiligen Betrachtungsweise sind der Kritik und der Überprüfung durch wissenschaftlich akzeptierte Methoden ausgesetzt. Sie ermöglichen dadurch eine Diskussion und Weiterentwicklung der bisherigen Kenntnisse auf rationaler Grundlage.

Da Psychologie als Wissenschaft und Berufstätigkeit in gesellschaftlich-politische Zusammenhänge eingebettet ist, werden psychologische Fragen und ihre Bearbeitung auch von gesellschaftlichen Entwicklungen, vom Wandel der Interessen und Anschauungen mitbestimmt. So regt etwa die öffentliche Diskussion über Drogenmissbrauch, Gewalt oder die Nutzung digitaler Medien von Jugendlichen psychologische Forschungen über das Jugendalter an. Auch aus gesellschaftlichen Praxisfeldern wie Erziehung, Arbeit oder

Gesundheitswesen ergeben sich psychologische Fragestellungen und praktische Anforderungen, die von den Gebieten der »Angewandten Psychologie« aufgenommen werden (s. Kap. 5).

Lernreflexion

Kommentieren Sie folgende These: Bei den meisten Fächern, mit denen man sich neu beschäftigt (z. B. Fremdsprachen, Mathematik), lernt man mit jeder Lektion *dazu*; bei Psychologie muss man oftmals auch *um*lernen.

2 Ordnung in der Vielfalt

In diesem Kapitel möchten wir das Motto »Ordnung ist das halbe Lernen« ein wenig erläutern. Wir begründen, warum es wichtig ist, in der Fülle des Lehrstoffs den Überblick über Kernpunkte zu behalten. Zugleich geben wir eine Vorschau auf eben diese Kernpunkte: Wir stellen in Kurzform die roten Fäden vor, die sich durch alle Inhalte hindurchziehen und daher die Organisierung des Wissens erleichtern können.

2.1 Ist Psychologie unübersichtlich? Zur Fülle der Themen, Gebiete, Theorien

Wer sich mit Psychologie befasst, kann angesichts der Themenvielfalt leicht den Eindruck gewinnen, dieses Fach sei wohl uferlos – und in gewisser Weise stimmt das natürlich. Man sieht dies unter anderem daran, dass sich, ähnlich wie in anderen Wissenschaften, kaum ein Psychologe als Experte für die »ganze« Psychologie versteht; alle spezialisieren sich in gewissem Grade auf bestimmte Problemfelder. Das ist normal und unvermeidlich.

Aber es geht nicht nur um die *Menge* der Inhalte, es geht auch um mangelnde *Übersichtlichkeit.* Vielen Studierenden erscheint es schwierig, die Themen der Seminare und Bücher in einen sinnvollen *Zusammenhang* zu bringen. Von wenigen Querverbindungen abgesehen, scheint jedes Seminar und jedes Buch für sich zu stehen, sodass daraus eine lockere Sammlung aus diesen und jenen Kenntnissen entsteht, das Gesamtwissen aber keine klare Ordnung erhält.

Die kann auch schwerlich entstehen, wenn man sich lediglich an behandelten *Themen* orientiert. »Themen« gibt es in beliebiger Zahl, in beliebiger Form und mit beliebigen Inhalten. Sie können sich auf ein Riesengebiet beziehen (»Die psychische Entwicklung des Menschen«) oder auf eine ganz spezifische Frage (»Der Einfluss von Alkohol auf die Rechenleistung«). Jedes einzelne Thema kann in sich klar geordnet sein. Doch mehrere Themen scheinen in zufälligen Relationen, sozusagen »kreuz und quer« zueinander zu stehen.

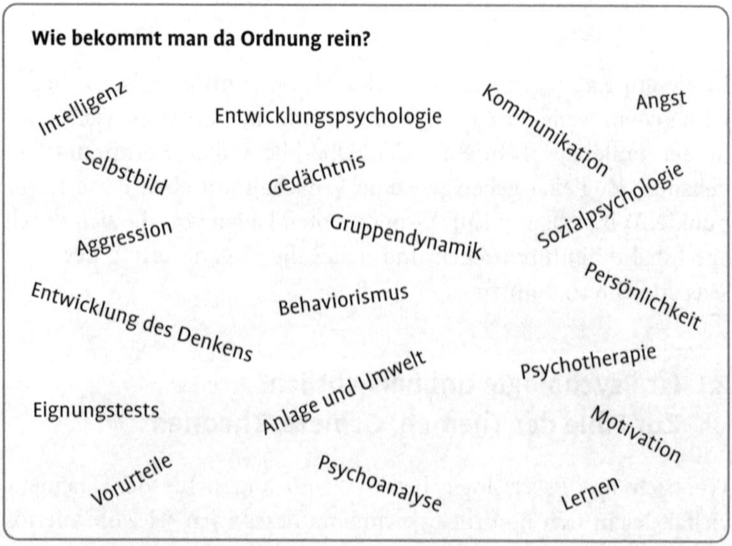

Tafel 4: Stichwörter zu einigen Themen der Psychologie – eine unübersichtliche Sammlung, sofern man nicht über Ordnungskriterien verfügt.

Anders ist es schon bei »*Gebieten*«. Zwar kann der Ausdruck »Gebiet« ähnlich offen verwendet werden wie »Thema«. Aber es gibt durchaus Standardgebiete, die auf Einteilungskonventionen beruhen. Solche Gebiete (oder Teildisziplinen) beziehen sich auf umfassende Schwerpunkte. Zu nennen sind insbesondere:

- Allgemeine Psychologie, Differenzielle und Persönlichkeitspsychologie, Entwicklungspsychologie und Sozialpsychologie als Grundlagengebiete
- Klinische Psychologie, Pädagogische Psychologie, Arbeits- und Organisationspsychologie und weitere als Anwendungsgebiete

In beiden Fällen gibt es ein Ordnungskriterium: Die Grundlagengebiete ergeben sich aus fundamentalen Aspekten des psychischen Systems; Anwendungsgebiete hingegen ergeben sich aus Praxisbezügen, in denen Psychologie zur Geltung kommt (s. Kap. 4 und 5). Gemeinsamer Kern sind in allen Fällen Grundprozesse wie Denken, Emotion, Motivation und Verhalten – aber eben unter wechselnden Blickwinkeln.

Manchmal kann man Aufzählungen wie diese lesen: »... Persönlichkeitspsychologie – Entwicklungspsychologie – Tiefenpsychologie ...« Für Laien ist auf den ersten Blick kaum zu erkennen, dass hier unversehens das Ordnungskriterium gewechselt wird, wenn man die »Tiefenpsychologie« unter die »Gebiete« einreiht. Denn bei ihr handelt es sich um eine theoretische Strömung innerhalb der Psychologie, nicht eigentlich um einen anderen Gegenstandsbereich. Es ist etwa so, als würde man Autos einteilen in: Pkw, Lkw und Mercedes.

Bei solchen *Theorierichtungen* ist das Kriterium nicht der betrachtete Gegenstand, sondern die Auffassung der Forscher, die Theorie zu diesem Gegenstand. Man kann z. B. die Persönlichkeit und die Entwicklung tiefenpsychologisch *deuten* – allerdings auch ganz anders. Diese Konkurrenz verschiedener Richtungen ist vielen Laien weniger bekannt. Manche setzen sogar die Tiefenpsychologie mit Psychologie schlechthin gleich und wissen nicht, dass in der Psychologie, wie sie heute an den Hochschulen gewöhnlich gelehrt wird, andere Richtungen wie der Kognitivismus meist eine viel bedeutendere Rolle spielen. (Alle Richtungen sind allerdings breite Strömungen mit verschiedenen Spielarten; hierzu mehr in Kap. 6.) Darüber hinaus gibt es zahllose »kleine« Theorien zu einzelnen Fragestellungen (z. B. Wahrnehmungstheorien, Lerntheorien). Oftmals sind sie »Ableger« der Grundgedanken einer theoretischen Strömung.

Wer Standardgebiete und Theorierichtungen kennt, kann ihnen viele Themen und Sichtweisen mehr oder minder gut »zuordnen« und macht damit die Fülle der Lerninhalte übersichtlicher. Allerdings: Es ist nur ein »sortierendes« Ordnen, ein Lokalisieren in der Landkarte der Psychologie (»A gehört hierhin, B gehört dorthin«).

Ungelöst bleibt damit aber ein ganz anderes Ordnungsproblem, das man »*Zusammenhaltsproblem*« nennen könnte. Es betrifft die Frage, in welcher Weise zwei Themen A und B miteinander zu tun haben. Sind etwa Agression und Hilfeleistung »ganz verschiedene«

Themen (wie es auf den ersten Blick scheinen mag) oder haben sie auch Gemeinsamkeiten? Gehören Gruppenprozesse und Lernen einfach nur in verschiedene »Gebiete« der Psychologie oder haben Gruppenprozesse vielleicht auch mit Lernen zu tun? Oder Kommunikation mit Denken? Oder Denken mit Motivation? Und Motivation wiederum mit Aggression und mit Hilfeleistung? usw.

Wenn Themen miteinander »zu tun« haben – in welcher Weise? Sind es verwandte Phänomene? Bedingt das eine das andere? Sind es zwei Seiten desselben Sachverhaltes? Ist das eine ein Teil des anderen? Oder wie? Dies zu erkennen, gehört zum »Zusammenhalt«.

Häufig haben Lernende das Gefühl, mit einem neuen Thema beginne gewissermaßen eine »neue« Psychologie. Dieser Eindruck wird durch das (tatsächlich oder vermeintlich) beziehungslose Nebeneinander von Buch- und Seminarthemen zweifellos oft bestätigt – mit dem Ergebnis, dass das zugehörige Wissen auch im Kopf von Lernenden aufgeteilt bleibt: Hier »Aggression«, dort »Hilfeleistung«; hier Lernprozesse, dort Gruppenprozesse; hier Begriffsbildung, dort Vorurteile, usw. usw. Wenn man diese Inhalte jeweils als separate »Themen« kennenlernt, oder auch dann, wenn man das eine zum Gebiet der »Allgemeinen Psychologie«, das andere zum Gebiet der »Sozialpsychologie« zählt, so passiert es leicht, dass sich viele kleine Psychologien (»Lernpsychologie«, »Gruppenpsychologie« usw.) wie Stücke auf der Wäscheleine nebeneinander aufreihen und der innere Zusammenhalt verloren geht.

Den *muss* es aber geben, denn schließlich sind es dieselben Menschen, die ganz unterschiedliche Dinge tun, und ist es dasselbe »psychische System«, das aggressives ebenso wie helfendes Verhalten, Arbeiten ebenso wie Spielen, individuelles ebenso wie kollektives Handeln ermöglicht. Kann man also mit der Psychologie der Aggression nicht auch etwas für die Psychologie der Hilfeleistung lernen oder umgekehrt? (Schließlich geht es in beiden Fällen um Sozialverhalten.) Kann man nicht sogar durch das eine oder durch das andere Thema Wissen erwerben, das generell nützlich ist, wenn man menschliches Verhalten betrachtet?

In der Tat gibt es einige *übergeordnete Aspekte*, die sich als rote Fäden durch alle denkbaren Inhalte hindurchziehen. Sie betreffen

(1) den Gegenstand der Psychologie: das psychische System, und
(2) »Umgang« mit diesem Gegenstand: die psychologischen »Tätigkeiten«.

Indem wir mit den roten Fäden beginnen (statt mit Themen wie Wahrnehmung oder Lernen), begründen wir keine neuartige Psychologie, wohl aber eine von den allermeisten Einführungen abweichende didaktische Aufbereitung. Sie soll den Lernenden das Organisieren des Wissens erleichtern und dadurch den Zusammenhalt und die Übertragbarkeit unterstützen.

2.2 Erster roter Faden: Grundlegende Aspekte des psychischen Systems

Der Gegenstand der Psychologie ist, allgemein formuliert, das »Verhalten und Erleben« bzw. das »Verhalten und innere psychische Prozesse« wie Wahrnehmen, Denken, Fühlen und Streben (s. Kap. 1). Dies ist das Kerngeschehen, um das es bei jeder psychologischen Aussage geht.

Psychisches Geschehen spielt sich jedoch nicht im luftleeren Raum ab, sondern in konkreten Menschen und konkreten Situationen. Das heißt: Das Verhalten und die inneren Prozesse sind immer auch unterschiedlich je nach Person und Kontext, und diese sind daher als integrale Bestandteile des psychischen Systems zu betrachten. Wenn wir außerdem berücksichtigen, dass Personen selbst nicht statisch sind, sondern sich im Laufe des Lebens entwickeln und weiterentwickeln, kommen wir zunächst zu vier grundlegenden Aspekten des psychischen Systems:

- aktuelle Prozesse (innere Prozesse und Verhalten)
- Kontext/Situation
- Person
- Entwicklung (der Person)

Der Begriff »System« impliziert, dass alle Aspekte untrennbar zusammengehören, dass sie verschiedene Seiten eines Ganzen sind. Das System muss noch erweitert werden, sobald es nicht nur um *einen* Menschen geht, sondern *zwei* oder mehr Menschen zusammentreffen.

In diesem Fall ist ein weiterer elementarer Aspekt zu beachten, nämlich:

- interpersonale Bezüge

Mit interpersonalen Bezügen sind Interaktions- und Kommunikationsprozesse oder die Beziehung der Personen zueinander gemeint, also solche Phänomene, die sich keinem Einzelnen der beteiligten Menschen zuordnen lassen, sondern »zwischen« ihnen existieren.

Die genannten Grundaspekte ziehen sich »im Prinzip« wie ein roter Faden durch die gesamte Psychologie hindurch, auch wenn nicht jedes Gebiet und jedes Thema alle diese Aspekte gleichermaßen berührt. Schon an dem Grundaspekt der aktuellen Prozesse – Wahrnehmen, Denken, Emotionen, Motivation und äußeres Verhalten – lässt sich die universelle Bedeutung leicht erkennen. Ob es beispielsweise um das Verhalten eines Patienten, eines Käufers oder einer Lehrerin geht, ob es um Schuleschwänzen, Bergsteigen oder Gewalttätigkeiten geht – in allen Fällen ist das Verhalten irgendwie »motiviert«, in allen Fällen nimmt der betreffende Mensch eine Situation wahr usw.

Auf solche Prozesse hat man daher stets zu achten, wenn man menschliches Verhalten erklären oder auch verändern will. Dass bestimmte Erscheinungen in bestimmten Kontexten zusätzlich *spezielle* Fragen aufwerfen – z. B. *welche* Motivation typischerweise zu Schuleschwänzen, zu Gewaltanwendung oder zu Bergsteigen führt oder mit *welchen* Theorien man Motivationsphänomene am besten erklären kann –, das ist ein wesentlicher Grund für die Vielfalt der Themen.

Eine wichtige Eigenschaft der grundlegenden Systemaspekte ist weiterhin, das sie *theorieneutral* sind: Es gibt in der Psychologie keine Richtung, die behauptet, dass der eine oder andere Aspekt bedeutungslos sei, dass es z. B. keine personalen Unterschiede gebe oder dass interpersonale Bezüge keine Beachtung verdienten. Nur über die Gewichtung und die inhaltliche Ausfüllung dieser Grundaspekte gibt es durchaus Kontroversen (hierzu s. Abschn. 3.1.2). Als allgemeine, theorieneutrale Gesichtspunkte können sie daher ein gemeinsames Dach über den zahllosen Inhalten, Fragestellungen und

Theorien bilden und somit für Ordnung und Zusammenhalt in der Wissensvielfalt sorgen.

Außerdem geben sie Hinweise für die Aufschlüsselung eines beliebigen Themas oder Praxisbeispiels. Selbst wenn man mit einem Thema überhaupt nicht vertraut ist, kann man stets fragen: Um welches Verhalten und welche inneren Prozesse geht es hier? Welche Rolle spielen dabei Aspekte der jeweiligen Person und auf welchen Entwicklungsbedingungen beruhen sie? Welche Rolle spielen Situationsfaktoren und interpersonale Bezüge? Dies sind also übertragbare Anhaltspunkte für die *Strukturierung* eines psychologischen Themas. Und wenn man sich in der Praxis mit konkreten Fällen beschäftigt, liefern die Grundaspekte *Suchbereiche* für die Diagnose.

Es gibt in der Psychologie allerdings auch Themen, die sich weniger mit inhaltlichen Fragen des psychischen Systems befassen, sondern mit eher formalen oder prozeduralen Fragen. Damit kommen wir zum zweiten roten Faden.

2.3 Zweiter roter Faden: Grundlegende Tätigkeiten

Kenntnisse über psychisches Geschehen sind die eine Sache. Doch wie man solche Kenntnisse *gewinnt* und *benutzt*, darüber braucht man ebenfalls Kenntnisse. Hier geht es also darum, was Forscher wie auch Laien im Umgang mit psychologischen Fragen *tun*.

Es lassen sich mehrere grundlegende Tätigkeiten unterscheiden, die in Lehrbüchern manchmal unter »Aufgaben der Psychologie« zu finden sind, nämlich:

- ***Beschreiben:*** Wie verhält sich Kind X gegenüber seinen Mitschülern? Welches sind die Leistungsstärken und -schwächen von Bewerberin Y?
- ***Erklären:*** Welchen Einfluss hat hier die elterliche Erziehung? Sind die Leistungsschwächen ein Zeichen mangelnder Fähigkeiten?
- ***Vorhersagen:*** Wird Herr X es schaffen, sich das Rauchen abzugewöhnen? Wird Bewerberin Y eine gute Büroleiterin sein?
- ***Beeinflussen/Verändern:*** Wie lässt sich die soziale Kompetenz des Kindes fördern? Welche Fortbildungen sollte der neue Kollege mitmachen?

- *Bewerten:* Ist das Verhalten von X »angemessen« oder »unangemessen«? Soll Tüchtigkeit oder Zufriedenheit das vorrangige Erziehungsziel sein?

Es ist nicht möglich, mit psychologischen Fragen umzugehen, ohne eine dieser Tätigkeiten auszuüben. Allerdings müssen nicht alle gleichzeitig zum Zuge kommen. Beschreiben und Erklären sind aber fast immer dabei und bilden auch die Basis für die anderen Aktivitäten.

Einschränkend ist zu sagen, dass in Fachbüchern das Bewerten gewöhnlich nicht als Aufgabe der wissenschaftlichen Psychologie genannt wird. Wir fügen es aber hinzu, weil es sich gar nicht vermeiden lässt. Man wertet z. B. schon dann, wenn man einen wissenschaftlichen Erklärungsversuch für »angemessen« oder eine Therapiemethode für »ungeeignet« hält.

Andere Aktivitäten sind einer der genannten Grundtätigkeiten zuzuordnen oder sind eine Kombination aus mehreren von ihnen. So fällt pädagogische Förderung ebenso wie Therapie unter die Rubrik »Beeinflussen/Verändern«, und das Diagnostizieren ist meist eine Verbindung aus dem Beschreiben (»Kollege X äußert sich fast nie«) und dem Erklären (»X hat Angst vor Kritik«). Das Forschen schließlich kann sich aus allen Aktivitäten zusammensetzen.

Ebenso wie die grundlegenden Aspekte des psychischen Systems können die Grundtätigkeiten eine *Leitlinie* für den Umgang mit Fallbeispielen oder unbekannten Themen bieten. So beginnt man bei einem Problemfall in der Praxis meist mit einer Beschreibung des Problems, sucht dann nach Erklärungen und leitet daraus eventuell Veränderungsmaßnahmen ab. Nach der derselben Abfolge lässt sich auch die Darstellung vieler Themen strukturieren. In Kapitel 7 werden die fünf Tätigkeiten ausführlicher besprochen. Sie stecken aber unvermeidlich auch schon in den »inhaltlichen« Kapiteln über das psychische System, über die Gebiete und die Richtungen.

2.4 Das Wissen für Zusammenhalt und Übertragbarkeit organisieren

Die beiden roten Fäden, insbesondere der erste mit den grundlegenden Aspekten des psychischen Systems, bilden den Kern unseres didaktischen Konzeptes, das wir Integrative Didaktik nennen und auf die Förderung psychologischer Kompetenzen zielt (Nolting, 1985). *Kompetenz* ist zwar kein scharf umgrenzter Begriff, aber die Nutzung bzw. der Transfer von Wissen bei der Bewältigung neuer Anforderungen ist fraglos ein entscheidendes Merkmal. (Für einen differenzierten Überblick zu kompetenzorientierter Psychologiedidaktik s. Geiß, 2016). Durch die Art der Wissensorganisation das vielfältige Transferieren zu erleichtern, ist also das Anliegen dieser Einführung.

Verständlicherweise organisiert man sein Fachwissen gerne so, wie man es vorfindet. Und was allen Lernenden auf Schritt und Tritt begegnet, sind eben »Gebiete«, »Themen«, »Themenbereiche«. Daran orientieren sich Seminare und Lehrbücher, Prüfungsanforderungen, Lehrstuhlbezeichnungen und die Ordnung in Bibliotheksregalen. Da derartige Aufgliederungen so selbstverständlich sind, so unvermeidlich und so zweckmäßig, ist nicht leicht zu erkennen, welcher Pferdefuß in ihnen steckt: Sie sind wenig geeignet für die Organisation des Wissens über psychisches Geschehen! Und dies aus zwei Gründen:

(1) Nach Gebieten und Themen organisiertes Wissen ist *dem Gegenstand »psychisches System« nicht angemessen*, denn dieses gliedert sich natürlich nicht in Themen und Gebiete! Sobald man es mit »ganzen Menschen« zu tun hat – ob in der Praxis oder der Theorie – muss man das Gesamtsystem im Blick behalten und vielfältige Aspekte miteinander verbinden, die in Forschung und Lehre gewöhnlich separat erörtert werden. Ausdrücke wie »Gebiet« und »Themenbereich« suggerieren schon vom Wort her eine Flächenvorstellung, ein Nebeneinander von Arealen, und bilden kognitive Muster für die Einordnung psychologischer Sachverhalte (»In welches Gebiet gehört dieses Problem?«). Das Verbindende geht dabei allzu leicht

verloren. Es ist etwa so, wie wenn sich ein Mediziner mit der Niere, der Atmung, der Leber usw. beschäftigt, aber nicht mit dem Stoffwechsel als übergreifendem System.

(2) Nach Gebieten und Themen organisiertes Wissen *ist nicht flexibel übertragbar.* Wenn das Verbindende fehlt, passiert es leicht, dass man Wissen zu einem bestimmten »Thema« nicht auf ein anderes »Thema« übertragen kann, obwohl beide gemeinsame Aspekte enthalten. Durch die thematische Einbettung gerät nämlich aus dem Blick, welche Aspekte »über-thematisch« und damit an sich übertragbar sind. Das Wissen wird aktiviert, wenn das vertraute Thema dran ist, nicht aber, wenn es anders lautet – ein typischer Fall von »trägem Wissen« (vgl. Renkl, 1996).

Was ist nun die Konsequenz? Wie kann man beim Wissenserwerb dafür sorgen, dass Zusammengehöriges zusammengehalten und Übertragbares als übertragbar erkannt wird? Die Antwort lautet: Man sollte sich bei der Organisierung des Wissens *nicht* vorrangig an der Strukturierung des *Wissenschaftsfeldes* (Psychologie) orientieren, sondern an der – angenommenen – Struktur des *Gegenstandes,* also des psychischen Systems!

Tut man dies, so wird man zwar auch weiterhin auf Gebiete und Themen nicht verzichten können, aber sie gewinnen einen anderen Charakter: Statt eines Areals sind sie dann Betrachtungsweisen bzw. *Blickwinkel* (s. *Tafel* 5, S. 37). Vor allem die folgenden kommen häufig vor:

- Man betrachtet vertiefend bestimmte Ausschnitte des Systems (Subsysteme), z. B. die Wahrnehmung oder die Emotionen.
- Man betrachtet grundlegende Systemaspekte wie die Entwicklung oder personale Unterschiede.
- Man betrachtet das Gesamtsystem aus bestimmten Praxisperspektiven: Was ist besonders relevant für die Erziehung von Kindern, für die Rechtssprechung usw.?
- Man betrachtet es aus bestimmten theoretischen Perspektiven, z. B. aus psychoanalytischer oder kognitivistischer Sicht.

Gebiete als Areale
Dem Gegenstand der Psychologie *nicht angemessen*: Themen und Gebiete werden gedacht als ein Nebeneinander (evtl. mit Überschneidungen) von Sachbereichen:

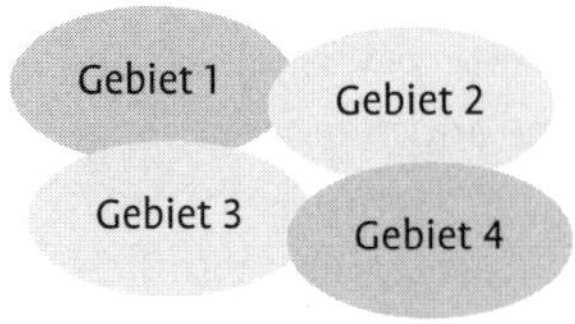

Gebiete als Blickwinkel
Angemessen: Gebiete werden verstanden als Betrachtung des psychischen Systems aus unterschiedlichen Blickwinkeln. Ein Gefüge aus grundlegenden Aspekten bildet den gemeinsamen Kern.

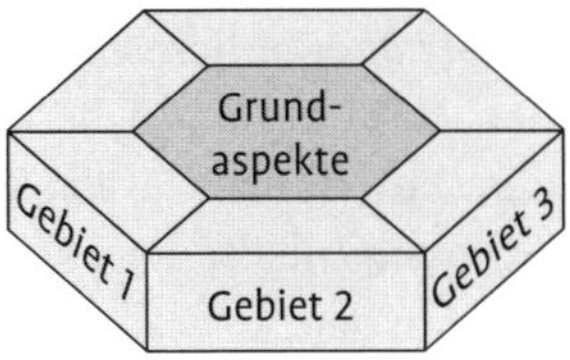

Tafel 5: Formen der Organisation psychologischen Wissens. Das vorliegende Buch will dazu anleiten, psychologisches Wissen um eine Struktur aus grundlegenden Aspekten herum aufzubauen.

Was man als »Thema« bezeichnet, ist meist eine Problemstellung unter einem dieser Blickwinkel oder aus mehreren gleichzeitig (z. B. Emotionsentwicklung aus kognitivistischer Sicht). Sofern es nicht um einzelne Subsysteme geht, beleuchtet ein Thema in der Regel das Gesamtsystem (»ganze Menschen«) *in Hinblick* auf einen bestimmten Tatbestand: z. B. dass ein Mensch schlecht lernt (Thema: Lernschwierigkeiten), dass er sozial ängstlich und gehemmt ist (Thema: Schüchternheit) oder dass er im Straßenverkehr als Rowdy auffällt (Thema: Fahreignung).

Auch wenn man Gebiete und Themen als Blickwinkel statt als Areale versteht, könnte es dennoch passieren, dass man in erster Linie deren Unterschiede sieht, der gemeinsame Kern hingegen verblasst. Deshalb sollte man sie umgekehrt auch *vom gemeinsamen Kern aus* betrachten. Mehr noch: Um beim Lernen von Psychologie für Übertragbarkeit und Zusammenhalt zu sorgen, sollte der gemeinsame Kern eine hierarchisch höhere Stellung erhalten.

Der zuvor skizzierte erste rote Faden (s. Abschn. 2.2) zu den grundlegenden Aspekten des psychischen Systems eignet sich als solch ein übergeordneter Bezugspunkt, weil er aus Inhalten besteht, die *grundlegende* Bedeutung haben, also immer zu beachtende Aspekte psychischen Geschehens betreffen, und weil diese Inhalte keine additive Sammlung bilden, sondern ein *integriertes Gefüge*.

Der zweite rote Faden (s. Abschn. 2.3) betrifft ebenfalls etwas Grundlegendes, nämlich elementare Tätigkeiten, aber sie bilden kein integriertes Gefüge.

Grundgerüste zu komplexen Wissensbereichen werden häufig als *Makrostrukturen* bezeichnet und gelten als wesentlich für das Verstehen, Behalten und Übertragen. *Ein entscheidendes Lernprinzip ist es nun, das Wissen um die Makrostrukturen herum anzusiedeln*, das heißt, neue Inhalte immer wieder auf sie zu beziehen. Dies ist ein Prinzip, in dem so bekannte Forscher wie Jerome Bruner (1970) und David Ausubel (1980) übereinstimmten, obwohl sie ansonsten kontroverse Ansichten zu Lehrverfahren vertraten (entdecken lassen versus darbieten). Nach Art einer Spirale kehrt dann bereits Bekanntes auf höheren Stufen wieder – differenzierter oder in neuen Kontexten. Der Aufbau des Buches folgt diesem Prinzip. Systematisch geschieht dies von Kapitel 3 bis Kapitel 6.

Teil II
Psychologie im systematischen Überblick

Kapitel 3 und 7 informieren über jene grundlegenden Inhalte, die als rote Fäden quer durch die Psychologie dienen können.

Die **Kapitel 4, 5 und 6** behandeln Gebiete und Theorien, die als unterschiedliche Blickwinkel auf den Gegenstand von Kapitel 3 (das psychische System) zu verstehen sind.

3 Grundlegende Aspekte des psychischen Systems

Dieses Kapitel befasst sich mit dem ersten roten Faden: mit jenen grundlegenden Aspekten des psychischen Systems, die als gemeinsamer Kern der vielfältigen Themen, Gebiete und Theorien gesehen werden können.

3.1 Ein Blick aufs Ganze

Warum verhält sich jemand so, wie er sich verhält? Diese Frage dient als Einstieg in das »System«, und wir wählen hierzu zwei konkrete Beispiele. Fast zwangsläufig kommt man zu verschiedenen Antworttypen, die sich universellen Aspekten des psychischen Systems zuordnen lassen.

3.1.1 4 + 1 Grundaspekte

Das erste Beispiel: Ein junger Mann versetzt einem anderen einen Faustschlag.

Das zweite Beispiel: Eine Schülerin nimmt eine Mitschülerin gegen eine Anschuldigung des Lehrers in Schutz.

Welche Gesichtspunkte könnten bei der Erklärung des Verhaltens eine Rolle spielen? (Vorschlag: Sammeln Sie zunächst selbst ein paar Ideen, ehe Sie weiterlesen.)

In beiden Fällen könnte man hierzu folgende Arten von Aussagen machen:

Beispiel 1	**Beispiel 2**
Aussagen über *aktuelle innere Prozesse (Gedanken, Emotionen, Motivationen)* »hinter« dem Verhalten	
»Der junge Mann möchte dem anderen etwas heimzahlen.« »Es macht ihm Spaß, wenn er den anderen stöhnen hört.« »Er erwartet, dass seine Clique darüber lacht.«	»Sie ist empört über den Vorwurf des Lehrers.« »Die Mitschülerin tut ihr leid.« »Sie denkt an ihre Verantwortung als Klassensprecherin.«
Aussagen über die *Person*, die das Verhalten zeigt (personale Faktoren, Eigenschaften in weitem Sinne)	
»Der Schläger ist reizbar und impulsiv.« »Er hat ein starkes Machtbedürfnis.« »Er kann nicht gut reden, er kennt nur Gewalt.«	»Die Iris hat einen ausgeprägten Gerechtigkeitssinn.« »Sie ist ein rebellischer Typ.« »Sie ist hilfsbereit, ... einfühlsam, ... selbstbewusst, ... furchtlos.«
Aussagen über *Entwicklungsbedingungen »hinter« den Personfaktoren* (vergangene Erfahrungen, Erbanlagen)	
»Kein Wunder bei so lieblosen Eltern.« »Die Aggressivität hat er bestimmt von seinem Vater geerbt.« »Mit seinen Gewalttätigkeiten hat er sich schon oft Respekt verschafft.«	»Für sowas wurde sie schon oft von ihrer Klasse bewundert.« »Ihre Eltern ermuntern sie, sich gegen Ungerechtigkeiten zu engagieren.« »Die Furchtlosigkeit hat sie von ihrer Mutter geerbt.«
Aussagen über *Situationsfaktoren* (unmittelbare Anlässe, Örtlichkeiten, andere externe Faktoren.)	
»Er wurde kurz vorher von dem anderen beschimpft.« »In dieser Kneipe kommt es öfter mal zu Schlägereien.« »Er hatte schon etliche Biere intus.«	»Der Lehrer hat etwas Falsches behauptet.« »Das war mitten in einer hitzigen Diskussion.« »Es war für sie der letzte Tag mit diesem Lehrer.«
Aussagen über *interpersonale Bezüge* (Interaktionen und Beziehungen *zwischen* Personen)	
»Die beiden Männer sind ziemlich verfeindet.« »Das war so eine allmähliche Eskalation.«	»Die Beschuldigte ist ihre beste Freundin.« »Der Vorfall beruhte auf einem Missverständnis.«

Beispiel 1	Beispiel 2
»Er ließ sich von der Stimmung in seiner Clique mitreißen.«	»Sie verspürt Rückendeckung durch die Klasse.«

In gleicher Weise wie in den vorangehenden Beispielen lassen sich die erklärenden Aussagen bei beliebigen anderen Verhaltensweisen aufgliedern (z. B.: Wovon hängt es ab, ob sich jemand im Seminar zu Wort meldet, … ob jemand etwas schenkt? usw.). Dabei sind die ersten vier Grundaspekte *immer* relevant. Der interpersonale Aspekt kommt hinzu, wenn es um das Verhalten zwischen zwei oder mehr Personen geht. Er entfällt in »Alleinsituationen«, in denen das Verhalten eines Menschen nur auf Dinge gerichtet ist (z. B. auf Texte, auf Laborgeräte). Aus diesem Grunde sprechen wir nicht von 5, sondern von 4 + 1 Grundaspekten, und deuten das Interpersonale in der *Tafel 6* (S. 43) nur schwach an (seine Darstellung erfordert im Übrigen eine Verdopplung des Schemas auf zwei Personen nach Art von *Tafel 26,* Abschn. 3.6, S. 124).

Allerdings: Der Übergang zwischen dem situativen und dem interpersonalen Kontext ist insofern fließend, als man z. B. eine zuschauende Person Y auch als Situationsfaktor für Person X ansehen kann. Aber es gibt Sachverhalte, die sich keiner einzelnen Person zuordnen lassen, sondern nur mehreren gemeinsam: Interaktion, Kommunikation, Beziehung. Diese wechselseitige Bezogenheit und Beeinflussung ist mit dem »Inter« gemeint, und sie kann für das Verhalten der Personen von überragender Bedeutung sein.

Zum Sprachgebrauch: In dem Schema stehen die Situationsfaktoren und die interpersonalen Bezüge zusammen unter dem Oberbegriff »Kontext«. In der Psychologie ist »Situation« der geläufigere Ausdruck, doch »Kontext« scheint eher geeignet, auch die Inter-Aspekte mit einzuschließen. Wir gebrauchen beide Bezeichnungen synonym für den Gesamtkomplex, während die Rubrik »Situations*faktoren*« auf externe Aspekte beschränkt bleibt.

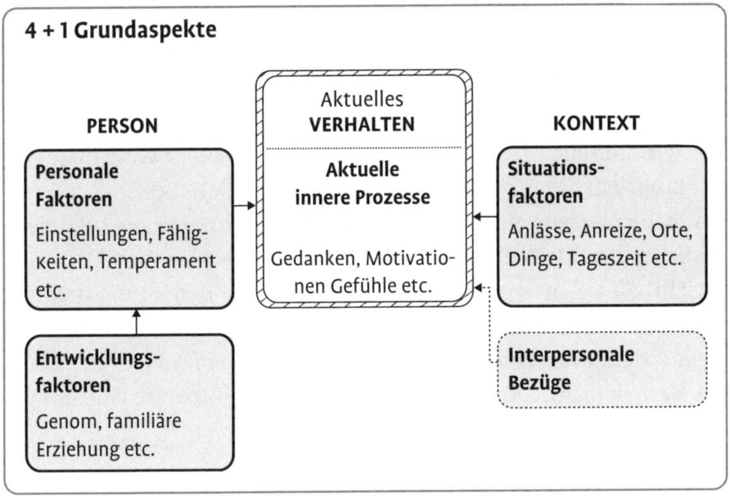

Tafel 6: Das aktuelle psychische Geschehen (= Grundaspekt 1) umfasst das Verhalten und die inneren Prozesse. Sie sind einerseits abhängig von personalen Faktoren (Grundaspekt 2), die selber das Ergebnis von Entwicklungsbedingungen sind (Grundaspekt 3). Sie sind andererseits abhängig vom jeweiligen Kontext, zu dem in jedem Fall situative Faktoren gehören (Grundaspekt 4), in vielen Fällen auch interpersonale Bezüge (Grundaspekt »+1«)

Wie in *Tafel 6* leicht erkennbar ist, stehen die Grundaspekte nicht additiv *neben*einander, sondern in einer bestimmten Relation *zu*einander. Im Zentrum steht das »eigentliche« psychische Geschehen: das aktuelle Verhalten und die inneren Prozesse »dahinter«. Dieses Geschehen wird bestimmt von Personfaktoren und von Kontextfaktoren. Die Personfaktoren sind ihrerseits das Ergebnis von Entwicklungsfaktoren. Somit besteht das Strukturmodell aus einer horizontalen Achse, die alles Aktuelle umfasst (Personfaktoren → Prozesse ← Kontext), und einer vertikalen Achse für die Veränderungen der Person über die Zeit (Entwicklung ↑).

Das aktuelle Geschehen: Verhalten und innere Prozesse

Die unmittelbarste Verhaltenserklärung liegt in den *inneren Prozessen* »hinter« dem Verhalten: in den Wahrnehmungen, Gedanken, Gefühlen, Absichten u. dgl. Diese Prozesse werden oft als »Erleben«

zusammengefasst. Da wir offen lassen möchten, ob sie alle bewusst erlebbar oder zum Teil auch unbewusst sind, bevorzugen wir den Ausdruck »innere Prozesse«.

Die Gesamtheit der aktuellen Prozesse kann man in verschiedener Weise unterteilen (s. Abschn. 3.2). Ein bedeutsamer Gesichtspunkt ist zunächst die Unterscheidung von zwei Funktionsrichtungen, nämlich einerseits aus der umgebenden Situation etwas »aufzunehmen«, andererseits darauf »einzuwirken«. Im Nervensystem entspricht dies den »afferenten« Prozessen von den Sinnesorganen zum Gehirn bzw. den »efferenten« vom Gehirn zu den Muskeln. *Tafel 7* stellt diese beiden Funktionen durch zwei Stränge dar, wobei das Verhalten am »Ausgang« der einwirkenden Prozesse platziert ist.

Verhalten als Teil eines Prozessflusses

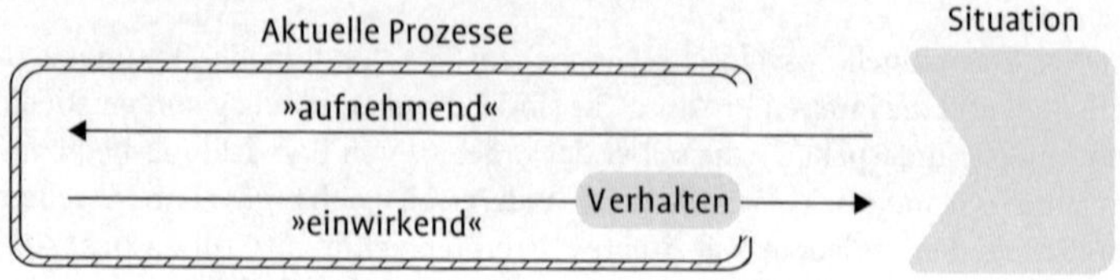

Tafel 7: Einordnung von Verhalten nicht als Produkt (wie in Tafel 6), sondern als aktuelles Geschehen, das auf die Situation einwirkt

Dies widerspricht nicht dem Strukturmodell von *Tafel 6*. Dort steht das Verhalten lediglich deshalb ganz oben, weil es das zu erklärende »Produkt« ist. Denn die Frage lautete ja: Wie kommt dieses *Verhalten* zustande? Die inneren Prozesse und die anderen Grundaspekte sind Teile der Erklärung; durch sie wird das Verhalten direkt oder indirekt bewirkt. *Tafel 7* hingegen ergänzt, dass das Verhalten seinerseits Wirkungen erzeugt, nämlich auf die momentane Umgebung einschließlich anderer Menschen. (Nebenbei: Es kann auch auf die inneren Prozesse zurückwirken: Spielen »macht« Spaß, Reden »verschafft« Erleichterung etc.). Während also die »statische« Darstellung von Tafel 6 die Grundaspekte in eine Struktur in Richtung auf das

Verhalten bringt, hat das Schema von *Tafel 7* eher »dynamischen« Charakter, da es das fortlaufende aktuelle Geschehen hervorhebt.

Bevor wir zu den anderen Grundaspekten weitergehen, sei angemerkt, dass man sich im Alltag manchmal mit einer Verhaltenserklärung allein durch innere Prozesse zufrieden gibt, beispielsweise wenn jemand sein eigenes Verhalten damit erklärt, dass er etwas »falsch verstanden« habe oder »verärgert« gewesen sei. In anderen Fällen hingegen, insbesondere bei auffälligem und wiederkehrendem Verhalten, will man noch mehr wissen: Warum nämlich ein Mensch gerade diese Gedanken, Gefühle, Absichten usw. hat. Damit kommt man zu der Frage, wieweit dies mit der »Person« oder der »Situation« zu tun hat.

Die Bedingungsbereiche Person und Kontext/Situation

Die Person und die Situation bzw. der Kontext umfassen jeweils eine Vielzahl von Faktoren, die die aktuellen Prozesse mitbestimmen. Sofern man im konkreten Fall Aussagen zu diesen Faktorenbereichen machen kann, geben sie Antworten auf unterschiedliche Fragen:

- Aussagen zur »Person« geben Antworten auf die Frage: *Was für ein Mensch* verhält sich so? Was für Gedanken, Gefühle und Motivationen sind *persontypisch?*
- Aussagen zur »Situation« geben Antworten auf die Frage: *Wo und wann* tritt das Verhalten auf? Bei welchen Anforderungen, an welchen Orten, gegenüber welchen Personen usw.?

Man braucht immer beide Seiten. Denn einerseits verhält sich derselbe Mensch unterschiedlich, je nachdem, in welcher Umgebung er sich befindet, womit er sich gerade beschäftigt, mit welchen Menschen er zusammen ist usw. Die spricht für die Rolle der Kontextfaktoren.

Andererseits sehen wir: In derselben Situation verhalten sich verschiedene Menschen unterschiedlich. Außerdem: Derselbe Mensch zeigt über verschiedene Situationen hinweg eine gewisse Konstanz. Und: Derselbe Mensch zeigt auch über die Zeit hinweg eine gewisse Stabilität (»bleibt sich gleich«). Menschen sind somit in persontypischer Weise für dieses oder jenes Verhalten »disponiert« und insofern individuelle »Persönlichkeiten«.

Warum ein Mensch sich durch diese oder jene Personfaktoren auszeichnet, das erklärt sich wiederum aus den individuellen *Entwicklungsbedingungen*. Ein Mensch hat zu einem gegebenen Lebenszeitpunkt eben die Merkmale, die sich im Laufe seiner Lebensgeschichte entwickelt haben. Die darin enthaltene Zeitperspektive ist in *Tafel 6* als vertikale Achse dargestellt. Als treibende Kräfte der Entwicklung sind (genetisch gesteuerte) Reifungsprozesse sowie Lernprozesse in der jeweiligen Umwelt zu nennen. (Sie sind in der Abbildung nicht eingezeichnet.)

Selbstverständlich gibt es außer den genannten Grundaspekten noch weitere Erklärungsperspektiven. So kann man fragen, warum ein Mensch in seiner Entwicklung besonders häufig diesen oder jenen Situationen ausgesetzt war (z. B. durch Zugehörigkeit zu einem bestimmten Sozialmilieu) oder warum er bestimmte Erbanlagen besitzt (Ahnenreihe). Für diese Erklärungen kann man wiederum weitere Erklärungen suchen und so fort – letztlich bis zur Frage nach der Entstehung der Welt. Doch muss man sich dann notwendigerweise in andere Fachgebiete begeben (Soziologie, Kulturanthropologie, Geschichtswissenschaft, Biologie usw.). Das Strukturbild umfasst lediglich jenen Wirklichkeitsausschnitt, der Gegenstand der *Psychologie* ist!

Innerhalb der Psychologie gibt es Teildisziplinen, die vorrangig den einen oder anderen der genannten Grundaspekte beleuchten. Die Allgemeine Psychologie untersucht die Prozesse als solche. Die Differenzielle Psychologie legt den Schwerpunkt auf die personalen Unterschiede. Die Entwicklungspsychologie befasst sich primär mit der Veränderung von Personen im Lebenslauf. Auf den interpersonalen Bezügen und Konstellationen liegt der Schwerpunkt der Sozialpsychologie, auf materiellen Situationseinflüssen der Schwerpunkt der Umweltpsychologie.

Lernreflexion

Wählen Sie ein eigenes Beispiel für ein konkretes Verhalten und spielen Sie es dann hypothetisch nach dem Muster von Tafel 6 durch.

3.1.2 Wo unterschiedliche Sichtweisen beginnen

Die vorgestellten Grundaspekte sind keine psychologische Theorie. Gegenstand der Forschung und der wissenschaftlichen Kontroversen sind nicht diese Aspekte als solche, sondern ihre inhaltliche Ausfüllung und Gewichtung.

Wissenschaftliche Debatten

Fragestellungen, mit denen sich psychologische Theorien und empirische Forschungen beschäftigen, lauten beispielsweise:

- Was genau sind das für psychische oder auch psychophysische Prozesse, die sich in einem Menschen abspielen, wenn er sich »motiviert« fühlt, wenn er Entscheidungen trifft oder wenn er ein Problem zu lösen versucht?
- Sind die Prozesse, die menschliches Verhalten und Erleben bestimmen, überwiegend »bewusst« oder eher »unbewusst«?
- Ist die Art des Erlebens und Verhaltens mehr von der jeweiligen Person oder mehr von den jeweiligen Kontextfaktoren abhängig? Liegt sozusagen der »Motor« des psychischen Geschehens mehr innen oder außen?
- Wie sollen wir uns personale Faktoren vorstellen, z. B. als umfassende Eigenschaften eines Menschen oder besser als Vielzahl von spezifischen Gewohnheiten, Kenntnissen, Vorlieben usw.?
- Welche Rolle spielen einerseits Erbanlagen und anderseits Umwelteinflüsse für die Unterschiedlichkeit von Menschen?

Um solche und andere Fragen geht es also in der wissenschaftlichen Auseinandersetzung, und in den Antworten auf solche Fragen unterscheiden sich auch die *theoretischen Grundströmungen* (Näheres später, insbesondere in Kap. 6). So legt etwa die klassische Psychoanalyse starkes Gewicht auf die Person und ihre Entwicklungsgeschichte, während der Behaviorismus deutlich situationszentriert ist und der Kognitivismus hier eine Mittelstellung einnimmt. Systemische Sichtweisen betonen ganz besonders die *inter*personalen Prozesse und Konstellationen. Unterschiede gibt es auch darin, welchen Prozessen eine Theorierichtung besondere Aufmerksamkeit schenkt, etwa den Denkprozessen (Kognitivismus) oder unbewussten Motivationen (Psychoanalyse) oder dem äußeren Verhalten (Behaviorismus).

Alltagspsychologie

Auch typische Tendenzen im alltagspsychologischen Denken lassen sich diesem einfachen Grundmodell zuordnen. In der Art der subjektiven Verhaltenserklärungen, der sog. Attributionen (Zuschreibungen), wird dies sehr deutlich. So neigen Menschen dazu, das Verhalten anderer Menschen vornehmlich aus der »Person« zu erklären und Situationseinflüsse kaum zu beachten (vgl. Ross & Nisbett, 1991; Nisbett, 2015). Das heißt: Sie bevorzugen Verhaltenserklärungen wie: »X ist egoistisch«, »X ist hilfsbereit«, »X ist kaltherzig«, »X ist inkompetent« usw., und zwar selbst dort, wo das beobachtete Verhalten primär von Kontextfaktoren wie etwa finanziellen Anreizen, Zeitdruck, Gruppendruck, Rollenzuweisungen etc. bestimmt wird und diese Faktoren auch leicht zu erkennen sind.

Ein Grund für diese Personzentrierung der Alltagspsychologie ist offenbar die Wahrnehmungsperspektive: Als Betrachter schaut man auf die handelnde Person, sie ist der Akteur und zieht die Aufmerksamkeit auf sich. Der umgebende Kontext bildet dabei lediglich einen Hintergrund. Wie selbstverständlich scheint das, was ein Mensch tut und was sich in ihm abspielt, aus ihm selbst zu entspringen.

Unterstützt wird diese Verschmelzung noch durch die Tatsache, dass für das Verhalten und für Eigenschaften gewöhnlich dieselben Adjektive verwendet werden. Man sagt: »X *verhält sich* dominant …, feindselig …, unterwürfig …« usw., und ebenso sagt man: »X *ist* dominant …, feindselig …, unterwürfig …«. Nur selten werden aktuelle Prozesse und personale Dispositionen sprachlich so gut auseinandergehalten wie im Falle von »Angst« versus »Ängstlichkeit«.

Wenn Personfaktoren überbewertet werden, weil man auf die handelnde Person schaut, dann sollten die subjektiven Erklärungen weniger personbetont sein, sobald es um das *eigene* Verhalten geht. Denn als Akteure schauen wir sozusagen von innen auf die umgebende Situation. Tatsächlich werden beim eigenen Verhalten externe Faktoren eher beachtet, häufig sogar vorrangig. So gaben in einer Untersuchung Studierende als Gründe für die Wahl ihres Faches vorrangig dessen Vorzüge an, während Außenstehende, nämlich Freunde dieser

Studierenden, eher Aspekte nannten, die sich auf die Persönlichkeit der Studierenden bezogen (deren Vorlieben, Fähigkeiten usw.). In einer anderen Untersuchung begründeten Studierende ihr Engagement oder fehlendes Engagement bei der Vorbereitung einer Uni-Veranstaltung vornehmlich mit der guten bzw. schlechten Bezahlung – weit häufiger als Außenstehende, die eher auf Unterschiede in der persönlichen Einsatzbereitschaft verwiesen (vgl. Ross & Nisbett, 1991, S. 140 f.).

Neben der Wahrnehmungsperspektive (Blick auf die Person bzw. auf das Umfeld) spielen aber auch soziale Wertungen bei der Art der Attribution mit. Während man eigenes Fehlverhalten natürlich gerne mit der Situation »entschuldigt«, schreibt man positives Handeln oder Erfolge schon eher den eigenen Einstellungen und Eigenschaften zu. In schönem Psychologendeutsch heißt dies: Menschen bevorzugen Erklärungen, die »selbstwertdienlich« sind. Der reine Einfluss der Wahrnehmungsperspektive ist daher dort am deutlichsten zu erkennen, wo die Selbstwertdienlichkeit keine Rolle spielt (wie in dem zuvor genannten Beispiel mit der Studienwahl).

Auf jeden Fall: Person und Situation bzw. Kontext sind fundamentale Aspekte, wann immer es um psychologisches Erklären geht, von den Attributionen im Alltag bis hin zu den Kontroversen unter den theoretischen Strömungen.

Lernreflexion

Inwiefern lassen sich die in Abschnitt 3.1.1 eingeführten Grundaspekte für die Charakterisierung von wissenschaftlichen Positionen sowie von alltagspsychologischen Denkweisen heranziehen?

3.2 Erster Grundaspekt: Aktuelle Prozesse

Nachdem wir soeben »das Ganze« in grober Form strukturiert haben, sollen nun nacheinander einzelne Ausschnitte genauer betrachtet werden. Dabei richtet sich der Blick zunächst auf den Kerngegenstand: auf das aktuelle psychische Geschehen.

3.2.1 Zwei Richtungen: aufnehmen und einwirken

Psychische Prozesse dienen dazu, die momentane Umgebung aufzunehmen (zu »verarbeiten«) und auf sie einzuwirken. Wir stellen dies schematisch durch zwei Stränge dar, denen wir jeweils drei Typen von Prozessen zuordnen (s. *Tafel 8*), nämlich:

- als *aufnehmend, verarbeitend:* Wahrnehmung – Denken (erfassend) – Emotion
- als *abgebend, einwirkend:* Motivation – Denken (planend, steuernd, regulierend) – Verhalten.

Das Schema vereinfacht in mancher Hinsicht (wie es Schemata so an sich haben); daher sollen einige Klarstellungen möglichen Missverständnissen vorbeugen

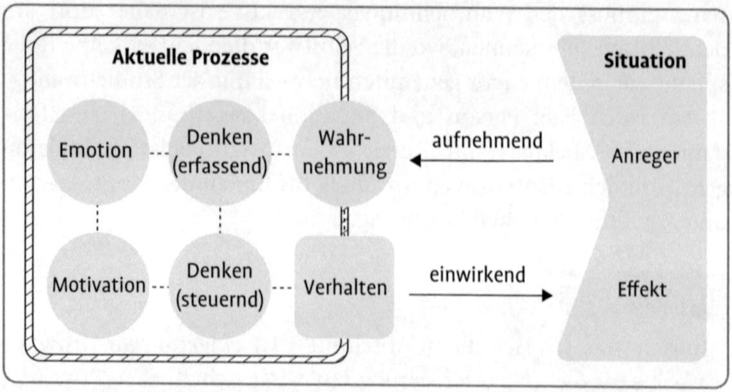

Tafel 8: Schema aktueller Prozesse, gegliedert in einen aufnehmenden und einen einwirkenden Strang

(1) Die Aufgliederung psychischer Prozesse ist in der Psychologie nicht verbindlich festgelegt. Man kann sie auch nicht festlegen, denn es gibt keine natürliche Ordnung psychischer Phänomene (Ulich & Bösel, 2005). Die Prozesse sind oft eng miteinander verwoben, und die Unterscheidungen werden zum Teil von der Fragestellung oder der theoretischen Auffassung bestimmt. Das heißt allerdings nicht, dass die Einteilungen beliebig sind. Manche Unterschiede sind durchaus deutlich erlebbar: »Niemand verwechselt Wahrnehmungen mit Willenserlebnissen, Gefühle mit Denkprozessen, Triebe mit Erinnerungen« (Rohracher, 1971, S. 69). Abgesehen von Lernprozessen (die wir unter »Entwicklung« behandeln) umfasst das Schema unseres Erachtens jene Grundprozesse, die typische Gegenstände der Allgemeinen Psychologie sind, und stellt sie in eine didaktisch nützliche Ordnung. Das Schema versteht sich aber nicht als eigene »Theorie«.

(2) Es müssen nicht immer alle Prozesse beteiligt sein. Planendes, steuerndes, regulierendes Denken beispielsweise spielt kaum eine Rolle bei einem Verhalten, das auf eingefahrenen Gewohnheiten oder impulsiven Affekten beruht. Es gibt sogar »Kurzschlüsse« von der sensorischen Wahrnehmung zum Verhalten, nämlich beim Reflex. Darüber hinaus ist es wiederum auch von der theoretischen Orientierung abhängig, welchen Prozessen man eine zentrale Stellung im psychischen Geschehen einräumt und welche man für untergeordnet hält.

(3) Die Prozesse müssen nicht kettenartig aufeinanderfolgen. So muss nicht einmal die Wahrnehmung »den Anfang« bilden. Sicherlich: Auf eine Wahrnehmung (z.B. einer dunklen Gestalt) folgt häufig ein gedankliches Erfassen und dann eine Emotion. Aber umgekehrt kann auch eine bereits vorhandene Emotion (z.B. eine ängstliche Stimmung) die Wahrnehmung beeinflussen. Das Schema lässt also unterschiedliche Anfänge und Abfolgen zu, und überdies lässt es zu, dass die in ihm enthaltenen Komponenten wie das Denken, die Emotion und die Motivation lediglich verschiedene Seiten *eines* Geschehens sind. Ein Pianist denkt an das nächste Konzert, ist dabei schon etwas aufgeregt und möchte üben, um das Andante noch zu verbessern.

(4) Die Prozesse können bewusst oder unbewusst sein. Jeder weiß wohl: Uns Menschen ist nicht immer bewusst, welche Wahrnehmungen, Gefühle und Motivationen unser Verhalten bestimmen. Wir reagieren zuweilen auf Reize, die wir gar nicht bemerkt haben, oder erledigen manche Dinge so automatisch, dass wir hinterher gar nicht wissen, ob wir es getan haben (»Hab ich die Tür abgeschlossen?«). Selbst Prozesse, die man dem Denken zuordnen würde, können in beachtlichem Maße unbewusst bleiben (S. 59).

Zwischen »bewusst« und »unbewusst« gibt es keine scharfe Grenze, sondern fließende Übergänge, denn manches erkennt man vielleicht bruchstückhaft oder man spürt es immerhin dumpf, ohne es jedoch mitteilen zu können. Auch können uns manche nebenbei vollzogenen Automatismen bewusst werden, sobald wir die Aufmerksamkeit auf sie richten. Die Aussage, dass aktuelle Prozesse unbewusst ablaufen können, bedeutet im Übrigen nicht, dass es eine spezielle »Schicht« des Unbewussten gibt (wie das »Es« in der klassischen Psychoanalyse, vgl. Abschn. 6.1). Gemeint ist nur, dass Menschen nicht immer klar erkennen, durch welche inneren Prozesse ihr Verhalten und Erleben bestimmt werden.

Insgesamt ist das Schema inhaltlich bei Weitem nicht so festgelegt, wie die grafische Darstellungsweise es nahelegen könnte. Zu beachten ist weiterhin eine Ergänzung zu dem selbstverständlichen Tatbestand, dass Menschen ihre »Umwelt« bzw. die externe Situation verarbeiten und auf sie einwirken. Sie können nämlich *auch sich selbst* wahrnehmen, über sich nachdenken, sich zu verändern suchen usw. Und wenn sie dies tun, wenn sie z. B. ihren Körper, ihr Verhalten oder ihre Empfindungen betrachten, sind diese dann für ihr »Ich« schon Umwelt? Man kann es so oder so definieren, da der Umweltbegriff hier nicht scharf und eindeutig ist.

Lernreflexion

Wieso kann man psychische Prozesse nicht so klar einteilen wie körperliche Organe?

3.2.2 Wahrnehmung

Die Wahrnehmung bildet sozusagen die »Eingangsseite« des Individuums. Über verschiedene Sinnesorgane werden Lichtwellen, Schallwellen, Temperaturen usw. aufgenommen, als Nervenimpulse weitergeleitet, im Gehirn verarbeitet – und dann eventuell »erlebt«. Die psychische Qualität, die zu einer Sinnesart gehört, bezeichnet man häufig als »Empfindung«: z. B. Helligkeit und Farbe, Lautheit und Tonhöhe, Wärme, Geschmack usw. Die »Wahrnehmung« hingegen schließt das Erkennen von Gegenständen, Personen, Zeichen, mündlicher Sprache usw. ein. »Weiß« ist in diesem Sinne eine Empfindung, ein »weißes Blatt Papier« eine Wahrnehmung.

Wahrnehmung als Erkennen (»Ich sehe ein Pferd«) macht aus physikalischen Reizen eine Sache mit »Bedeutung«, und dies ist nur möglich, wenn in die Wahrnehmung »Bedeutungswissen« einfließt (Schönpflug & Schönpflug 1996). Dieses mag manchmal allerdings unzureichend sein, etwa bei einem ahnungslosen Betrachter vor einem Objekt moderner Kunst. Auch gibt es eine seltene Erkrankung des Gehirns (sog. Agnosie), bei der die sensorische Wahrnehmung nicht zugleich eine erkennende ist. Wer unter einer visuellen Agnosie leidet, »sieht« z. B. einen Schlüssel mit den Augen, erkennt ihn jedoch nicht als das Instrument zum Öffnen und Schließen von Türen. Menschen mit einer Prosopagnosie haben ein schlechtes Gedächtnis für Gesichter und erkennen an ungewohnten Orten möglicherweise sogar Freunde oder Angehörige erst wieder, wenn sie deren Stimme hören.

Wie die visuelle ist auch die auditive Wahrnehmung ein Erkennen. Die physikalischen Eigenschaften des Schalls, der auf die Ohren trifft, werden psychisch als Tonhöhe, als Lautstärke und als Klangfarbe empfunden (Gerrig, 2015). So wird es möglich, den eintreffenden Schall z. B. als Melodie, als Klang einer Gitarre, als Martinshorn, als Stimme von Tante Frieda usw. zu erkennen – sofern man dafür bereits auditives Vorwissen erworben hat. Von überragender Bedeutung ist das Wahrnehmen der gesprochenen Sprache. Dazu gehört das Ausgrenzen von Phonemen aus dem Lautstrom und das Erkennen von klanglichen Einheiten, aus denen sich die jeweilige Sprache zusammensetzt (Anderson, 2013, S. 39).

Für das, was ein Mensch wahrnimmt, setzen die objektiv vorhandenen Reize einerseits einen Rahmen. Sollte seine »Wahrnehmung« sich davon allzu weit entfernen, spricht man von »Halluzinationen«. Andererseits wird die Wahrnehmung nicht vollständig von den Reizen bestimmt, sonst müsste sie ein getreues Abbild der Realität liefern – was sie offensichtlich nicht tut. So kann dieselbe Umgebung von mehreren Personen mit gleich funktionstüchtigen Sinnesorganen sehr unterschiedlich wahrgenommen werden. Dies zeigt sich unter anderem bei Zeugenaussagen zum selben Vorfall. Zum Gutteil ist die Wahrnehmung mithin ein »Machwerk« der wahrnehmenden Person, doch diese ist sich ihres aktiven Beitrages selten bewusst!

Zunächst einmal nehmen Menschen überhaupt nur einen Teil der objektiv vorhandenen Reize wahr. Ob wir durch einen Wald gehen oder in unserem Zimmer sitzen – nur wenige der vorhandenen Gegenstände, Bewegungen usw. gelangen zu einem gegebenen Zeitpunkt in unser Bewusstsein. Diesen Auswahlvorgang bezeichnet man als *Selektion;* und die Wahrnehmung ist immer selektiv! Manchmal bemerken wir dies, indem wir unsere *Aufmerksamkeit* gezielt auf bestimmte Sachverhalte richten, andere dagegen nicht beachten oder uns sogar gegen sie abschirmen.

Wenn die Wahrnehmung immer selektiv ist, stellt sich die Frage, *was* ausgewählt wird. Wichtig sind dabei die aktuellen Gedanken, Bedürfnisse und Gefühle bzw. die dahinter wirksamen Personfaktoren wie Einstellungen, Interessen und Kenntnisse usw. Sie führen zu *Erwartungen,* dieses oder jenes wahrzunehmen. Ein Holzhändler sieht in einem Wald etwas anderes als ein Pilzsammler; eine kompetente Lehrerin bemerkt im Unterricht Geschehnisse, die einem Zuschauer völlig entgehen. Die Erwartungen werden überdies vom jeweiligen Kontext bestimmt (Gerrig, 2015). Man erkennt einen Menschen meistens sofort, wenn man ihm in gewohnter Umgebung begegnet (z. B. in der Firma), doch ist man manchmal ganz unsicher (»Kommt mir bekannt vor, aber wer ist das?«), wenn man ihm an einem Ort begegnet, wo man ihn nicht erwartet (z. B. auf dem Rummelplatz).

Weitere wichtige Verarbeitungsprozesse (neben der Selektion) dienen der *Organisation* der Reize, das heißt dem Gliedern, Zusammenfügen, Gruppieren usw. Eine Anzahl von Punkten sehen wir als zusammengehörig und als Figur (z. B. den »großen Wagen« am Nachthimmel). Striche auf dem Papier sehen wir dreidimensional als Körper, obwohl sie als solche gar nicht auf der Netzhaut abgebildet sind. Ein Würfel wird immer als Würfel erkannt, egal aus welchem Blickwinkel man auf ihn schaut (Formkonstanz), eine Person bleibt immer gleich groß, auch wenn sie sich räumlich entfernt und auf der Netzhaut immer kleiner wird (Größenkonstanz). Zudem sehen wir die Dinge gestaffelt nach ihrer Distanz zu uns (Tiefenwahrnehmung).

In gewissem Grade wird das Organisieren *gelernt.* So gelingt die Tiefenwahrnehmung auch ohne dreidimensionalen Raum, nämlich bei einer perspektivischen Zeichnung, *sofern* man mit solchen Darstellungen vertraut ist. Ist man es nicht, kann man in solchen Bildern die Indikatoren für Tiefe nicht »lesen« (s. *Tafel 9*, nach Hudson, 1960). Oder: Was sieht ein Laie auf dem Röntgenbild? Helle und dunkle Flecken, vielleicht hier und da Konturen eines Knochens. Dem Mediziner erlauben seine Kenntnisse, die für Laien diffus und mehrdeutig erscheinende Reize zu ordnen und als bedeutungshaltige Gebilde zu interpretieren.

Auch Wahrnehmen muss man lernen – ein Beispiel

Was ist dem Mann näher: der Elefant oder die Antilope? »Der Elefant«, antworten Menschen, die nicht gelernt haben, eine perspektivische Zeichnung dreidimensional wahrzunehmen (nach Hudson).

Tafel 9: Dieselben optischen Reize einer Zeichnung können unterschiedlich wahrgenommen werden, je nachdem, ob man perspektivisches Strukturieren beherrscht oder nicht.

Ebenso kann die Wahrnehmung von Bewegungen aufgrund erworbener Erwartungen strukturiert werden. Wenn in einer Schulklasse Schüler X plötzlich auf den Fußboden fällt, »organisiert« die Lehrerin das Geschehen möglicherweise so, dass Schüler Y ihm den Stuhl weggezogen hat. Sie meint, es gesehen zu haben, auch wenn es vielleicht anders war – denn Schüler Y hat nun mal einen schlechten Ruf.

Auch wenn dabei Fehler vorkommen, sind Organisationsprozesse in der Wahrnehmung notwendig und zweckmäßig, damit aus der Vielzahl der einströmenden Reize *bedeutungshaltige* Einheiten (Gegenstände, Vorgänge usw.) werden. Nur so erfüllt die Wahrnehmung ihre zentrale Aufgabe: nämlich *Orientierung* in der Welt zu ermöglichen. Zugleich dient sie der Fortbewegung im Raum sowie dem zielgerichtetem *Handeln* (vgl. Guski, 2000). Fast immer kommt es dabei auf ein gutes Zusammenspiel von Wahrnehmung und ausführenden Handlungen an (»Psychomotorik«), wie man etwa am Beispiel des Schreibens mit einem Stift leicht erkennen kann. In diesem und anderen Fällen ist es die aktuelle Motivation, also die Ausrichtung auf ein Ziel, von der die Gesamtaktivität aus Wahrnehmungen und Handlungen geleitet wird.

Während die Selektion und Organisation allgemein gültige formale Prozesse des Wahrnehmens sind, gibt es *personale Unterschiede* darin, *was* ein Mensch typischerweise sieht und übersieht. Solche persontypischen »Wahrnehmungsgewohnheiten« können Ausdruck sein von Interessen, Einstellungen, Ängstlichkeit usw. oder auch von persönlichen Kompetenzen, wie die Beispiele mit dem »sachkundigen Blick« des Arztes, des Försters usw. deutlich machen. Es handelt sich hier gewissermaßen um »Fertigkeiten« des Sehens, Hörens usw.

Erweiterter Wahrnehmungsbegriff: Abschließend möchten wir darauf aufmerksam machen, dass der Begriff der Wahrnehmung manchmal in einem sehr weiten Sinne gebraucht wird, der über das sinnliche Erkennen hinausgeht. Beispiel: »Ich habe den Konflikt so wahrgenommen, dass Karl keine Lust hatte und deshalb …« Hier wird vieles geäußert, was man nicht mehr sehen oder hören, sondern nur interpretieren und folgern kann, und dies gehört bereits zum erfassenden Denken. Eine solch weite Bedeutung hat auch der Begriff der *sozialen Wahrnehmung*. Er bezieht sich nicht nur auf das Wahrnehmen im engeren Sinne, sondern ebenso auf Einschätzungen und Verhaltenserklärungen (Attributionen) bezüglich anderer Menschen (vgl. Aronson et al., 2014).

Lernreflexion

Geben Sie aus eigener Erfahrung Beispiele für Selektion und Organisation in der Wahrnehmung.

3.2.3 Denken und Wissen

Wenn sich etwas im aktuellen Moment *nicht* mit den Sinnesorganen wahrnehmen lässt und dennoch im Kopf präsent ist, so spricht man von Denken. Das Denken kann zwar durch eine Wahrnehmung angestoßen werden, führt jedoch darüber hinaus. Beispiel: Man sieht ein Buch im Schaufenster (= Wahrnehmung) und überlegt, ob das wohl ein gutes Geschenk für Tante Frieda sein könnte (= Denken).

An dem Beispiel lässt sich auch verdeutlichen, dass in unseren Köpfen die Welt in zwei unterschiedlichen Formaten repräsentiert ist: analog und symbolisch (Gazzaniga et al., 2017). Grob gesagt: Wir denken in Bildern und Bedeutungen. Stellt man sich das Gesicht von Tante Frieda oder ein eingepacktes Geschenk vor, so sind diese Sachverhalte bildlich, also analog zur Wahrnehmung repräsentiert. Ein Wort wie »Schenken« hingegen sowie die abstrakte Idee des Schenkens haben keine Ähnlichkeit mit den realen Sachverhalten; hier arbeitet unser Denken mit symbolischen, bedeutungshaltigen Repräsentationen.

Typen von Denkprozessen

Denkvorgänge gibt es in zahllosen Varianten. In dem allgemeinen Prozessmodell von *Tafel 8* (S. 50) ist das Denken sowohl dem *aufnehmenden* als auch dem *einwirkenden* Strang zugeordnet. Denn einerseits besteht es in der (analogen oder symbolischen) Weiterverarbeitung von Wahrnehmungen. Dies geschieht unter anderem in Denkleistungen wie: erfassen, interpretieren, klassifizieren, verstehen, erklären, folgern etc. So verschafft das Denken Orientierung in der Welt und dient dem »Kampf gegen die Ungewissheit« (Schönpflug & Schönpflug, 1996, S. 182). Andererseits ist das Denken auch eine Grundlage für zielgerichtetes Handeln; hierzu gehören Phänomene wie: planen, steuern, regulieren, entscheiden, Probleme lösen etc. Als Kurzbezeichnungen für die beiden Seiten haben wir im Schema von *Tafel 8* »erfassendes« Denken und »steuerndes«, Denken gewählt, ohne dass sich damit die Vielfalt der Erscheinungen voll ausdrücken ließe. Selbstverständlich wirken bei vielen Anforderungen, etwa bei der Bewältigung eines praktischen Problems, beide Stränge zusammen.

Eine klassische Systematik des Intelligenzforschers Guilford (1964) unterscheidet fünf Typen von Denkprozessen, die in *Tafel 10* durch Beispiele illustriert werden. Der erste Typ ist das bloße Erinnern. Das »erfassende Denken« bezieht sich auf das Erkennen und Wiedererkennen von Informationen (»verstehen«, »begreifen«, »identifizieren« usw.) und hat somit eindeutig den Schwerpunkt auf dem aufnehmenden Strang. Anders das produktive oder problemlösende Denken: Es ist darauf gerichtet, etwas zu produzieren bzw. zu verändern. Hierbei unterscheidet Guilford zwei Varianten: Das »konvergierend-produktive Denken« ist auf das Finden einer bestimmten richtigen Lösung ausgerichtet und entspricht etwa »logischem« Denken. Das »divergierend-produktive Denken« hingegen sucht Lösungen in unterschiedlichen Richtungen und gilt als Kern des »kreativen« Denkens. Das wertende Denken schließlich meint die Beurteilung des Erfassten oder des Produzierten nach bestimmten Gütekriterien wie Angemessenheit, Folgerichtigkeit, Zweckmäßigkeit usw.

Differenzierung von Denkleistungen

- *Abrufen von Gedächtnisinhalten*
  Beispiele: Erinnern von Texten, Bildern, Handlungen
- *Erfassendes Denken*
  Beispiele: Sprachverständnis, Erkennen bildlicher Anordnungen, räumliche Orientierung
- *Produktives Denken I: konvergierend*
  Beispiele: logische Ableitung, Rechenoperationen, Zusammenbauen von Möbelteilen
- *Produktives Denken II: divergierend*
  Beispiele: Schreiben eines Aufsatzes, Gestalten eines Kunstwerkes, Ausdenken von Werbeslogans
- *Wertendes Denken*
  Beispiele: Beurteilung eines Textes, Bewertung einer Theorie, politische Stellungnahme

Tafel 10: Typen von Denkoperationen (nach Guilford) mit Beispielen

Ein interessantes und bedeutsames Phänomen sind selbstbezogene Denkprozesse, die unter dem Begriff der *Metakognition* zusammengefasst werden. Es geht hier sozusagen um den Blick in den eigenen Kopf, um das Denken über das eigene Denken, um Wissen über das eigene Wissen etc., aber auch um die Regulierung eigener geistiger Aktivitäten (vgl. Hasselhorn, 2006).

Die wohl berühmteste Metakognition der Weltgeschichte stammt von Sokrates: »Ich weiß, das ich nichts weiß.« Aber metakognitive Leistungen sind nicht für große Philosophen reserviert. Wer eigene Stärken und Schwächen einschätzt (»Hier hab ich noch große Lücken«), wer kognitive Empfindungen verspürt (»Dieses Argument verwirrt mich«) oder wer gezielt Strategien einsetzt (»Ich notiere meine Ideen und bewerte sie erst später«), der betreibt Metakognition. Die Bedeutung metakognitiver Vorgänge für effektives Lernen, für Transferleistungen und problemlösendes Denken ist vielfach belegt (vgl. Hasselhorn & Gold, 2013).

Gewissermaßen das Gegenteil von Selbsterkenntnis und Selbstregulation sind Denkvorgänge, die man kaum als solche bezeichnen mag, weil entscheidende Prozesse unbewusst bleiben. Richard Nisbett (2015) verweist auf Studien, die zeigen, dass Menschen zwar oftmals wortreich erklären können, warum sie sich in dieser Weise verhalten oder in jener Weise geurteilt haben, jedoch ohne zu erkennen, wie sehr sie durch bestimmte – experimentell gesetzte – Faktoren beeinflusst wurden. Auch erwähnt er die Erfinder, Mathematiker, Schriftsteller etc., denen entscheidende Geistesblitze gerade in Momenten kamen, als sie *nicht* über das Problem nachdachten, sondern z. B. beim Einsteigen in einen Bus oder mitten in einer Gartenparty. Ein weiteres Beispiel sind die sog. Bauchentscheidungen, die in unübersichtlichen Situationen tatsächlich oft der logischen Analyse überlegen sind, wie Gerd Gigerenzer (2008), der das Phänomen intensiv erforscht hat, an interessanten Beispielen beschreibt.

Es klingt wie ein Paradox, von »unbewusstem Denken« zu sprechen, aber es ist sicher nicht unpassend. Denn die Ideen, Urteile oder Entscheidungen sind etwas Kognitives, es sind gedankliche Produkte. Die Produktions*prozesse*, die dahin geführt haben, bleiben allerdings oft verborgen, das heißt, hier wirken Vorgänge im Nervensystem, die nicht ins Bewusstsein gelangen.

Ein wichtiger »Ort«, an dem sich Denkvorgänge abspielen, ist das sog. *Arbeitsgedächtnis*. In Lehrbüchern wird es zwar meistens unter der Rubrik »Gedächtnis« behandelt, doch hat es unmittelbar mit Denken zu tun. Es ist ein System, in dem gleichzeitig mehrere Informationen momentan im Bewusstsein gehalten und in Beziehung gesetzt werden, und es ist nachgewiesen, dass die individuelle Intelligenz eng mit der Kapazität des Arbeitsgedächtnisses zusammenhängt (vgl. Neubauer & Stern, 2007).

Die Hauptkomponente des Arbeitsgedächtnisses ist die »zentrale Exekutive« (nach einem bekannten Modell von Alan Baddeley; im Überblick Gazzaniga et al., 2017; Hasselhorn & Gold, 2013). Nach Art einer Leitzentrale steuert sie unter anderem die Aufmerksamkeit, trennt relevante von irrelevanten Informationen, aktiviert passendes Vorwissen aus dem Langzeitgedächtnis, ordnet Informationen, fügt sie zusammen – und eben dies sind Leistungen, die man gewöhnlich dem Denken zurechnet. Zum Arbeitsgedächtnis gehören nach diesem Modell aber auch Speichersysteme, die sprachlich-klangliche sowie visuell-räumliche Informationen für kurze Zeit im Bewusstsein halten. »Kurz« heißt hier: nur wenige Sekunden – es sei denn, die Exekutive sorgt für ein Wachhalten durch inneres Wiederholen (»Memorieren«) oder auch für die Weiterleitung ins Langzeitgedächtnis.

Die Vorgänge im Arbeitsgedächtnis sind insofern bewusst, als man merkt, *dass* man denkt und *worüber* man denkt oder dass man sich dabei zu regulieren versucht (»Ich will erst mal diesen Begriff klären«). Aber kaum bewusst ist man sich der Komponenten und Funktionen, wie die Forschung sie beschreibt.

Wissen und Denken

Alle Denkleistungen enthalten eine Aktivierung von Gedächtnisinhalten, also von *Wissen*. Ohne Wissen kann man nichts erkennen (s. S. 53 über Wahrnehmung), und ohne Wissen kann man kein Problem lösen. Bei *problemlösendem* Denken wird Wissen allerdings nicht nur genutzt, sondern auch *produziert*. Denn Problemlösen meint ja das Bewältigen von Aufgaben, für die man keine fertige

Lösung aus seinem Wissensbestand abrufen kann, sondern auch etwas subjektiv Neues entdecken muss.

Wissen und Wissen ist nicht dasselbe

- Episodisches Wissen
  - Erinnerungen an erlebte Geschehnisse und Kontexte: z. B. Erinnerung an Familienszenen, an das Wo und Wann einer Begegnung etc.
- Semantisches (begrifflich-verbales) Wissen
  Haupttyp: Verständniswissen (sinnhaltiges Wissen). Insbesondere
  - Begriffe (Bedeutung von »Demokratie«, »Lernen«, »education« etc.)
  - Regeln, Prinzipien (Hebelgesetz, Perfektbildung im Englischen etc.)
  - Abstrakte Ideen (Relativitätstheorie, Evolutionstheorie etc.)
  - Komplexes Tatsachenwissen (z. B. zum Blutkreislauf)

  Nebentyp: Einprägungswissen (sinnarmes Wissen). Insbesondere
  - Bezeichnungen (Pflanzennamen, Planetennamen etc.)
  - feste Wortketten (»A, B, C, D ...«, »Ludwig van ...« etc.)
  - einfaches Faktenwissen (Flusslängen, sportliche Rekorde etc.)
- Prozedurales Wissen – das »Können«. Darunter
  - sprachliche, kognitive Fertigkeiten (Sätze formulieren, flüssig vorlesen, addieren etc.)
  - kognitiv regulierende Strategien (z. B. Lesestrategien, Schreibstrategien)
  - motorische Fertigkeiten (Rad fahren, Buchstaben schreiben, zeichnen etc.)

Tafel 11: Unterscheidung verschiedener Arten des Wissens

In der Alltagssprache werden Wissen und Denken oft wie Gegensätze verstanden: Wer etwas weiß, muss nicht mehr nachdenken, sondern nur reproduzieren, was er sich eingeprägt hat. Das mag man so sehen, wenn man den Wissensbegriff auf einfaches Einprägungswissen reduziert. In der Psychologie umfasst er jedoch auch Gedächtnisinhalte wie etwa abstrakte Theorien, Begriffshierarchien, Problemlösestrategien u. a. m. und insofern ist Wissen auch ein Grundstoff für anspruchsvolle Gedankengänge.

Im Gesamtspektrum werden besonders häufig drei Arten des Wissens unterschieden (*s. Tafel 11*):

(1) *Episodisches Wissen* umfasst Erinnerungen an erlebte Situationen und ist insofern autobiografisches Wissen. Solches Wissen wird in der Regel beiläufig und ohne Anstrengung gelernt.

(2) *Semantisches Wissen* ist das typische begrifflich-verbale Schulwissen, z. B. Wissen über biologische, historische oder sprachliche Sachverhalte (»Wissen, dass ...«). Es ist nützlich, hier noch zu differenzieren zwischen sinnhaltigem Wissen (Verständniswissen) und sinnarmem Wissen (Einprägungswissen).

(3) *Prozedurales Wissen* ist eigentlich ein »Können« (»Wissen, wie ...«). Es ist Wissen für das Ausführen von Aktivitäten: motorischen, verbalen, kognitiven (vgl. Anderson, 2013). Wenn es durch Übung zu einer automatisierten Fertigkeit wird, spielt bewusstes »Wissen« allerdings oft keine Rolle mehr; man kann kaum sagen, wie man es »macht«. Demgegenüber bezeichnet man episodisches und semantisches Wissen auch als »deklarativ«, also mitteilbar.

Mit demselben Inhalt, beispielsweise mit einer englischen Redensart (»birds of a feather flock together«), können alle drei Wissensvarianten verbunden sein. Weiß man, was die Redensart bedeutet, ist dies semantisches Wissen. Sie korrekt aussprechen zu können, ist prozedurales Wissen. Die Erinnerung, wo man sie zum ersten Mal gehört hat, ist episodisches Wissen.

Begriffe sind gewissermaßen das Herzstück des semantischen Wissens und ein klassisches Thema der Denk- und Lernpsychologie. Begriffe sind dabei nicht Wörter, sondern deren Bedeutungsgehalt! »Baum«, »tree« und »arbre« sind verschiedene Wörter für denselben Begriff! Umgekehrt kann dasselbe Wort für verschiedene Begriffe stehen: »Einladen« kann man Gäste zu einer Feier oder auch Gepäckstücke in einen Kofferraum.

Martin Harvey – Getty Images

Ohne Begriffe wären Verstehens- und Problemlöseleistungen nicht möglich. Sie ordnen die unendliche Vielfalt von Phänomenen zu Kategorien und machen sie somit überschaubar. So fallen beispielsweise vielfältige Varianten bellender Vierbeiner alle unter den Begriff des Hundes und vielfältige Verhaltensweisen gegenüber Mitmenschen unter Begriffe wie »fair« oder »unfair«. Bei Beispielen wie »fair« kann allerdings das Begriffsverständnis, also der gedankliche Inhalt, individuell durchaus unterschiedlich sein.

Zum Abschluss sei darauf hingewiesen, dass den genannten Wissensarten auch entsprechende Langzeitgedächtnisse zugeordnet werden (s. die Systematik S. 92 im Abschnitt über Lernen.)

Lernreflexion

Überlegen Sie, inwiefern das Lesen eines Textes (z. B. in diesem Buch) mit Denken und Wissen zu tun hat. Welche der erwähnten vielfältigen Denkphänomene und welche Arten des Wissens könnten dabei zur Geltung kommen?

3.2.4 Emotion

Neben Wahrnehmen und Denken sind auch Emotionen zweifellos Grundprozesse des psychischen Haushalts: Wir fühlen eigentlich immer. Wir fühlen uns gut oder schlecht; wir fühlen Ärger, Stolz, Angst oder Langeweile, wir fühlen selbst dann etwas, wenn wir sagen: »Ich fühle mich ganz leer.« Allerdings werden manche Menschen dabei eher von »Zuständen« als von »Prozessen« sprechen. Beides scheint sinnvoll. Emotionen kann man als Prozess erleben (ein Gefühl »kommt auf«), aber auch als Zustand, der eine gewisse Zeit verharrt (»in guter Stimmung sein«). Beides ist im Folgenden gemeint.

Kennzeichen

Was unterscheidet Emotionen von den anderen Prozessen? Besonders charakteristisch sind wohl die folgenden Merkmale:

(1) Emotionen sind ein »leibseelisches« Geschehen bzw. Befinden. Körperlich wie psychisch füllen sie gewissermaßen den ganzen Menschen aus, während man Denken und Wahrnehmen im Kopf lokalisieren würde.

(2) Emotionen werden passiv erlebt, als ein Geschehen, das uns »überkommt«. Während man fragen kann: »Was tun wir, wenn wir denken?«, wäre es merkwürdig zu fragen: »Was tun wir, wenn wir fühlen?« Wir »tun« nichts, »es« tut etwas mit uns; Emotionen sind ein »Angemutetwerden«. Allerdings: Die Emotion wird dabei oftmals nicht nur als Befinden, sondern auch als Kraft erlebt, die zu diesem oder jenem Verhalten drängt, und insofern hängen Emotion und Motivation eng zusammen (dazu mehr im nachfolgenden Abschnitt zu »Motivation«).

(3) Weiterhin gehört zu Emotionen ein gewisses Maß an Erregung bzw. Aktivierung. In der Umgangssprache wird nach dem Grad der Erregung zuweilen zwischen Emotion und Gefühl unterschieden; das Wort »Emotion« lässt eher an eine starke Erregung denken als »Gefühl« (»In der Sitzung prallten die Emotionen aufeinander«). Doch in der deutschsprachigen Psychologie werden die Bezeichnungen meist synonym verwendet.

Der Aspekt der Erregung liefert auch eines der klassischen Kriterien für die *Klassifizierung* von Emotionen, nämlich durch eine Einstufung zwischen den Polen »ruhig« und »stark erregt«. Das zweite Kriterium, die Valenz, betrifft die emotionale Färbung auf der Dimension »positiv« versus »negativ« bzw. »angenehm« versus »unangenehm« (s. *Tafel 12*). In diesem zweidimensionalen System nehmen die einzelnen Emotionen unterschiedliche Plätze ein (vgl. Rothermund, 2015).

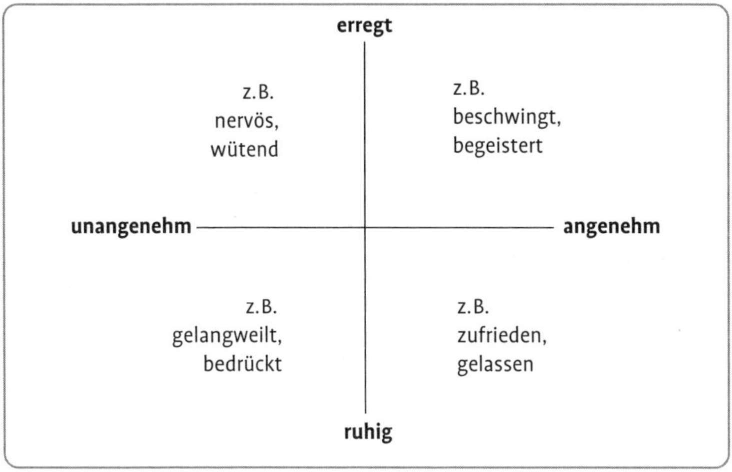

Tafel 12: Zweidimensionale Klassifizierung von Emotionen mit Beispielen

Innerhalb des Gefüges der aktuellen Prozesse sind Emotionen primär dem aufnehmenden Strang zuzurechnen, nicht dem einwirkenden (vgl. *Tafel 8*, S. 50). Sie sind Vorgänge bzw. Zustände, die durch eine vorangehende Situation »ausgelöst« werden, und sind insofern etwas Reaktives. Dies gilt allerdings nicht für »endogene«, etwa durch Biorhythmen oder Krankheiten begründete Zustände.

Theoretische Aspekte

Es gibt zahlreiche Ansätze zur Erklärung des Phänomens Emotion. Zum großen Teil lassen sie sich einer der folgenden Blickrichtungen zuordnen: auf die Evolution, auf den Körper, auf die kognitiven Bewertungen (vgl. etwa Merten, 2003).

Evolutionspsychologische Ansätze betonen den biologischen Ursprung von Emotionen und ihre Funktion für das Leben und Überleben (z. B. Angst kann warnen und schützen). Es wird diskutiert, welche Emotionen in diesem Sinne als »Basisemotionen« zu gelten haben. Von verschiedenen Autoren wurden Listen solcher Basisemotionen vorgelegt (die allerdings recht unterschiedlich ausgefallen sind, wie Kritiker bemängeln; vgl. Ulich & Mayring, 2003).

Mehrere Theorien befassen sich vorrangig mit dem Verhältnis von körperlichen und psychischen Vorgängen beim Auftreten einer Emotion. Schon über hundert Jahre alt ist die Theorie von James und Lange, dass ein Reiz zuerst körperliche Veränderungen auslöst, die dann als Emotion erlebt werden (z. B. Herzklopfen führt zu Angst). Eine andere ältere Auffassung (die mit den Namen Cannon sowie Bard verbunden ist) sieht körperliche und emotionale Reaktionen als parallele und simultane Prozesse.

Die Theorie von Schachter & Singer (1962) erklärt Emotionen aus dem Zusammenwirken von körperlichen und kognitiven Komponenten. Danach kann eine körperliche Erregung sehr unterschiedlich empfunden werden, z. B. als Angst, als Ärger oder als Lustgefühl – je nachdem, wie man seine Erregung interpretiert, und dies ergibt sich aus der Einschätzung und Bewertung (*appraisal*) der Situation, in der man sich gerade befindet. Erhöhter Herzschlag, den man auf eine Provokation zurückführt, wird als Ärger erlebt, nicht aber erhöhter Puls, den man für die Nebenwirkung eines Medikamentes hält.

Rein kognitivistische Sichtweisen konzentrieren sich auf den Zusammenhang von Emotionen und Denkprozessen; die körperliche Erregung spielt hier nur eine Nebenrolle. Die emotionale Färbung wird vor allem aus der Einschätzung von Ereignissen und aus Selbsteinschätzungen erklärt (Lazarus, 1991).

Aus dem kognitivistischen Ansatz ist auch eine interessante Systematik von Emotionen hervorgegangen: nämlich nach ihrem Bedeutungsgehalt, nach ihrem »logischen« Platz innerhalb einer inhaltlichen Ordnung (Ortony et al., 1988; Mees, 1991). Beispielsweise gehören dann Hoffnung und Furcht zur großen Gruppe der ereignisbezogenen Emotionen, und zwar in der Unterklasse der Erwartungs-Emotionen (*s. Tafel 13*).

Emotionen als Bewertungen: Eine inhaltliche Einteilung

- Ereignisbezogene Emotionen:
  - Wohlergehens-Emotionen: Freude vs. Leid
  - Empathie-Emotionen: Mitfreude, Mitleid, Sorge, Neid, Schadenfreude
  - Erwartungs-Emotionen: Hoffnung, Furcht; Befriedigung, Erleichterung, Enttäuschung
- Attributions-Emotionen (Bewertung von Tun und Lassen durch Urheber):
  - Stolz, Scham (wenn man selbst Urheber ist), Billigung, Zorn (wenn andere Urheber sind),
  - Selbst(un)zufriedenheit, Dankbarkeit, Ärger (= zugleich in Verbindung mit Wohlergehens-Emotionen)
- Beziehungs-Emotionen:
  - Wertschätzungs-Emotionen: Bewunderung, Verachtung
  - Attraktivitäts-Emotionen: Zuneigung, Liebe, Abneigung, Hass

Tafel 13: Eine Möglichkeit der Klassifikation von Emotionen: die Einordnung nach ihrer »psycho-logischen« Bedeutung (verkürzt nach Mees, 1991)

Insgesamt wird kognitiven Aspekten in der heutigen Emotionspsychologie starkes Gewicht beigemessen. Nach Rothermund (2015) sind Einschätzungen und Bewertungen der Schlüssel für das Verständnis von Emotionen, aber auch für deren Regulierung (s. hierzu S. 183 über kognitive Therapien).

Allerdings gibt es offensichtlich auch Emotionen ohne jegliche Denkprozesse. Beispielsweise kann man einen Menschen »instinktiv« sympathisch oder unsympathisch finden, oder man kann heftige Angst vor Spinnen haben, obwohl man weiß, wie harmlos sie sind (Myers, 2014).

Grundsätzlichere Bedenken gegen die Betonung des Kognitiven erhebt der »personzentrierte« Ansatz von Ulich & Mayring (2003). Er versteht Gefühle als »unterschiedliche Formen von Berührtsein«; genauer: Gefühle zeigen an, dass ein Ereignis in ganz individueller Weise eigene Werte berührt. Mit anderen Worten: Ohne Selbst-Bezug, ohne Ich-Beteiligung mag geschehen, was will – man spürt weder Ärger noch Freude.

Lernreflexion

Verschiedene Ansätze bringen Emotionen mit körperlichen Prozessen und/oder Denkprozessen in Verbindung. In welcher Weise?

3.2.5 Motivation und Volition

Warum macht sich jemand stundenlang die Mühe, ein passendes Geschenk zu finden? Warum stellt ein Schüler während der Pause einem anderen ein Bein? Fragt man nach dem »Warum« eines Verhaltens, so empfindet man Aussagen zur Motivation als besonders informativ. Schließlich geht es hier schon nach dem lateinischen Ursprung des Wortes um die »Beweg«-Gründe. Man meint Motivationen, wenn man beispielsweise ein Verhalten mit Anerkennungsbedürfnis, mit Interesse oder mit Geldgier erklärt. Allerdings erklärt man Verhalten oft auch mit Angst, Abneigung oder Freude – und dass sind alles Bezeichnungen für Emotionen. Typisch ist zudem, dass die meisten Emotionen auch eine Verhaltenstendenz implizieren, nämlich zu Annäherung (bei Zuneigung, Freude an bestimmten Aktivitäten etc.) oder zu Vermeidung (bei Angst, Ekel etc.).

Motivation und Emotion im Vergleich

Wenn auch Emotionen zu einem bestimmten Verhalten »motivieren« können, wo ist dann der Unterschied zwischen Emotion und Motivation? Der Tendenz nach lassen sie sich etwa durch folgende Stichwörter gegenüberstellen:

- *Emotion:* reaktiv – Befindlichkeit – Erleben der aktuellen Lage – Ist-Wert
- *Motivation:* proaktiv – Antrieb – Streben nach Ziel – Soll-Wert

So definiert Rheinberg (2004, S. 13) Motivation als »aktivierende Ausrichtung des momentanen Lebensvollzuges auf einen positiv bewerteten Zielzustand«.

Emotion und Motivation lassen sich zwar unterscheiden, aber nicht voneinander trennen. Denn geht es bei einem »positiv bewerteten Zielzustand« nicht immer auch um einen positiven Gefühlszustand? So machen verschiedene Autoren darauf aufmerksam (z. B. Schneider & Schmalt, 2000), dass Menschen danach streben, mit ihren Handlungen angenehme Gefühle zu erzeugen und unangenehme zu vermeiden. Und was passiert, wenn man dies erreicht? Es entstehen wiederum Gefühle: etwa Befriedigung oder Erleichterung. Insofern könnte man Motivation auch als die Spannung zwischen einem momentanen und einem angestrebten Gefühl verstehen. Und im aktuellen Lebensvollzug gehen beide Aspekte Hand in Hand, verändern sich miteinander.

Vielleicht kann man sagen: Derselbe psychische Vorgang hat sowohl eine Befindlichkeitsseite als auch eine Antriebs- bzw. Zielseite; und je nachdem, welche Seite man betonen will, spricht man von Emotion bzw. von Motivation. Nicht wenige Begriffe bedeuten beides: Angst, Ärger, Hunger, Interesse, Heimweh usw. kann man zugleich als Befindlichkeiten und als Antriebe zum Handeln erleben. Auch das deutsche Wort »Lust« enthält beide Bedeutungen: »Lust empfinden« als Gefühl, aber »Lust haben auf … (z. B. Tennis)« als Motivation (engl. interessanterweise »I feel like playing tennis«). Allerdings dominiert im Erleben manchmal das Befinden (z. B. bei Langeweile, Angst, Freude), in anderen Fällen eher das Streben (z. B. bei Neugier oder Leistungsmotivation).

Trotz des Zusammenhangs kann man sein Augenmerk vorrangig auf die emotionale oder auf die motivationale Seite richten, und so gibt es Bücher zum Thema »Emotion« und andere zu »Motivation«. Nach dem Gesagten ist es aber nicht verwunderlich, dass hier wie dort zuweilen die gleichen Phänomene (z. B. Angst, Ärger, Interesse) behandelt werden. Dennoch verlieren manche Werke kein Wort über das Verhältnis beider Begriffe und erschweren dadurch für Lernende die kognitive Ordnung.

In diesem Zusammenhang noch eine Ergänzung. Da die psychophysische Erregung, die prinzipiell zu jedem motivational-emotionalen Prozess gehört, zuweilen so heftig sein kann, dass zielgerichtetes Handeln beeinträchtigt wird (z. B. bei Angst oder Wut), haben manche Autoren die Emotion geradezu in einen Gegensatz zur Motivation gestellt: Motivation als ein organisierendes Geschehen, Emotion als etwas »Desorganisierendes« (im Überblick Schönpflug & Schönpflug, 1996). Hier ist dann Emotion nicht mehr dasselbe wie Gefühl, sondern lediglich der starke Affekt. Wir möchten auf diese terminologische Möglichkeit nur hinweisen, ohne uns ihr anzuschließen.

Motivation und Motiv

Im Gefüge aktueller Prozesse (s. Schema S. 49) gehört die Motivation zum einwirkenden, handlungsbezogenen Strang. Sie wird zwar durch äußere Faktoren mit angestoßen, doch ihrem Wesen nach ist die Motivation nicht reaktiv, sondern proaktiv auf die Veränderung einer Situation gerichtet.

Welche Motivation aktuell entsteht, hängt neben der Situation natürlich auch davon ab, welche Arten des »Strebens« ein Mensch in die Situation mitbringt. Diese personalen Dispositionen werden in der Psychologie gewöhnlich als *Motive* bezeichnet. Ein Motiv ist sozusagen die »Ansprechbarkeit« für bestimmte Anreger bzw. Anreize. Ein Mensch mit ausgeprägtem Interesse für Malerei reagiert interessiert auf ein Plakat für eine Gemäldeausstellung, während es von anderen kaum wahrgenommen wird. Ein Mensch mit ausgeprägtem Hilfemotiv ist auch für kleine Anzeichen von Hilfsbedürftigkeit empfänglich und fühlt sich in vielen Situationen zum Helfen motiviert. Ein Mensch mit einem erfolgszuversichtlichen (nicht einem misserfolgsängstlichen) Leistungsmotiv wird optimal motiviert durch Aufgaben mittlerer Schwierigkeit, das heißt durch eine Herausforderung, die mit Anstrengung zu schaffen sein könnte (Brunstein & Heckhausen, 2010).

Motiv (Disposition)		**Motivation** *(aktueller Prozess)*		**Anreger** (situativ)
Leistungsmotiv	→	*Leistungsmotivation*	←	Schwierigkeitsgrad
Interesse	→	*»Interessiertsein«*	←	Sachgebiet, Thema
Hilfemotiv	→	*Hilfemotivation*	←	Notlage anderer

Tafel 14: Beispiele für Motive und zugehörige Anreger. Ihr Zusammenwirken ergibt die aktuelle Motivation.

Aus dem Zusammenwirken von Motiv und Anreiz ergibt sich die aktuelle Motivation (s. Beispiele in *Tafel 14*). »Der Begriff Motiv wird verwendet im Hinblick auf die Disposition, nach eher allgemeinen Zielzuständen, Arten von Befriedigung oder Effekten zu streben«; »der Begriff Motivation bezieht sich auf die Aktivierung einer Handlungstendenz zur Erzielung eines oder mehrerer Effekte« – so die alte Unterscheidung von Atkinson (zit. nach Keller, 1981, S. 24), die so oder so ähnlich häufig getroffen wird. Allerdings wird sie sprachlich nicht immer eingehalten! Oft liest man von Motivation auch im Sinne einer Disposition (»Ein Schüler mit hoher Leistungsmotivation«) oder von Motiv im Sinne eines aktuellen Prozesses.

Eine gewisse Verwandtschaft besteht zwischen den Begriffen »Motiv« und »Einstellung«. Beide kann man als Wertungsdispositionen verstehen. Bei Einstellungen, die vor allem in der Sozialpsychologie ein Thema sind, liegt der Akzent aber nicht auf dem Zielbezug, sondern auf dem Objektbezug (Einstellung »gegenüber« ...).

Motivationstheorien: Einige Unterschiede

Die Theorien beschäftigen sich mit der Frage, wie die aktuellen Motivationen und die dispositionellen Motive entstehen (z. B. Rheinberg, 2004; Schmalt & Langens, 2009). Sie unterscheiden sich vor allem in grundlegenden Fragen wie diesen: Ist Motivation primär ein Druck- oder ein Zug-Phänomen (»push« oder »pull«)? Werden Menschen also eher von innen getrieben oder werden sie von Zielen angezogen? Damit verbunden: Sind die entscheidenden Kräfte »unbewusst«, wie es tiefenpsychologische Ansätze annehmen, oder sind es eher gedankliche Prozesse wie Wertungen, Erwartungen und Attributionen, wie Kognitivisten annehmen? Und: Inwieweit sind Motive im Organismus angelegt, inwieweit sind sie erlernt und auf welche Weise?

Von den theoretischen Sichtweisen geleitet sind teilweise auch die Versuche, die Vielfalt möglicher Motive einzuteilen. Lange Zeit spielten Listen von »grundlegenden« Trieben, Instinkten oder Bedürfnissen eine wichtige Rolle, ohne dass sich jemals eine Liste allgemein durchgesetzt hätte. Eher konsensfähig sind Einteilungen in größere Gruppen, so etwa die von Maslow (1954/2005; hierzu auch S. 221) vorgeschlagene Unterscheidung von Mangelbedürfnissen und Wachstumsbedürfnissen.

Mangelbedürfnisse sind körpernahe Bedürfnisse, die der Erhaltung des Organismus dienen: Hunger und Durst, Schlafbedürfnis und vor allem das Bedürfnis nach physischer Sicherheit. Sie lassen sich als Druck-Phänomene verstehen.

Wachstumsbedürfnisse sind auf die Selbsterweiterung gerichtet. Zu ihnen zählen unter anderem das Bedürfnis nach sozialer Anerkennung, das Leistungs-, das Macht-, das Hilfemotiv oder auch Wissbegier und ästhetische Bedürfnisse. Sie gelten als »höhere« Motive und werden als Zug-Phänomene verstanden.

In der empirischen Psychologie liegt das Schwergewicht auf der Erforschung der höheren Motivationen, wobei meist angenommen wird, dass die Ausprägung der personalen Dispositionen im Wesentlichen erlernt ist und die aktuelle Motivation maßgeblich auf kognitiven Prozessen beruht. Eine dominierende Stellung hat dabei die *Erwartung-mal-Wert*-Theorie. Sie besagt, dass die Stärke der aktuellen Motivation aus dem Produkt von zwei Einschätzungen resultiert: Wie attraktiv ist der Wert bzw. Anreiz des Zieles? Und: Wie wahrscheinlich kann ich das Ziel erreichen (Erwartung)?

Zum Zusammenhang von Motivation und Verhalten

So wichtig der Faktor Motivation auch ist, das aktuelle Verhalten eines Menschen wird, wie zu Beginn des Kapitels erläutert, stets von mehreren Faktoren bestimmt. Überdies gibt es auch keine Eins-zu-Eins-Zuordnung zwischen der Art des Verhaltens und der Art der Motivation (*s. Tafel 15*). Denn dieselbe Motivation kann sich in sehr unterschiedlichem Verhalten ausdrücken. Was kann man nicht alles tun, weil man Angst hat oder weil man Anerkennung erlangen möchte?! Umgekehrt kann dasselbe Verhalten sehr unterschiedlich motiviert sein. So beruht eifriges Bemühen um gute Leistungen nicht immer auf dem Leistungsmotiv (Bestreben, sich als tüchtig zu erleben), sondern vielleicht auf Angst vor Strafe; und hinter aggressivem Verhalten stecken nicht immer aggressive Emotionen, sondern vielleicht ein Bedürfnis nach Beachtung. Zu einem bestimmten Verhalten gehört also nicht automatisch eine Motivation gleichen Namens.

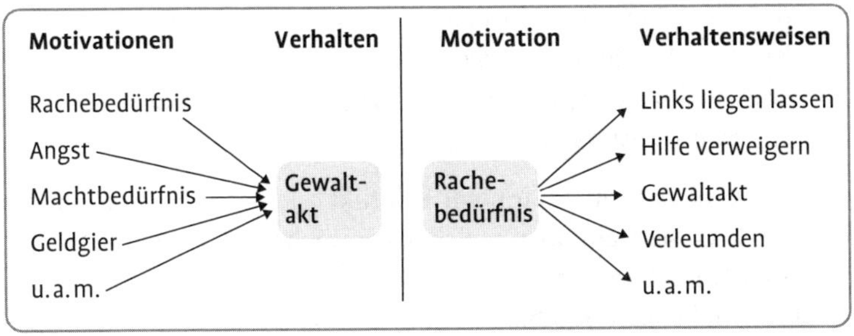

Tafel 15: Dasselbe Verhalten kann unterschiedlich motiviert sein. Umgekehrt: Dieselbe Motivation kann sich in unterschiedlichen Verhaltensweisen ausdrücken.

In diesem Zusammenhang stößt man häufig auf die Unterscheidung von »intrinsischer« und »extrinsischer« Motivation. Vom Wort her geht es irgendwie um »innen« und »außen«, doch es ist nicht verbindlich festgelegt, worauf genau sich »innen« bezieht (Rheinberg, 2004). Häufig ist mit »intrinsisch« gemeint, dass ein Mensch direkt aus seinem Tun Befriedigung erfährt (»macht Spaß«), und mit »extrinsisch«, dass es ihm um die weiteren Folgen, das heißt um die dadurch erreichten Nutzeffekte bzw. Belohnungen geht. Lernen aus Interesse ist dann intrinsisch motiviert, Lernen für die Verbesserung der Berufschancen hingegen extrinsisch. Manchmal ist mit »intrinsisch« aber auch selbstbestimmtes statt fremdbestimmtes Handeln gemeint.

Selbstverständlich können hinter einer konkreten Handlung gleichzeitig *mehrere* Motivationen wirksam sein. Sie können alle in dieselbe Richtung gehen, wie beim Lernen aus Interesse und zugleich für beruflichen Erfolg. Sie können einander aber auch widersprechen; in diesem Fall spricht man von einem inneren *Konflikt.* Dabei unterscheidet man im Allgemeinen drei Typen:

(1) den Annäherungs-Annäherungs- bzw. Appetenz-Appetenz-Konflikt, bei dem zwei Entscheidungen gleich verlockend erscheinen. Beispiel: die Wahl zwischen zwei Reisezielen.
(2) den Vermeidungs-Vermeidungs- bzw. Aversions-Aversions-Konflikt, bei dem es nur die Wahl zwischen zwei Übeln gibt. Beispiel: Hausaufgaben machen oder bestraft werden.

(3) den Annäherungs-Vermeidungs- bzw. Appetenz-Aversions-Konflikt, bei dem ein Ziel gleichzeitig anziehend und abstoßend erlebt wird. Beispiel: Wunsch nach menschlicher Nähe und zugleich Angst davor.

Darüber hinaus kann ein innerer Konflikt erlebt werden, wenn zwar das Ziel klar ist, nicht aber, welcher von mehreren Wegen der beste zu seiner Erreichung ist.

Die Möglichkeit solcher Konflikte zeigt erneut, dass eine bestimmte Motivation vorhanden sein kann, ohne sich im Verhalten zu manifestieren, weil nämlich eine gegenläufige Motivation dies verhindert. Die Frage ist dann, welche der Motivationen sich letztlich in Verhalten umsetzt.

Volitions- bzw. Willensprozesse

Um handlungsfähig zu bleiben, wird man in den meisten Fällen irgendwann *entscheiden*, welcher Motivation bzw. welchem Ziel man den Vorrang gibt. Doch für die Zielerreichung reicht das nicht aus. Man muss auch dafür sorgen, dass das Handeln auf Zielkurs bleibt – zuweilen gegen widrige Umstände, gegen Angst, Ekel oder Unbequemlichkeiten. Diese Phänomene, die jenseits der eigentlichen Motivation liegen, die vielmehr auf deren Realisierung gerichtet sind, fallen unter die Begriffe *Wille*, *Wollen* oder *Volition*. »Eigene regulative Prozesse, die entscheiden, welche Motivationstendenzen bei welchen Gelegenheiten und auf welche Weise realisiert werden sollen, werden Volitionen genannt« (Heckhausen & Heckhausen, 2010, S. 7).

Der Wechsel von der Phase der Motivation zur Volition ist offenbar mit einem scharfen Einschnitt im Bewusstsein verbunden. Während vor der Entscheidung das »neutrale« Abwägen dominiert, sind nach der Entscheidung das Denken und Tun ganz »parteiisch« und einseitig auf die Erreichung des angepeilten Zieles ausgerichtet (Heckhausen, 1987).

Ein Entschluss wird nicht immer sofort in Handeln umgesetzt, sondern häufig erst einmal »abgespeichert«. Gollwitzer & Malzacher (1996) unterscheiden dabei zwei Arten der Intention, nämlich Absichten und Vorsätze. *Absichten* verstehen sie als Zielintentionen, die den inneren Konflikt beenden, *Vorsätze* dagegen als Realisierungsintentionen, die bereits Vorstellungen vom Wann und Wo und Wie des Handelns, also auch von passenden Situationen enthalten. Insofern bereiten Vorsätze die tatsächliche Umsetzung stärker vor als Absichten. Bei unangenehmen Tätigkeiten wird es auch Selbstüberwindung, einen »inneren Ruck« erfordern, sie überhaupt zu beginnen. Um eine Handlung dann auf Kurs zu halten, schirmt sich nach Kuhl (1987) das Individuum gegen alle störenden und behindernden Einflüsse ab, z. B. indem es Ablenkungen unterbindet oder Zweifel weckende Informationen ignoriert.

Lernreflexion

Wenn ein Mensch absichtsvoll lernt (z. B. psychologisches Grundwissen), schreibt man dies etwas vage einer »Lernmotivation« zu. Genauer betrachtet: Was für Motivationen könnten das sein, die zum Lernen bewegen? Und weiter: Wo und wie können bei den realen Lernaktivitäten Volitionsprozesse ins Spiel kommen?

3.2.6 Verhalten und Handeln

Verhalten bildet die »Ausgangsseite« des aktuellen psychischen Geschehens. Durch Verhalten wirken Lebewesen auf ihre Umgebung ein, und nur Verhalten oder seine Produkte (z. B. Schriften, Kunstwerke), nicht aber die inneren Prozesse, kann man bei anderen Menschen direkt wahrnehmen. Letztlich sind es irgendwelche Formen von Bewegung, die man gewöhnlich als »Verhalten« bezeichnet, insbesondere Erscheinungen wie:

- Sprechen, Singen
- Ausdrucksverhalten (Mimik, Gestik, Körperhaltung und dgl.)
- manuelle Tätigkeiten (Schreiben, Werken usw.)
- Bewegungen im Raum (Gehen, Laufen usw.)

Die rein motorische Seite, also das Verhalten ohne die inneren Prozesse, mag psychologisch wenig interessant erscheinen. Man will ja wissen, was für Gedanken, Gefühle etc. sich »dahinter«

abspielen. In manchen Fällen kann jedoch das motorische Geschehen auch für sich schon von Interesse sein. Besonders deutlich wird dies, wenn man sportliche oder manuelle Fertigkeiten (Zeichnen, Klavierspielen usw.) betrachtet. Aber auch im Sozialverhalten eines Menschen, so etwa in der Sprechweise, Mimik und Gestik, können motorische Eigenheiten mitspielen (z.B. Lispeln, Nuscheln), die sozusagen für sich stehen und vielleicht nichts »Tieferes« bedeuten.

In diesem Zusammenhang ist eine häufig anzutreffende Unterscheidung von *Verhalten* und *Handeln* zu erwähnen. Danach ist lediglich solches Verhalten als Handeln zu bezeichnen, das »zielgerichtet, bewusst, geplant, beabsichtigt« ist (v. Cranach et al., 1980, S. 78). Reflexe, Automatismen und Routinen wären danach zwar auch Verhalten, aber kein Handeln. So gesehen, ist Verhalten der Oberbegriff, Handeln ein bestimmter Typ des Verhaltens, nämlich jener Typ, der neben dem äußeren Verhalten auch die inneren Prozesse umfasst, von denen es gesteuert wird. So liegt denn der Akzent der sog. Handlungstheorien vor allem auf kognitiven Vorgängen wie den Zielvorstellungen, Absichten und Erwartungen, dem planenden Denken und dem Überprüfen des Handlungsergebnisses. Was man als Handeln bezeichnet, hat also auch eine Nähe zu Motivations- und Volitionsprozessen.

Handlungen und die anderen Verhaltenstypen sind nicht in einem Nebeneinander zu sehen, sondern als Ebenen in einer Hierarchie von Aktivitäten. Ganz oben in der Hierarchie steht häufig so etwas wie die Realisierung eines »Projektes«. Für dieses Leitziel entwickelt man Pläne, die sich aus mehreren Handlungen zusammensetzen, die jeweils auf Teilziele gerichtet sind und für die man meist abrufbares Wissen und eine gewisse Routine mit sich bringt. Jede dieser Handlungen stellt ihrerseits eine Vielzahl von kleinen Ausführungsroutinen und Automatismen in ihren Dienst. Das Projekt Sommerreise beispielsweise erfordert kontextbezogene Handlungen wie die Hotelbuchung per Telefon oder Internet, die Benutzung eines Verkehrmittels etc. In diesen Handlungen stecken wiederum einfache Routinen, die man nicht mehr als Handlung bezeichnet (z.B. Bedienung der Computertastatur). *Tafel 16* stellt diese Hierarchie in Anlehnung ein bekanntes Modell dar, das Winfried Hacker für die Analyse von Arbeitstätigkeiten entwickelt hat (z. B. Hacker, 2010).

▶ *Komplexe Handlungspläne* (von Oberziel geleitet)	intellektuell reguliert, voll bewusst
▶ *Handlungsschemata* (von Teilzielen geleitet)	wissensbasiert, nicht immer voll bewusst
▶ *Automatismen* (ohne eigenes Ziel)	sensumotorisch reguliert, wenig bewusst

Tafel 16: Verhalten als Oberbegriff umfasst Aktivitäten mit unterschiedlichem Ausmaß kognitiver Regulation

Zwischen den verschiedenen Aktionsebenen kann es fließende Übergänge geben. Wichtig ist: Es sind mehr oder minder umfassende Handlungen, die von Motivationen und Denkprozessen gesteuert werden und die sich flexibel an situative Anforderungen anpassen. Je kleiner die Verhaltenseinheiten sind, desto eher sind sie starre, automatisierte Ausführungsgewohnheiten, die sich z. B. in der Art des Ganges, des Sprechens, der Handschrift usw. äußern.

Da hier die bewusste Steuerung gering ist, hat es nicht an Versuchen gefehlt, aus individuellen Eigenarten bei kleinen Verhaltenseinheiten weitreichende diagnostische Schlüsse über die »Persönlichkeit« (den »Charakter«) eines Menschen zu ziehen. Beispiele dafür sind die Grafologie oder volkstümliche Anleitungen zur »Menschenkenntnis«, nach denen bestimmte Gewohnheiten der Mimik, der Gestik oder des Ganges bestimmte Persönlichkeitszüge verraten.

Solche Diagnosen sind sehr umstritten. Von praktischer Bedeutung ist eher die Erkenntnis, dass die *Änderung* von Verhalten nicht nur auf der Ebene bewusster Zielsetzungen und Handlungsplanungen, sondern auch auf der Ebene eingeschliffener Verhaltensgewohnheiten (z. B. des Blickkontaktes, der Gestik) ansetzen kann.

Lernreflexion

Erklären Sie an einem Beispiel (z. B. eine Examensarbeit schreiben, ein Gruppentreffen vorbereiten), welche Aktivitäten der verschiedenen Verhaltensebenen dabei vorkommen könnten.

3.3 Zweiter Grundaspekt: Personale Faktoren

Im ersten Grundaspekt haben wir verschiedene Prozesse skizziert, die zum aktuellen psychischen Geschehen gerechnet werden. Die konkreten Erscheinungsformen dieser Prozesse – *wie* bestimmte Menschen sich verhalten, *was* sie denken, *wozu* sie motiviert sind etc. – sind selbstverständlich unendlich vielfältig. Wie früher dargelegt (s. Abschn. 3.1.1), variieren sie je nach Person und Kontext. Im Folgenden wird nun die personale Seite näher beleuchtet.

3.3.1 Die Prozesse haben persontypische Färbungen

Wenn wir einen Menschen »kennen«, können wir in gewissem Grade vorhersagen, ob wir ihn eher heiter oder mürrisch antreffen werden, ob er sich bei einer Panne aufregen oder gelassen bleiben wird, ob er am Telefon viel reden oder viel zuhören wird etc. All dies sind persontypische Färbungen oder Ausprägungen der aktuellen Prozesse. Das heißt: Menschen unterscheiden sich darin, welche Emotionen, Motivationen, Gedanken und Verhaltensmuster bei ihnen im welchem Maße vorkommen, und man benennt diese individuellen Besonderheiten gewöhnlich mit Begriffen wie »Temperament«, »Einstellungen«, »Fähigkeiten«, »Vorlieben«, »Gewohnheiten« etc.

All dies sind Begriffe für personale Faktoren, die ein Mensch »mitbringt« und über die man bei manchen Anlässen gerne etwas erfahren möchte, beispielsweise wenn man Bewerber für eine Arbeitsstelle oder Mitbewohner für eine WG auszusuchen hat. Man kann sie auch als Personmerkmale oder Persönlichkeitsmerkmale bezeichnen. Dabei ist mit »Persönlichkeit« in der Umgangssprache meist nur die sozial-emotionale Seite eines Menschen gemeint, ohne

Intelligenz und andere Fähigkeiten. In der Psychologie werden letztere häufig, aber auch nicht durchgängig, mit einbezogen (vgl. etwa Asendorpf & Neyer 2012). Auf jeden Fall sind sie Teil der »Person«.

Geläufig ist auch der Terminus »Disposition«. Während ein »Merkmal« deskriptiven Charakter hat, schwingt in den Begriffen »Disposition« und ebenso in »Faktor« schon etwas Erklärendes mit. Denn eine Disposition ist eine Disposition »*zu* etwas«, und ein Faktor (vom lat. Ursprung ein »Macher«) ist ein Faktor »*für* etwas«. Dieses Etwas sind in unserem Fall die konkreten aktuellen Prozesse, die eben (außer vom Kontext) von der Person abhängen.

Zum Begriff der »Disposition« ist zu ergänzen, dass damit in der Psychologie meistens ein latenter gemeinsamer Grund »hinter« verschiedenen persontypischen Verhaltensweisen, Emotionen etc. verstanden wird. Gewöhnlich bezieht er sich daher auf recht umfassende Aspekte wie z.B. Extraversion, Ängstlichkeit oder sprachliche Intelligenz und nicht etwa auf »enge« Aspekte wie z.B. Spinnenangst, Kompetenz in Wirtschaftsenglisch oder Fertigkeiten in Erster Hilfe.

Das ändert nichts daran, dass solche spezifischen personalen Aspekte in bestimmten Situationen den entscheidenden Unterschied zwischen zwei Menschen ausmachen, wenn es etwa um die Eignung für englischsprachige Firmenkontakte oder um lebensrettende Handgriffe bei einem Unfall geht. Insofern braucht man auch diese »Mini-Dispositionen«, um in konkreten Fällen das Verhalten, Fühlen und Denken eines Menschen zu erklären oder vorherzusagen.

Da sich kein anderer Oberbegriff eingebürgert hat, der *alles* umfasst, was ein Mensch in eine Situation »mitbringt«, bevorzugen wir die Bezeichnung »personale Faktoren« oder «Personfaktoren«. Sie sind das Gegenstück zu Situationsfaktoren und können sowohl sehr globale wie auch sehr spezifische Dispositionen sein.

Das »Personale« ist das, was einen Menschen von anderen *unterscheidet.* Die Aussage »Otto ist ehrgeizig« wäre ohne Sinn, wenn alle Menschen ehrgeizig wären. Allerdings: Zu dem, was ein Mensch in eine Situation »mitbringt«, gehören, streng genommen, nicht nur persontypische, sondern auch *allgemeine, allen Menschen gemein-*

same Dispositionen wie etwa Reflexe oder biologische Bedürfnisse. Solche artspezifischen Ausstattungen bestimmen natürlich ebenfalls mit, wie sich ein Mensch in einer konkreten Situation verhält oder welche Emotionen bei ihm auftreten. In *diesem* Sinne sind sie ebenfalls personale Faktoren, wenngleich man sie nicht zur Persönlichkeit zählen würde.

Die Fülle individueller Personfaktoren lässt sich *inhaltlich* in unterschiedlicher Weise ordnen. Eine ältere Einteilung von Cattell (zit. n. Fisseni, 2008) gliedert in drei große Bereiche: Temperament, Motive und Fähigkeiten. Durchaus ähnlich, aber etwas erweitert, unterscheiden Asendorpf & Neyer (2012):

- Temperament und interpersonelle Stile: Extraversion, Neurotizismus (Ängstlichkeit u. a.)
- Fähigkeiten: Intelligenz, Kreativität, soziale Kompetenz
- Handlungseigenschaften: Ausprägung bestimmter Bedürfnisse und Motive (Machtstreben, Interessen etc.), typische Bewältigungsmuster
- Bewertungsdispositionen: Werthaltungen, Einstellungen
- Selbstkonzept und Wohlbefinden: Selbstbild, Selbstwertgefühl, Lebenszufriedenheit

Das sind jeweils große Persönlichkeitsbereiche mit zahlreichen Facetten, in denen sich Menschen voneinander unterscheiden können.

Lernreflexion

Vielfältige psychologische Begriffe beziehen sich auf personale Faktoren. Manche Begriffe unterscheiden sich nach dem Inhalt, andere auch bezüglich der Größenordnung der Faktoren. Geben Sie für beides einige Beispiele.

3.3.2 Die Zuschreibung von Eigenschaften

Was ist das Gleichbleibende? Dies ist die Kernfrage bei dem Versuch, eine Person zu charakterisieren. Was persontypisch sein soll, darf nicht ständig variieren, sondern muss ziemlich konstant sein, und zwar in zweierlei Hinsicht: über verschiedene Situationen hinweg sowie über die Zeit hinweg. Mit der zeitlichen Stabilität wird sich Abschnitt 3.2.3 beschäftigen, zunächst geht es um die »transsituative« Konstanz.

Üblicherweise beschreibt man eine Person mithilfe von Eigenschaftswörtern. Man sagt beispielsweise »X ist ängstlich«, »ist ehrgeizig«, »ist intelligent« usw. Heißt das, dass psychische Eigenschaften diesem Menschen tatsächlich »eigen« sind wie die Haarfarbe, dass sie also in verschiedenen Situationen immer wieder zu beobachten sind? Bei Fähigkeiten wie Musikalität oder mathematischer Hochbegabung mag das noch leicht zu bejahen sein, aber wie verlässlich sind Aussagen wie »X ist ein ehrlicher Mensch« oder »X ist ein kreativer Typ«. Ist X immer ehrlich? Und ist zu erwarten, dass ein kreativer Komponist auch ein einfallsreicher Festredner ist?

Personenbeschreibungen allein mit Eigenschaftswörtern sind also Pauschalaussagen, die mögliche Variationen von Kontext zu Kontext außer Acht lassen. Insofern sind solche *Be*schreibungen eher *Zu*schreibungen. Es sind Konstruktionen im Kopf eines Urteilers, mit denen er eine Reihe von Beobachtungen und Eindrücken auf einen einfachen Nenner zu bringen versucht.

Experten sind sich dieser Problematik natürlich bewusst. Doch auch in der empirischen Persönlichkeitspsychologie haben Eigenschaftskonzepte durchaus eine Tradition – allerdings auf einer anderen Basis als im Alltag. Mit statistischen Verfahren durchsucht man die Vielfalt individueller Verhaltens- und Erlebensweisen auf Zusammengehörigkeiten, um die Fülle auf wenige Dimensionen zu reduzieren, mit denen sich Personen sehr umfassend beschreiben lassen.

Das gegenwärtig bekannteste Beispiel ist das Big-Five-Konzept aus den Dimensionen (a) Extraversion, (b) emotionale Labilität (Neurotizismus), (c) Offenheit für Erfahrungen, (d) Verträglichkeit und (e) Gewissenhaftigkeit (im Überblick z. B. Laux & Renner 2015). Es handelt sich um sehr globale Eigenschaften, die jeweils viele Facetten umfassen (mehr hierzu in Kap. 4.2, S. 146). Asendorpf und Neyer (2012) weisen darauf hin, dass sich manche Personmerkmale auch gut durch eine Kombination mehrerer Dimensionen kennzeichnen lassen. So sei etwa »Schüchternheit« eine Verbindung aus hoher emotionaler Labilität und geringer Extraversion.

Auch im Alltag werden Menschen nicht selten nach solchen Eigenschaften beschrieben, beispielsweise indem man eine Person X als »ziemlich labil« oder als »sehr gewissenhaft« charakterisiert. In der Psychologie können verschiedene Persönlichkeitsfragebögen genutzt werden, um individuelle Ausprägungen der Big Five zu beziffern. So hat man beispielsweise in einer Liste von 50 Aussagen (»Ich schließe leicht Freundschaften«, »Ich erledige Aufgaben sofort« etc.) anzukreuzen, wie zutreffend (Grad 1 bis 5) man diese für sich selbst findet (s. Ambrigde, 2015). Mit zehn Aussagen zu jeder der fünf Eigenschaften lassen sich dann jeweils Ausprägungsgrade von 10 bis max. 50 Punkten errechnen. Zusammen ergeben sie ein Persönlichkeitsprofil, das sich fraglos auf viele wichtige Aspekte erstreckt.

Aber: Ob man nun die Big-Five-Dimensionen nimmt oder engere Dispositionen wie Ängstlichkeit, Neugier, Verlässlichkeit usw., stets bleibt die Frage, wie gut man dabei das Persontypische eines Menschen erfasst. Zum Beispiel: Wie treffend wird eine Person X durch 35 von max. 50 Punkten für »Gewissenhaftigkeit« beschrieben, wenn sich dahinter unterschiedliche Ausprägungen in den Einzelfacetten von Gewissenhaftigkeit verbergen können, etwa höchste Zuverlässigkeit, aber nur mäßige Sorgfalt, während es bei Person Y mit demselben Gesamtwert möglicherweise umgekehrt ist. Ähnlich kann es bei manchen Menschen auch innerhalb einer Facette sein: Wie »zuverlässig« ist jemand, der fast immer pünktlich zu persönlichen Verabredungen erscheint, aber schon bei leichten körperlichen Beschwerden der Arbeit fernbleibt? Und wie »ordentlich« ist jemand, dessen Arbeitszimmer chaotisch aussieht, der jedoch alles schnell wiederfindet, was er braucht? Oder jemand mit Ordnung im Zimmer und Unordnung in den Schränken?

Ob »zuverlässig«, »ehrlich«, »ordentlich«, »aggressiv« oder etwas anderes, die Beschreibung von Menschen durch Eigenschaftswörter hat also ihre Tücken. Dass verschiedene Beurteiler die Begriffe möglicherweise etwas unterschiedlich verstehen und dadurch eine Verständigung mit anderen erschwert wird, ist nur ein Nebenaspekt. Wichtiger ist dies: Für die Frage, wie sich Menschen angemessen beschreiben lassen, bergen Eigenschaftswörter (egal, wie man sie versteht) grundsätzlich die Gefahr einer Übergeneralisierung: Man übergeht, wie situationsabhängig das Verhalten eines Menschen sein kann – hier ehrlich, dort aber nicht, hier aggressiv, dort aber nicht usw., je nach dem, um welche Anlässe, welche Aufgaben, welche Umgebungen oder welche Interaktion mit welchen Mitmenschen es geht. Die Beschreibung von Personen allein durch Adjektive sagt nichts über diese Variation.

Walter Mischel hat schon 1968 in einem einflussreichen Buch mit Verweis auf empirische Studien betont, dass solche Variationen und nicht etwa gleichförmiges Verhalten der Normalfall seien und dass die Zuschreibung von umfassenden Eigenschaften daher nicht geeignet sei, die Persönlichkeit eines Menschen, eben das Invariante, zu erfassen.

Die Lösung des Problems – die Versöhnung des Invarianten mit der Variation des Verhaltens – sieht Mischel (2004) darin, die *Situation* in die Personbeschreibung mit hineinzunehmen. Wenn man zwei Personen vergleicht, die *insgesamt* die gleiche Ausprägung von »Gewissenhaftigkeit« oder »Verträglichkeit« haben, können sie sich, wie dargelegt, dennoch darin unterscheiden, in *welchen* Situationen bzw. Kontexten sie sich besonders gewissenhaft verhalten und in welchen ein bisschen schlampig, in welchen besonders verträglich und in welchen sogar aggressiv etc.: Wenn Situation A, dann Verhalten V1, wenn Situation B, dann Verhalten V2 (s. *Tafel 17*). Dieses Situationsprofil, dieses kontextbezogene Variationsmuster kann nun seinerseits ein beständiges Merkmal eines Menschen sein – eine Eigenschaft, wenn man so will, die nach dieser Auffassung aber nicht situationsfrei konzipiert ist.

Da die Verhaltensvariationen keine zufälligen Schwankungen, sondern eben persontypisch sind, liegt das eigentlich Interessante in der Frage, *wann* Person X ehrlich ist und wann nicht, wann sie aggressiv ist und wann nicht usw., und was der gemeinsame Nenner »hinter« diesem Variationsmuster sein könnte. Hier findet man vielleicht Antworten in den Motiven oder Werthaltungen des betreffenden Menschen. Vielleicht ist Person X immer sehr freundlich, wenn es

Eigenschaft und Situationsbezug

Denkbar: Zwei Personen mit gleichem Gesamtwert für eine Eigenschaft (z.B. »verlässlich«, »neugierig«), aber mit unterschiedlichen Ausprägungen je nach Situation (bei möglichen Ausprägungsgraden von 1 bis 10):

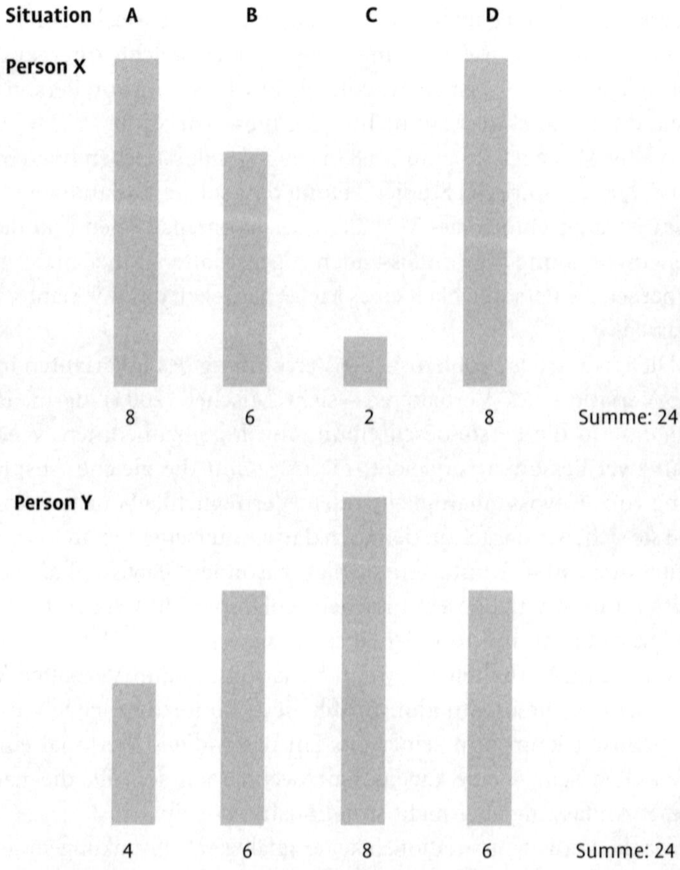

Tafel 17: Situationsbezogene Variationsmuster als Personmerkmal

um persönliche Vorteile geht (z. B. gegenüber Kunden), Person Y hingegen, wenn sie sich für schwächere Menschen verantwortlich fühlt (z. B. gegenüber Kindern und Hilfsbedürftigen). Vielleicht ist Person X immer »ordentlich«, wenn sie bei anderen einen guten Eindruck machen möchte, und Person Y, wenn sie sich damit ihre Arbeit erleichtert.

Viele kontextbezogene Personfaktoren haben sich in der Psychologie seit Langem eingebürgert. So ist es etwa im Falle von Ängstlichkeit üblich, Ängstlichkeit bezüglich Selbstwertbedrohungen zu unterscheiden von Ängstlichkeit bezüglich physischer Bedrohungen (z. B. Hock & Kohlmann, 2009). Ein Mensch, der in Prüfungssituationen sehr ängstlich ist, muss also nicht auch zu Angst vor Hunden oder Krankheiten neigen; und noch spezifischer definiert sind Phobien. In ähnlicher Weise wird bei »Aggressivität« gewöhnlich eine emotional-reaktive, die mit »Ärgerneigung« zu tun hat, von einer instrumentellen, Zwang ausübenden Aggressivität unterschieden, die auf Macht, auf Bereicherung etc. gerichtet ist. Ein »empfindlicher« Mensch, der zu Beschimpfungen und Retourkutschen neigt, muss nicht auch andere Menschen berauben, und umgekehrt (im Überblick s. Nolting, 2015).

Das alles schließt gleichartiges Verhalten über viele Kontexte hinweg nicht grundsätzlich aus. »Vielleicht ist es am sinnvollsten, anzunehmen, dass die meisten Menschen manchmal in ihrem Verhalten konsistent sind, in der übrigen Zeit aber variabel (...). Man kann z. B. von jedermann erwarten, dass er Konsistenz in Bereichen zeigt, die wichtig und bedeutungsvoll für ihn sind. Die Konsistenzbereiche unterscheiden sich also von Individuum zu Individuum. Für manche mag es z. B. wichtig sein, sich immer ehrlich zu verhalten, während andere Wert darauf legen, immer überlegen zu sein« (Pervin, 1981, S. 23).

Kapitel 4.2 über Differenzielle und Persönlichkeitspsychologie vertieft die aufgeworfenen Fragen mit einer Gegenüberstellung von wichtigen Persönlichkeitstheorien und ihren Aussagen zu Art und Aufbau personaler Faktoren.

Lernreflexion

Es ist weithin üblich, Menschen mithilfe von Eigenschaftswörtern zu beschreiben. Argumentieren Sie zu den Vorteilen und Nachteilen.

3.3.3 Konstanz und Wandel von Personmerkmalen

Nach der transsituativen Stabilität nun zur Stabilität im zeitlichen Sinne. Wenn wir einen Menschen nur für ein paar Wochen als »in sich gekehrt« erleben und dann nicht mehr, würden wir ihn wohl nicht als »introvertiert« beschreiben, sondern sein Verhalten eher aus seiner Lebenssituation erklären. Eine längerfristige Stabilität ist also nötig, damit ein Merkmal als persontypisch gelten kann. Zugleich ist es aber eine unabweisbare Tatsache, dass Menschen sich ständig in Entwicklung befinden und ihre personalen Faktoren insofern immer nur der gegenwärtige Stand ihrer individuellen Entwicklung sein können.

Wie verträgt sich das eine mit dem anderen? Wie verträgt sich das Phänomen »Person« mit dem Phänomen »Entwicklung«? Eine Teilantwort liegt in der Formel »Konstanz im Wandel«: Gewisse Dispositionen (z. B. allgemeine Intelligenz, Extraversion, Musikalität) bleiben zwar »im Prinzip« erhalten, doch ihre spezifischen Ausdrucksformen verändern sich im Lebenslauf. Dies ist schon aufgrund des jeweiligen Alters zu erwarten. Intellektuelle Fähigkeiten zeigen sich beim kleinen Kind in anderer Weise als beim Schulkind oder beim Erwachsenen, und ähnlich ist es z. B. bei Aggressivität oder Altruismus. Selbst im Erwachsenenalter können sichtbare Verhaltensänderungen (z. B. ein Wechsel beruflicher Aktivitäten) ein Ausdruck gleichbleibender latenter Dispositionen sein (z. B. ausgeprägtes Erfolgsstreben). Das schließt allerdings nicht aus, dass auch diese veränderlich sein können.

In der Forschung werden zwei Arten der personalen Stabilität unterschieden: *absolute Stabilität* und *Positionsstabilität* (auch: normative Stabilität; s. Montada et al., 2012). Beispiel Intelligenz: Versteht man darunter den Grad der realen intellektuellen Leistungsfähigkeit und untersucht, welche Aufgaben Menschen in verschiedenen Lebensaltern lösen können, so wächst die Intelligenz (durchschnittlich) bis zum frühen Erwachsenenalter und nimmt dann in einigen Bereichen langsam ab (z. B. Neubauer & Stern, 2007). Insofern gibt es also Veränderungen in der absoluten Intelligenz. Nimmt man hingegen den Intelligenzquotienten, so geht es um die Positionsstabilität, denn er definiert sich durch die Leistung eines Menschen innerhalb der Leistungsverteilung seiner Altersgruppe. Und in dieser Hinsicht – im interpersonalen Vergleich mit Gleichaltrigen – wird die Position eines Menschen über Jahre hinweg ziemlich stabil bleiben.

Für das reale Verhalten eines Menschen, für seine Denkleistungen, seine Stimmungen usw. ist natürlich nicht die (relative) Position maßgebend, sondern die *absolute* Ausprägung der relevanten Personfaktoren, und diese Ausprägung kann bei manchen Faktoren sehr stabil, bei anderen weniger stabil sein. Die alterstypische Entwicklung der allgemeinen Intelligenz wurde zuvor als Beispiel schon erwähnt. Besonders veränderlich sind bekanntlich spezifische Kenntnisse und Fertigkeiten.

Demgegenüber sind so umfassende Eigenschaften wie die Big Five im Großen und Ganzen vergleichsweise stabil, allerdings nicht alle in gleichem Maße. Nach einem Resümee von Caspi, Roberts & Shiner (2005) wachsen mit Beginn des Erwachsenenalters die Gewissenhaftigkeit, die Verträglichkeit und auch die emotionale Stabilität (= die emotionale Labilität nimmt ab). Die Offenheit für Erfahrungen wächst in der Adoleszenz und im frühen Erwachsenenalter, während sie im hohen Alter etwas zurückgeht. Bei der Extraversion ist zu differenzieren: Der Unteraspekt Geselligkeit hat seine höchste Ausprägung in der Adoleszenz, der Unteraspekt Dominanz von der Adoleszenz bis ins mittlere Erwachsenenalter. Die Autoren machen darauf aufmerksam, dass diese Trends für beide Geschlechter gelten und dass Persönlichkeitsveränderungen, entgegen geläufigen Annahmen, offenbar am häufigsten im frühen Erwachsenenalter eintreten und nicht etwa im Jugendalter. All dies sind aber nur Aussagen zu durchschnittlichen Trends (!), nicht zu individuellen Entwicklungen. So ist etwa ein Rückgang emotionaler Labilität bei jungen Erwachsenen nur zu erwarten, wenn sie eine stabile Partnerschaft eingegangen sind (Asendorpf & Neyer, 2012).

Auf jeden Fall gilt: Wenn wir personale Dispositionen als (partielle) Erklärung für die aktuellen Prozesse heranziehen, geht es immer um die *derzeitigen* Dispositionen, denn Personen entwickeln sich weiter. Insofern gehören die Ausführungen zur Konstanz von Personmerkmalen gleichzeitig zum Grundaspekt »Personale Faktoren« und zum Grundaspekt »Entwicklung«. Im folgenden Kapitelabschnitt geht es vorrangig um die Frage, wie die individuelle Entwicklung zustande kommt.

Lernreflexion

Erklären Sie den Unterschied zwischen absoluter Stabilität und Positionsstabilität.

3.4 Dritter Grundaspekt: Entwicklung

Der Blick richtet sich nunmehr ganz auf die vertikale Achse des Grundmodells von S. 43, die die Veränderung personaler Faktoren im Laufe des Lebens repräsentiert. Solche Veränderungen bezeichnet man gewöhnlich als Entwicklung, doch es ist nicht einheitlich festgelegt, wie weit der Entwicklungsbegriff zu fassen ist.

Im engeren Sinne beschränkt er sich auf Veränderungen, die üblicherweise mit dem *Lebensalter* eintreten; sie sind der vorrangige Gegenstand der Entwicklungspsychologie. Daneben kommt es im Lebenslauf aber auch zu Veränderungen, die nicht oder nicht primär altersbezogen sind, sondern beispielsweise auf Berufserfahrungen, Schicksalsschlägen oder einer Psychotherapie beruhen. Um solche Veränderungen geht es unter anderem in der Klinischen und Pädagogischen Psychologie. Wenn ein Mensch durch beruflichen Erfolg mehr Selbstvertrauen gewinnt, durch eine Ausbildung neue Kompetenzen erwirbt oder aufgrund eines Unfalls vorsichtiger Auto fährt, so sind dies ganz *personspezifische* Veränderungen und die können mitunter schon in relativ kurzen Zeiträumen eintreten. Insofern entwickeln sich Menschen also ständig ein wenig weiter. In diesem umfassenden Sinne, als altersbezogene wie auch höchst individuelle Veränderung von Personen, wird im Folgenden das Phänomen Entwicklung verstanden.

Bei der Frage, wie solche Veränderungen zustande kommen, geht es sowohl um die zugrunde liegenden Prozesse als auch um die »Instanzen«, von denen diese Prozesse gesteuert werden.

3.4.1 Die treibenden Prozesse: Reifen und Lernen

Diese beiden grundlegenden Vorgänge, die die Entwicklung vorantreiben, werden hier zunächst im Überblick erläutert; zu Lernen folgt danach ein ausführlicher Exkurs.

Reifung
Der Begriff der »Reifung« ist nicht in einem wertendem Sinne (»Sie ist viel reifer und vernünftiger geworden«) zu verstehen, sondern in einem biologischen: Eine Funktion entwickelt sich aufgrund eines genetischen Programms. Dabei sind vorrangig *alterstypische* Veränderungsprozesse gemeint, die alle Menschen gemeinsam haben. So manifestiert sich Reifung unter anderem in Sachverhalten wie diesen: Säuglinge kommen bereits mit einem umfangreichen Verhaltensrepertoire auf die Welt. Etwa um den 13. Lebensmonat herum (manchmal früher, manchmal später) können alle gesunden Kinder selbständig gehen und etwa um den 18. Lebensmonat bilden sie Zwei-Wort-Sätze. Es gibt offenbar keinen Weg, den Erwerb dieser Kompetenzen durch Übung deutlich vorzuverlegen. Und jede normale, also nicht deprivierte, Umwelt reicht für diese Entwicklungen aus (Montada et al., 2012, S. 46).

Die sichtbaren Fortschritte beruhen auf organischen Veränderungen, und die sind nicht auf die frühen Lebensjahre beschränkt. Unter anderem ist die Pubertät eine besonders auffällige Veränderungsphase. Aber Reifungsprozesse setzen sich bis zum Lebensende fort, und die dabei eintretenden Beeinträchtigungen und Verluste werden zuweilen als negative Reifung bezeichnet.

Da sich ein Mensch nicht nur artspezifisch und alterstypisch, sondern auch *person*spezifisch entwickelt, wäre diese Herausbildung individueller Merkmale, soweit sie genetisch bedingt ist, als *individuelle* Reifung anzusehen. So kann sich beispielsweise bei einem Menschen ungewöhnlich früh hohe Musikalität entwickeln. Im anderen Fällen wird vielleicht eine genetisch angelegte Krankheit erst in einer späteren Lebensphase manifest, wie bei der Hirndegeneration Chorea Huntington (Veitstanz), deren pathologische Genvarianten im Durchschnitt erst mit 43 Jahren aktiv werden (Asendorpf, 2015). Für solche individuellen Verläufe ist der Ausdruck »Reifung« allerdings unüblich, stattdessen wird auf die »Erbanlagen« (die Steuerungsinstanz) verwiesen.

Es ist unumstritten, dass individuelle körperliche Merkmale ganz oder weitgehend gemäß der genetischen Ausstattung heranreifen (z.B. Blutgruppe, Haarfarbe, Körpergröße). Bei der psychischen Entwicklung ist dies nicht so eindeutig, und man darf sich dabei nicht von Annahmen irreleiten lassen, die zuweilen in Alltagsbegriffen wie selbstverständlich enthalten sind. So sind das Laufen-»Lernen« und andere psychomotorische Entwicklungen der ersten Lebensjahre primär Reifungsergebnisse, während die sog. Schul-»Reife« auch deutlich lernabhängig ist und eher »Schulfähigkeit« und »Schulbereitschaft« heißen sollte (vgl. etwa Tent, 2006).

Prinzipiell wirken Reifung und Lernen zusammen, und selbst dann, wenn das Lernen so überragend wichtig ist wie etwa bei Sprachfertigkeiten oder Sachkenntnissen, kann es doch nur auf der Basis eines bestimmten Reifungsniveaus wirksam werden. Die organismischen Voraussetzungen zum Lernen – sowohl die altersgemäße Ausreifung von Nervenbahnen, Sinnesorganen usw. als auch die individuellen Lernfähigkeiten – müssen also in jedem Fall genetisch bereitgestellt werden.

Lernen

In der Psychologie meint der Begriff des Lernens nicht allein die Aneignung von Kenntnissen und Fertigkeiten, sondern hat eine wesentlich breitere Bedeutung. Häufig wird Lernen als eine relativ überdauernde Veränderung des Verhaltens aufgrund von Erfahrungen umschrieben. Da sich ein Lernvorgang nicht immer im tatsächlichen Verhalten manifestiert, ist es jedoch treffender, von der Veränderung des »Verhaltens*potenzials*« zu sprechen (vgl. Hasselhorn & Gold, 2013; Lefrancois, 2015). Die Veränderung von Denken, Emotionen etc. ist dabei mit eingeschlossen.

Was die *Erfahrung* als Quelle der Veränderung anbelangt, so ist dies ein relativ undeutlicher Begriff, weshalb in manchen Definitionen explizit hinzugefügt wird, was *nicht* Lernen ist: nämlich eine Veränderung durch Reifung, Verletzung, Ermüdung usw. Da die Kennzeichnungen »relativ überdauernd« und »Potenzial« gut dem Begriff der »Disposition« entsprechen, könnte man auch definieren: Lernen ist die erfahrungsbedingte Veränderung personaler Dispositionen (wobei dann Kenntnisse, Fertigkeiten und andere personale Faktoren mitgemeint sind, S. 79).

Lernen steht damit nicht in linearer Reihe neben den besprochenen aktuellen Prozessen, sondern sozusagen quer dazu – als Prozess, der die aktuellen Prozesse verändert. Durch Lernen ist man anders »disponiert«, wahrzunehmen, zu denken, zu fühlen, zu streben und sich zu verhalten. Da die Veränderungen den aktuellen Moment überdauern, manchmal sogar lebenslang nachwirken, enthält der Lernbegriff eine Zeitperspektive: Ein Vorgang wirkt in die Zukunft hinein. Es ist noch kein Lernen, wenn ein Mensch in einem Augenblick eine bestimmte Idee hat. Wenn dieser Gedanke aber im Gedächtnis bleibt und diesen Menschen dazu »disponiert«, eine Aufgabe künftig anders zu bewältigen, dann hat Lernen stattgefunden.

Aus diesem Grunde ordnen wir Lernen als Entwicklungsprozess ein, gleichwohl hat es unmittelbar mit aktuellen Prozessen zu tun: Lernen ist deren »Nachwirkung«. Sofern also Wahrnehmungen, Gedanken, Verhaltensweisen usw. nicht nur als »flüchtiges« Geschehen auftreten, sondern »Spuren« hinterlassen und als »Erfahrung« gespeichert werden, haben sie zugleich einen Lernaspekt (*s. Tafel 18*).

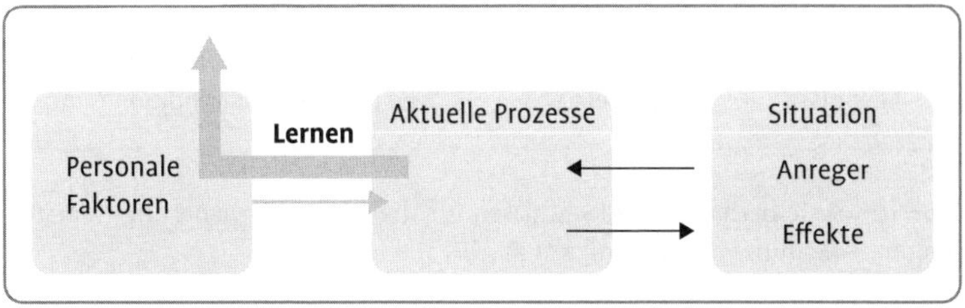

Tafel 18: Einordnung von Lernen in die Grundaspekte: Aktuelle Prozesse hinterlassen »Spuren«. Personale Faktoren entwickeln sich dadurch weiter. Umgekehrt wirkt früheres Lernen in die aktuellen Prozesse hinein.

Dies setzt voraus, dass der Organismus die Fähigkeit zum »Speichern« besitzt. Hier drängt sich sofort der Begriff des *Gedächtnisses* auf. Die Begriffe Lernen und Gedächtnis gehören unmittelbar zusammen. Allerdings hat man bei »Lernen« eher das Aufnehmen im Auge, bei »Gedächtnis« eher das Behalten und Reproduzieren (wobei das Reproduzieren bzw. Erinnern zugleich den aktuellen Denkprozessen zuzurechnen ist). Außerdem lässt »Gedächtnis« primär an das Speichern von bewusstem, mitteilbarem Wissen denken. Da aber auch Vorlieben, motorische Fertigkeiten usw. gelernt werden können, muss es hierfür ebenfalls ein »Gedächtnis« geben; man spricht häufig von »implizitem« Gedächtnis, dessen Inhalte man nicht bewusst beschreiben kann. In jedem Fall ist, allgemein gesprochen, die *Speicherfähigkeit* des Organismus die Grundbedingung des Lernens.

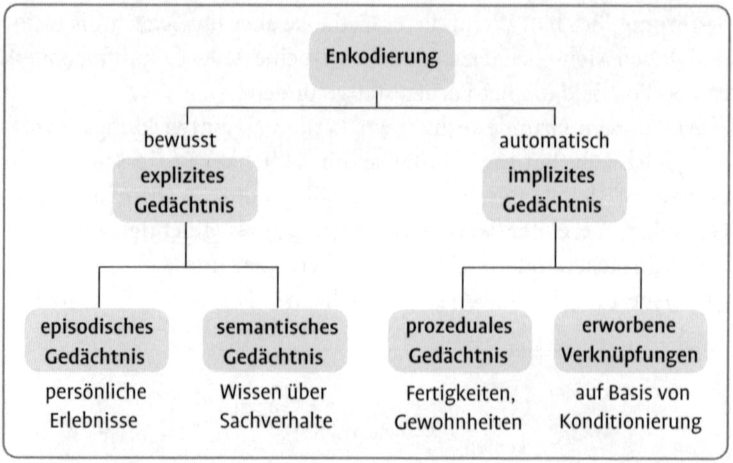

Tafel 19: Systematik von Gedächtnissen für die Langzeitspeicherung (Darstellung in Anlehnung an Gazzaniga et al., 2017, S. 403)

Tafel 19 zeigt eine Systematik verschiedener Langzeitgedächtnisse, die sich auch auf verschiedene Regionen des Gehirns verteilen (leicht modifiziert nach Gazzaniga et al., 2017, S. 403). In ihr finden sich die Wissensarten wieder, die im Kapitelabschnitt über Denken bereits vorgestellt wurden: episodisch, semantisch und prozedural (s. S. 61).

Hinzu kommen die durch klassische und operante Konditionierung erworbenen Verknüpfungen, von denen anschließend die Rede sein wird. (Anmerkung: Etwas Prozedurales kann, zumindest anfangs, durchaus bewusst sein, s. S. 103)

Das Spektrum der psychischen Lern*inhalte* ist riesig: Wahrnehmungsgewohnheiten, Sachkenntnisse, Denkstrategien, motorische Fertigkeiten, moralische Prinzipien, Ideologien, Selbsteinschätzungen (»von Technik verstehe ich nichts«) oder emotionale Dispositionen (z. B. Ängstlichkeit gegenüber Autoritätspersonen) und vieles mehr.

Mitgelernt wird aber auch das Wo und Wann ihrer Aktivierung, also relevante *Kontextbezüge*. Beispielsweise werden nicht nur Formen der Begrüßung gelernt, sondern auch, bei welchen Anlässen oder gegenüber welchen Personen sie zu gebrauchen sind. Selbst bei Verhaltensweisen, die primär durch Reifung möglich werden, kann es doch überwiegend vom Lernen abhängen, mit welcher Häufigkeit und bei welchen Gelegenheiten sie auftreten; auch dies ist dann Bestandteil der »Disposition«. Laut brüllen kann ein kleines Kind auch ohne Lernen, aber vielleicht lernt es, gegenüber der Oma seine Wünsche mit Brüllen durchzusetzen, nicht aber gegenüber der Mutter.

Lernreflexion

Einerseits gehören die Phänomene Lernen und Gedächtnis eng zusammen. Anderseits spricht man in manchen Zusammenhängen zwar von Lernen, aber kaum von Gedächtnis, während es in anderen Zusammenhängen umgekehrt ist. Wie würden Sie die Relationen erläutern?

3.4.2 Formen des Lernens: verhaltensbezogene und wissensbezogene

Nun zu der Frage, wie Lernvorgänge überhaupt zustande kommen – eine Frage, mit der sich die empirische Psychologie seit etwa hundert Jahren beschäftigt und auf die recht unterschiedliche Antworten gegeben wurden. Eine einheitliche Erklärung für alle Lernphänomene – »die« Theorie »des« Lernens – wird heute kaum noch vertreten. Vielmehr geht man von unterschiedlichen Arten des Lernens aus. Die Einteilungen variieren allerdings und ebenso die Namen, unter denen eine Lernart geführt wird (beides ein mögliches Ärgernis für Studierende!). Die Lernformen unterscheiden sich darin, unter welchen Bedingungen der Lernvorgang zustande kommt, und darin, für welche Art von personalen Faktoren (Sachwissen, soziale Fertigkeiten usw.) sie besonders bedeutsam sind.

Lernform	**vorrangig relevant für ...**
Primär verhaltensbezogen	
▶ Klassische Konditionierung (Signallernen)	▶ unwillkürliche Reaktionen, besonders affektiver und vegetativer Art
▶ Lernen am Effekt (operantes, instrumentelles Lernen)	▶ Verhaltensgewohnheiten und -fertigkeiten sozialer, motorischer, sprachlicher u. a. Art
▶ Lernen am Modell (Lernen durch Beobachtung)	▶ Erwerb neuer Verhaltensmuster sozialer, motorischer, sprachlicher u. a. Art
Primär wissensbezogen	
▶ Wissenserwerb I: mechanisch (kognitiv-assoziatives Lernen)	▶ sinnarmes Einprägungswissen, sprachliche Assoziationen, »auswendig lernen«
▶ Wissenserwerb II: verstehend (kognitiv-sinnhaltiges Lernen)	▶ vernetztes Verständniswissen zu verschiedenen Bereichen (fachlich, sozial usw.)
▶ Wissenserwerb III: entdeckend	▶ ebenso

Tafel 20: Wichtige Lernformen im Überblick

Unsere Einteilung in sechs Typen (*s. Tafel 20*) gibt Lernphänomene wieder, die in Lehrbüchern besonders häufig erwähnt werden, wenngleich die Autoren mal hier, mal dort gröber oder feiner unterteilen. Weitgehende Übereinstimmung herrscht bei der Unterscheidung von zwei großen Gruppen: auf der einen Seite Lernformen, die sich primär auf die Veränderung von Verhalten im engeren Sinne beziehen, auf der anderen Seite kognitives Lernen, d. h. Lernen als Wissenserwerb, als Informationsverarbeitung, als Veränderung »geistiger« Prozesse (z. B. Gage & Berliner, 1996; Lefrancois, 2015).

Diese Einteilung ist hilfreich, aber wir werden im Folgenden auch deutlich machen, dass die beiden Hauptgruppen zwar unterschiedliche Geltungs*schwerpunkte* haben, dass es aber durchaus *Überlappungen* gibt. So ist wissensbezogenes Lernen unter anderem auch für soziales Verhalten und sogar für motorische Leistungen von Bedeutung (interessante Beispiele bei Steiner, 2007).

Überhaupt beruhen viele Entwicklungsfortschritte auf komplexen Prozessen, an denen mehrere Lernformen beteiligt sind, wobei mit »Formen« nicht etwa wählbare Lern-»Methoden« gemeint sind, sondern unterschiedliche Prozesse mit fundamentaler Bedeutung für »normale« Entwicklungen und ebenso für »Fehlentwicklungen«, für Lernen »durch das Leben« und ebenso für Lernen durch Erziehung, Unterricht oder Therapie.

Primär verhaltensbezogene Lernformen

Gewöhnlich werden hier die klassische Konditionierung, die operante Konditionierung (Lernen am Effekt) und das Lernen am Modell behandelt, wobei »verhaltensbezogen« relativ weit zu fassen ist und emotional-motivationale Aspekte mit einschließt.

Klassische Konditionierung (auch: Signallernen, respondente oder reaktive Konditionierung, bedingter Reflex). Sie gilt als die einfachste Lernart; man findet sie schon bei sehr niedrigen Organismen. Entdeckt wurde sie von dem russischen Physiologen Pawlow. In seinem berühmtesten Experiment bekam ein Hund sein Futter mehrmals gleichzeitig mit einem Glockenton und bald darauf reagierte er allein schon auf den Ton mit Speichelfluss. Die Bedeutung dieses Lernprinzips – durch zeitliche Kopplung wird die Auslösefunktion eines Reizes von einem anderen Reiz übernommen – reicht weit über Speichelreaktionen bei Hunden hinaus: Es gilt für zahlreiche unwillkürliche Reaktionen, insbesondere emotionale und vegetative. Sie können an einen bislang neutralen Reiz gebunden werden, weil dieser mit einem natürlichen Auslöser gekoppelt war.

Ein anschauliches und ebenfalls oft zitiertes Beispiel für das Lernen eines neuen Affektauslösers ist die Geschichte vom kleinen Albert, einem zehn Monate alten Jungen, dem Watson & Rayner (1920) Angst vor einer niedlichen weißen Ratte »ankonditionierten«, mit der das Kind zuvor zu spielen pflegte. Das Prinzip: Das Auftauchen der Ratte wurde mehrfach mit einem erschreckenden Geräusch gekoppelt und wurde so schließlich selbst zum Angstauslöser.

Angstreaktionen sind sicher ein auffälliges und praktisch sehr bedeutsames Beispiel; man denke etwa an unfallbedingte Ängste oder an Angst vor Personen, von denen man bestraft wurde. Nach dem Prinzip der klassischen Konditionierung können sich aber auch positive Gefühlsreaktionen an bestimmte Reize binden, etwa an Gegenstände oder Orte, die mit angenehmen Erfahrungen verbunden waren (hiervon macht die Werbung reichlich Gebrauch).

Da durch klassische Konditionierung neue Verbindungen zwischen Reizen und *Re*aktionen gelernt werden, insbesondere als unwillkürliche Auslösung von Emotionen, hat sie ihren Schwerpunkt auf dem »aufnehmenden Strang« der aktuellen Prozesse (vgl. *Tafel 8*, S. 50). Anders ist dies bei der nächsten Lernart.

Lernen am Effekt (Lernen am Erfolg und Misserfolg, auch operante oder instrumentelle Konditionierung, Lernen durch Bekräftigung/Verstärkung). Bei dieser Lernart, die vor allem mit den Namen Thorndike und Skinner verbunden ist, liegt die entscheidende Bedingung in den Konsequenzen bzw. Effekten eines Verhaltens. Insofern hat diese Lernart ihren Platz auf dem »einwirkenden Strang«. Bestimmte Verhaltensweisen – z. B. soziale, verbale, motorische – treten künftig häufiger bzw. seltener auf (zumindest in bestimmten Situationen), je nachdem, ob sie befriedigende oder unbefriedigende Konsequenzen mit sich bringen.

Die Effekte, aus denen gelernt wird, lassen sich formal in fünf Typen unterscheiden (s. auch *Tafel 21* mit Beispielen): (1) Ein positives Ereignis tritt ein, das heißt, das Verhalten führt zu einer »Belohnung«, oder, allgemeiner formuliert, zu einer »positiven Bekräftigung« (2) Ein negativer Zustand hört auf oder wird vermieden: Dieser Effekt heißt in der Lernpsychologie »negative Bekräftigung«, wird aber ebenfalls positiv erlebt, nämlich als »Erleichterung«. (3) Ein negatives Ereignis tritt ein: Dies ist die Bestrafung Typ I, die aversive Bestrafung. (4) Etwas Positives wird entzogen: Dies ist die Bestrafung Typ II, nämlich durch Verlust. (5) Das Verhalten bleibt ohne Konsequenzen: Man spricht hier auch von »Nichtbekräftigung« oder »Löschung«.

Lernen am Effekt (operante Konditionierung):
Fünf Typen von Verhaltenseffekten

- *Positive Bekräftigung* = Positives tritt ein.
  Beispiele: Man erfährt freundliche Reaktionen; beim Üben trifft man den richtigen Ton auf dem Klavier.
- *Negative Bekräftigung* = Negatives hört auf oder wird vermieden.
  Beispiele: Man vermeidet eine Bestrafung durch rechtzeitige Entschuldigung; Tabletteneinnahme lindert Angst.
- *Aversive Bestrafung* = Negatives tritt ein.
  Beispiele: Man erntet böse Blicke; man verletzt sich durch unvorsichtiges Hantieren.
- *Bestrafung durch Entzug* = Positives hört auf, geht verloren.
  Beispiele: Der Führerschein wird entzogen; ein Kind bekommt Fernsehverbot.
- *Nichtbekräftigung* = Kein Effekt; Verhalten läuft ins Leere.
  Beispiele: Imponiergehabe wird nicht beachtet; Üben bleibt erfolglos.

Tafel 21: Systematik der Effekte, aus denen Verhaltenstendenzen gelernt werden können

Verhaltensweisen, die zu einer positiven oder negativen Bekräftigung führen, werden zumindest in vergleichbaren Situationen wahrscheinlich häufiger auftreten. Das Gegenteil, nämlich eine geringere Auftretenswahrscheinlichkeit, ist von den übrigen Effekten zu erwarten. Allerdings: In der Realität lassen sich die Wirkungen nicht immer sicher vorhersagen, weil ein Verhalten *mehrere*, eventuell gegensätzliche, Konsequenzen mit sich bringen kann, z.B. Lob vom Chef und

Kritik von den Kollegen. Zudem kommt es in vielen Fällen zunächst zu angenehmen, aber später zu unangenehmen Effekten, z. B. bei hohem Alkoholkonsum. In der Regel determinieren dann die unmittelbaren Effekte das Verhalten stärker als die langfristigen Folgen – es sei denn, vernunftgeleitete Volitionsprozesse (s. S. 74) stemmen sich dagegen.

Inhaltlich lassen sich die bekräftigenden bzw. die bestrafenden Effekte in vier Typen teilen (vgl. Edelmann & Wittmann 2012), nämlich: (1) soziale, also die Reaktionen der Mitmenschen, (2) materielle wie Geldgewinn bzw. Geldbußen, (3) aktionale wie angenehme Spiele bzw. unangenehme Strafarbeiten und (4) informative, also Rückmeldungen im Sinne von »richtig« oder »falsch« (durch Lehrer, durch Computer o. a.).

Wie die genannten Beispiele zeigen, können die Effekte einerseits von *anderen* Menschen ausgehen, wie im Falle von Belohnungen und Bestrafungen durch Erziehende. Andererseits können sie auch ganz in der *eigenen* Hand liegen, so etwa wenn man bei sportlichen oder musikalischen Übungen Erfolge und Misserfolge erlebt, oder wenn man etwas tut, was »Spaß macht« oder Angst vermindert. Welche Effekte in welcher Weise wirken, hängt allerdings auch von der Motivation des betreffenden Menschen ab. Was für den einen eine positive Bekräftigung ist, kann für den anderen irrelevant sein oder gar als Strafe empfunden werden (z. B. ein Lob vor der ganzen Klasse).

Gelernt wird durch diese Lernform, streng genommen, nicht neues Verhalten, sondern eine Änderung von Verhaltensgewohnheiten. Das heißt, die positiven und negativen Effekte festigen bzw. schwächen die *Tendenz* zu einem bestimmten Verhalten in bestimmten Kontexten. Damit das Verhalten Effekte hervorrufen kann, muss es aber überhaupt erst einmal auftreten, und dass dies *möglich* ist, kann in der natürlichen Ausstattung des Individuums liegen, es kann auf der Nachahmung eines Vorbildes beruhen (Lernen am Modell, s. u.) oder auch auf eigenen Ideen (Problemlösen, s. u.). Die Erfolge können durch blindes Ausprobieren dieser und jener Verhaltensmöglichkeiten zustande kommen (»Versuch und Irrtum«) oder durch planmäßigen Einsatz von Erfolg versprechenden Verhaltensweisen.

Das Lernen am Effekt hat einen außerordentlich breiten Geltungsbereich. Es ist bedeutsam für die Entwicklung von sozialen, sprachlichen, kognitiven und motorischen Gewohnheiten und Fertigkeiten sowie entsprechenden Vorlieben oder Vermeidungstendenzen. Mitgelernt werden Kontextbezüge (sog. Hinweisreize), bei denen der Einsatz des gelernten Verhaltens sozusagen »passt«.

Lernen am Modell (Lernen durch Beobachtung). Diese Lernform hat einen ähnlich breiten Geltungsbereich wie das Lernen am Effekt. Was kann nicht alles erlernt werden, indem man es anderen Menschen abschaut: Redeweisen, Essmanieren, Tanzschritte, das Bedienen einer Maschine, Erziehungspraktiken, Umgang mit Andersdenkenden, Abneigung gegen bestimmte Speisen usw. usw. Das Lernen am Modell ist dabei oft außerordentlich ökonomisch: Mit einem Schlage kann man ziemlich komplexe Verhaltensmuster erwerben, wenngleich sie anfangs vielleicht noch nicht perfekt gelingen.

Während das Lernen am Effekt, wie gesagt, die Auftretenswahrscheinlichkeit von Verhaltensweisen verändert, kann man also beim Lernen am Modell wirklich vom *Erwerb* neuer Verhaltensweisen sprechen; das Verhaltensrepertoire wird erweitert (vgl. Bandura 1976). »Erwerb« bedeutet allerdings nicht in jedem Falle, dass man das Modellverhalten tatsächlich nachahmt, sondern zunächst einmal nur, das man es kennt und nachahmen könnte (= Verhaltenspotenzial). Viele Menschen kennen z. B. Tötungsmethoden aus dem Fernsehkrimi und machen davon glücklicherweise doch niemals Gebrauch. Das eigentliche Lernen betrifft also nur die Speicherung im Gedächtnis, nicht die sichtbare Ausführung. Diese hängt, wie jedes Verhalten, von vielen personalen und situativen Faktoren ab. Einer davon ist wiederum ein Verhaltensmodell: Man tut das, was andere auch tun (z. B. sich an einer Warteschlange anstellen). Hier ist das Modell aber nur situativer Anreger für ein Verhalten, das man bereits kennt, und insofern handelt es sich dann nicht mehr um »Lernen«.

Da man in natürlicher Umgebung und in den Medien recht unterschiedliche Verhaltensmodelle beobachten kann, stellt sich die Frage, von welchen das eigene Verhalten tatsächlich beeinflusst wird. Als förderlich erweist sich hier vor allem, dass das Modell mit seinem Verhalten Erfolg hat, dass es angesehen ist und dass man zu ihm eine positive Beziehung hat. Hinzu kommt aber auch, dass das vorgemachte Verhalten für die beobachtende Person überhaupt von Interesse ist und sie fähig wäre, es nachzuahmen (wer kann z. B. rhetorische oder künstlerische Glanzleistungen einfach übernehmen?). Das alles zeigt, dass es sich beim Lernen am Modell um soziales Lernen mit starken kognitiven Anteilen handelt.

Lernreflexion

Es sind vielfältige Effekte, die beim Lernen am Effekt eine Rolle spielen können. Erläutern Sie die Vielfalt mit eigenen Beispielen. (Nebenbei: Unter welchen anderen Bezeichnungen findet man diese Lernform auch noch?)

Primär wissensbezogene Lernformen

Der Bereich des kognitiven, wissensbezogenen Lernens wird nicht so einheitlich in verschiedene Lernformen differenziert wie das verhaltensbezogene Lernen. In manchen Lehrbüchern wird er nicht einmal unter »Lernen«, sondern unter »Gedächtnis« geführt.

In der psychologischen Literatur geht es dabei in erster Linie um das Lernen im Zuge von Bildungsprozessen. Genauer: Es geht vorwiegend um den Erwerb von semantischem Wissen, in geringerem Maße von prozeduralem Wissen. Episodisches Wissen, das meist beiläufig gespeichert wird, ist selten ein Thema.

Das Lernen von *semantischem Wissen* – zu denken an typisches Schul- und Lehrbuchwissen – beruht auf aktiver Informationsverarbeitung. Es ist kein homogener Typ, sondern umfasst sowohl sinnarmes Daten- und Namenwissen als auch mehr oder minder abstraktes Verständniswissen (s. S. 61) Eine einheitliche Unterscheidung relevanter Lernformen hat sich aber nicht eingebürgert. Wir möchten hier drei (sich teilweise überschneidende) Varianten hervorheben: den mechanischen, den verstehenden und den entdeckenden Wissenserwerb (s. auch *Tafel 20*, S. 94). Sie kommen in der Literatur häufig zur Sprache, wenn auch unter variierenden Bezeichnungen.

Wissenserwerb I: mechanisch. Hier geht es um das Lernen von sinnarmem, rein assoziativem Einprägungswissen wie etwa das Erlernen von Namen für bestimmte Objekte, von festen Sprachmustern (»I have«, aber: »she has«) oder von einfachem, isoliertem Faktenwissen (weitere Beispiele in *Tafel 11*, S. 61). Da die kognitiven und sprachlichen Verbindungen nicht »logisch« abzuleiten, sondern eher zufälliger Natur sind, werden sie *mechanisch* eingeprägt.

Solch ein Wissenserwerb ist unter verschiedenen Bezeichnungen zu finden, z. B. »mechanisch-rezeptives« Lernen (Ausubel et al., 1980) oder »Verknüpfungslernen« (Gage & Berliner, 1996). Sofern man sich die Verbindungen gezielt einprägt, spricht man von »auswendig lernen«, z. B. durch wiederholtes Aufsagen. Während manche Teile des Schulwissens sich nur auf diese Weise aneignen lassen, kommt es zuweilen vor, dass jemand auch dort mechanisch auswendig lernt, wo er mit Verständnis lernen könnte und sollte Lernen

Wissenserwerb II: verstehend. Es ist diese Variante, die in erster Linie mit »kognitivem« Lernen gemeint ist. Der größte Teil des schulischen und akademischen Wissens ist eher sinnhaltig als mechanisch, besteht also eher aus verstandenen als aus zufälligen Verbindungen. Das Spektrum reicht von Begriffen über komplexes Tatsachenwissen bis zu abstrakten Prinzipien und theoretischen Modellen. Verständniswissen besteht nicht aus eingeprägten Wörtern, optischen Zeichen u. dgl., sondern aus deren *Bedeutungen*, aus abstrahierten Sinngehalten. Bedeutungen sind Ausschnitte aus einem Gewebe von Zusammenhängen. Zum Begriff »Buch« gehört z. B. Schreiben, Text, Papier, Autor etc., zu »Text« wiederum gehört …, usw. Mehrere Begriffe lassen sich zu einer sinnvollen Aussage verbinden (»Autoren verkaufen Manuskripte an Verlage«). Verständniswissen kann man daher bildhaft etwa als Wissensnetz oder Wissensgebäude beschreiben.

Anders als bei sinnarmem Wissen besteht hier der Lernprozess nicht in einem Einprägen oder Abbilden, sondern in einem *aktivem Konstruieren* (vgl. etwa Hasselhorn & Gold, 2013; Renkl, 2015; Steiner, 2007). Man »versteht« etwas in dem Moment, in dem man die neuen Informationen in sein Vorwissen einordnen kann. Das neue Verständniswissen *entwickelt* man auf der Basis seines Vorwissens, der Wissenserwerb ist insofern eine Änderung des bisherigen Wissens.

Das gilt auch für das Lernen von Begriffen. So verändert und erweitert man von der Kindheit bis ins Erwachsenenalter das Bedeutungsfeld vieler Begriffe ganz erheblich. Für ein kleines Kind mag ein »Geschenk« eine Sache sein, die schön eingewickelt ist, und von hier ist es noch ein langer Lernprozess etwa bis zu einer juristischen Bedeutung.

Zentrale Konstruktionsprozesse sind die Elaboration und die Organisation. *Elaboration* meint die Verknüpfung der neuen Information mit dem eigenen Vorwissen und die dabei vollzogenen Anreicherungen durch bildhafte Vorstellungen, Vergleiche mit verwandten Begriffen, eigene Beispiele usw. *Organisationsprozesse* sorgen für innere Ordnung und eine Reduktion der Informationsfülle: Man abstrahiert Grundgedanken, bildet Kategorien, hierarchische Gliederungen usw. Lernen in diesem Sinne ist ein höchst individueller Prozess, und zwei Personen, die denselben Vortrag gehört oder denselben Text gelesen haben, werden daraus nicht selten recht unterschiedliche Informationen mitnehmen und unterschiedliche Wissensnetze herstellen.

Das Lernen von Begriffen, Prinzipien und ähnlichen kognitiven Strukturen beschränkt sich übrigens nicht auf »Sach«-Wissen, wie es in der Schule und an der Universität gelehrt wird. Gelernt wird auch soziales Verständniswissen. Es reicht von sozialen Begriffen (»fair«, »Freund«, »Verrat«) bis hin zu Überzeugungen und Wertordnungen, von denen eigene Stellungnahmen und Handlungen geleitet werden. Sinnhaltiges Lernen ist insofern nicht nur für intellektuelle Leistungen von Bedeutung, sondern ebenso für zwischenmenschliches, politisches und anderes Verhalten. Das Gleiche gilt für die folgende Variante.

Wissenserwerb III: entdeckend. In diesem Fall produziert ein Mensch entscheidendes Wissen selber. Beispielsweise kommt jemand in einer Pannensituation auf die Idee, einen bislang unbeachteten Gegenstand als Werkzeug zu benutzen; ein anderer sieht plötzlich zwei Sachverhalte, die im Lehrbuch »nebeneinander« dargestellt wurden, in einem Verhältnis von Ursache und Wirkung; oder jemand entwickelt eine Lösung für einen interpersonalen Konflikt.

Eigene Wissenserzeugung ist immer dann nötig, wenn man eine Aufgabe mit seinem abrufbaren Wissen nicht lösen kann, wenn in diesem Sinne ein »Problem« vorliegt (vgl. Dörner, 1987). Die kognitive Leistung wird als problemlösendes oder produktives *Denken* bezeichnet (S. 58, zu Varianten des Denkens). Sofern dieser Prozess über den aktuellen Vollzug hinaus nachwirkt, sofern man also die eigenen Entdeckungen bzw. Erfindungen als neues Wissen speichert, handelt es sich zugleich um (entdeckendes) *Lernen*, von dem man dann z. B. in einer Klausur oder bei einer späteren Panne profitieren kann.

Der Unterschied zum zuvor erläuterten verstehenden Wissenserwerb ist sicher fließend! So kann beispielsweise auch das Lesen eines Buches eine durchaus produktive Leistung sein, und zwar in dem Maße, wie man die Aussagen des Textes nicht nur gedanklich nachvollzieht, sondern zugleich mit eigenen Ideen anreichert.

In jüngerer Zeit haben Forschungen hervorgehoben, wie sehr die gesamte kognitive Entwicklung auf dem Zuwachs von Wissen beruht. Ob ein Kind eine korrekte logische Schlussfolgerung ziehen kann, ist nicht einfach eine Frage seiner Entwicklungsstufe, sondern auch der Vertrautheit mit der jeweiligen Aufgabenart. Bei Aufgaben aus einem Bereich, für den es spezifisches Wissen mitbringt, denkt es eher logisch als bei einer fremden Materie, auch wenn sich die Aufgaben formal nicht unterscheiden; und dies trifft gleichfalls für Erwachsene zu (vgl. Neubauer & Stern, 2007; Sodian, 2012).

Lernformen-Mix: Erwerb von prozeduralem Wissen bzw. Fertigkeiten. Wer eine Fertigkeit beherrscht, hat gelernt, wie man etwas macht: wie man beispielsweise einen Winkel halbiert, schöne Harfenklänge erzeugt oder ein Smartphone bedient. Das prozedurale Wissen, das der Fertigkeit zugrunde liegt, ist anfangs tatsächlich oft mitteilbares Wissen, aber noch kein Können. Langsam und holprig setzt man das Wissen in Tun um, und durch wiederholte Übung wird es schließlich zu einer automatisierten Fertigkeit, die man nicht mehr verbal beschreiben kann. Dieser Prozess, auch »Prozeduralisierung« genannt (Anderson, 2014), ist also verbunden mit einer Wanderung vom expliziten zum impliziten Gedächtnis (s. S. 92).

Allerdings werden Fertigkeiten nicht nur durch *kognitives* Lernen erworben. Da es sich um Tätigkeiten handelt, kann hier auch das *Lernen am Modell* eine wichtige Rolle spielen; das Vormachen kann den Erwerb einer Fertigkeit erheblich abkürzen. Beim Probieren und

Üben kommt dann dem *Lernen am Effekt* (am Erfolg und Misserfolg) eine entscheidende Funktion zu.

Das Beispiel der Fertigkeiten zeigt erneut, dass viele Lernergebnisse bzw. Entwicklungsfortschritte auf dem Zusammenwirken mehrerer Lernformen beruhen (vgl. Steiner, 2007). Jede einzelne kann aber eine Teilerklärung für eingetretene Veränderungen liefern und potenziell auch ein Ansatzpunkt für eine gezielte Förderung sein.

Lernreflexion

Erläutern Sie die Aussage: Wissenserwerb ist ein aktives Konstruieren. Was für Prozesse sind damit gemeint, und für welche Art des Wissens gilt diese Aussage?

Lerntransfer

Lernen, so sagten wir, hat einen Zukunftsaspekt. Es sorgt dafür, dass Menschen für die Bewältigung künftiger Anforderungen anders »disponiert« sind als ohne den jeweiligen Lernvorgang. Diese Funktion wäre allerdings schlecht erfüllt, wenn das Gelernte nur in solchen Situationen wirksam würde, die der ursprünglichen Lernsituation aufs Haar gleichen. Stellen Sie sich vor, ein Kind, das den Buchstaben »M« in schwarzer Schrift kennengelernt hat, würde ihn in roter Schrift nicht mehr wiedererkennen; oder wir müssten, wenn wir auf einem Pkw vom Typ A das Autofahren gelernt haben, bei einem Wagen vom Typ B von Grund auf alles noch mal lernen.

Zum Glück übt früher Gelerntes auch in mehr oder weniger *veränderten Situationen* seinen Einfluss aus. Diese Erscheinung wird gewöhnlich als Lernübertragung oder Transfer bezeichnet. Sie ist ein allgemeines Phänomen des Lernens, also aller Lernarten. Man spricht auch von *Generalisierung,* wenn es »von selbst« geschieht, wie vornehmlich bei den verhaltensbezogenen Lernarten, und man spricht von *Anwendung,* wenn es um die bewusste Übertragung von Wissen geht.

Im Prinzip kann alles, was gelernt wurde, in gewissem Maße übertragen werden: nicht nur Wissen und Fertigkeiten, sondern auch soziale Einstellungen, moralische Prinzipien, Weltbilder, Ideologien, Selbsteinschätzungen oder emotionale Dispositionen. Neben der Übertragung auf neue *Situationen* kann mit Transfer auch der Einfluss früheren Lernens auf *neues Lernen* gemeint sein. Welch große Rolle das Vorwissen beim verstehenden Wissenserwerb spielt, wurde bereits ausgeführt. Aber auch sonst gilt: Lernen baut auf früherem Lernen auf. Bestimmte Lernprozesse sind überhaupt nur möglich, wenn andere bereits stattgefunden haben. Insofern kann man sich die gesamte psychische Entwicklung, von der Reifung einmal abgesehen, als eine endlose Kumulation von Lernprozessen vorstellen!

Allerdings: Nicht jede Übertragung ist segensreich, sie kann auch flexibler Bewältigung und schnellem Umlernen im Wege stehen. Man unterscheidet daher *positiven* und *negativen* Transfer. Wenn früher Gelerntes angemessen auf neue Situationen übertragen wird oder wenn es neues Lernen erleichtert, ist dies ein positiver Transfer; wenn unpassend übertragen oder neues Lernen erschwert wird, spricht man von negativem Transfer.

Einige Beispiele: Ein deutscher Schüler wird beim Lernen des englischen Wortes »book« vermutlich von der Kenntnis des deutschen Wortes »Buch« profitieren; doch wenn es um die Bedeutung von »who« und »where« geht, wird ihm die Kenntnis der deutschen Wörter »wer« und »wo« das Lernen eher erschweren. Oder: Beim Problemlösen kann eine vertraute Strategie zum richtigen Einfall verhelfen, aber bei bestimmten Aufgaben kann sie blind machen für notwendiges Umdenken. Im Bereich sozialer Beziehungen sind Vorurteile ein Beispiel für Übertragungen, die »zu weit« gehen, die also auf eine unangemessene Verallgemeinerung hinauslaufen. Hier ist es dann nötig, differenzieren zu lernen. Dieser Vorgang wird auch »Diskriminationslernen« genannt und bildet den gegenläufigen Prozess zur Lernübertragung.

Bezüglich der Reichweite wird gewöhnlich zwischen *spezifischem* und *unspezifischem* Transfer unterschieden, wobei dieses Begriffspaar keine Kategorien, sondern eher ein Kontinuum meint. Spezifisch ist der Transfer etwa bei dem Beispiel »Buch – book« oder bei den Fertigkeiten der Autobedienung. *Unspezifisch* – genauer: inhaltsunspezifisch – ist er, wenn man beispielsweise eine Lesestrategie auf unterschiedliche Fachgebiete überträgt (Zu den genannten und weiteren Differenzierungen von Transferarten s. Hasselhorn & Gold, 2013; Mähler & Stern, 2006.)

Lernreflexion

Inwiefern ist das Lehrziel dieses Buch, nämlich die Übertragung der Grundaspekte, ebenfalls ein Beispiel für unspezifischen Transfer?

3.4.3 Steuernde Instanzen: Gene, Umwelt, Person selbst

Nach den Prozessen, die die Entwicklung vorantreiben, geht es nunmehr um die Strukturen, von denen sie gesteuert werden, und die dazu führen, dass Menschen sich unterschiedlich und einzigartig entwickeln. Wie bereits erwähnt (vgl. S. 89), werden Reifungsprozesse primär genetisch gesteuert, Lernprozesse hingegen von der Umwelt und vom Subjekt selbst. *Tafel 22* fasst diese Zuordnung zusammen, ohne allerdings die vielfältigen *Wechselwirkungen* darstellen zu können.

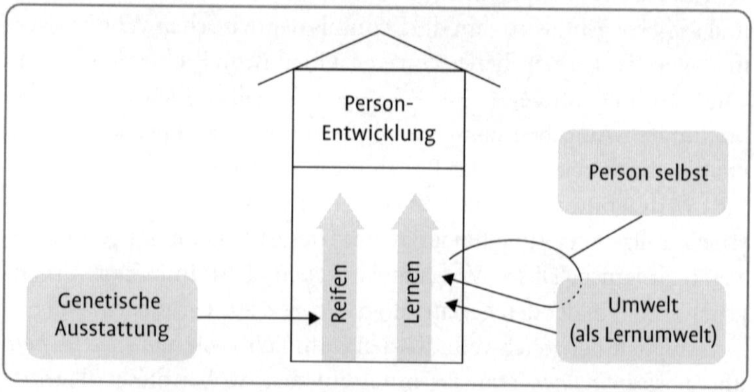

Tafel 22: Das Gefüge der Entwicklungsfaktoren (vereinfachende Darstellung ohne Wechselwirkungen): Reifungsprozesse werden genetisch gesteuert, Lernprozesse werden bestimmt durch die Umwelt als Erfahrungsraum (Lernumwelt) und durch die Eigenaktivität des Individuums. Auch physische Umwelteinflüsse (nicht eingezeichnet) bestimmen die Entwicklung mit.

Genom und Umwelt: Allgemeine Aspekte

Um zu erklären, warum eine Person so oder so geworden ist, stößt man sofort auf die Frage nach dem Einfluss von Anlage und Umwelt. So geläufig dieses Begriffspaar auch ist, es verbinden sich damit viele komplizierte Fragestellungen – und verbreitete Missverständnisse.

Zunächst bezieht sich der Begriff der Anlage nur auf Erbanlagen (Gene) und sollte nicht mit »angeboren« gleichgesetzt werden. Denn ein Merkmal kann auch angeboren sein aufgrund von Umwelteinflüssen vor und während der Geburt, wie etwa Schädigungen durch Medikamente, Sauerstoffmangel usw.

Die gesamte genetische Information eines Menschen bezeichnet man als *Genom*. Sie hat einen artspezifischen und einen individuellen Anteil. Der artspezifische Anteil sorgt für die allen Menschen gemeinsame alterstypische Entwicklung. Alle Menschen haben zwar gemeinsame Gene, aber in unterschiedlichen Varianten, den sog. Allelen (nur bei eineiigen Zwillingen sind sie gleich). Diese *individuelle* genetische Ausstattung ist zum Gutteil dafür verantwortlich, dass Menschen sich in ihren körperlichen und psychischen Merkmalen unterscheiden, und um diese individuellen Differenzen geht es gewöhnlich beim Thema »Anlage und Umwelt«.

Wichtig ist es, zwischen dem Genom und der Gen*aktivität* zu unterscheiden. Gene sind nämlich nicht immer aktiv, sondern können »angeschaltet« und »abgeschaltet« werden. Mit diesem Phänomen beschäftigt sich die sog. *Epigenetik* und ihre Forschungen haben gezeigt, dass die Aktivität von Genen in erheblichem Maße von Umwelteinflüssen und auch vom eigenen Verhalten abhängt. Sie können biochemische Prozesse auslösen, die zur Aktivierung oder Deaktivierung führen. So ist es denkbar, dass die Genaktivität z. B. durch längere Stressphasen, durch Missbrauchserlebnisse oder durch die Art der Ernährung verändert wird.

Die *Umwelt* umfasst die Mitmenschen, kulturelle Normen, materielle Lebensverhältnisse und andere Bedingungen außerhalb des Individuums. In ihrer Gesamtheit sind die Umweltfaktoren niemals auch nur für zwei Menschen völlig gleich. Einige Umweltaspekte sind universell; das heißt, sie werden von fast allen Menschen geteilt. So wachsen alle Menschen unter Mitmenschen und fast immer unter sprechenden Mitmenschen auf. Andere Umweltaspekte sind kulturspezifisch und werden nur von Mitgliedern bestimmter Völker, Religionsgemeinschaften usw. geteilt. Wieder andere sind familienspezifisch und werden nur von Geschwistern geteilt. Und viele Aspekte der Umwelt sind vollkommen personspezifisch; sie sind selbst für Geschwister, die in derselben Familie aufwachsen, unterschiedlich: z.B. die individuelle Behandlung durch Eltern und Geschwister, persönliche Erlebnisse mit anderen Menschen, der eigene Freundeskreis, Krankheiten, Unfälle usw.

Es sind zwei ganz verschiedene Einflusswege, über die die Umwelt auf die Entwicklung Einfluss nimmt: als physische Umwelt und als Lernumwelt (vgl. Herrmann, 1991):

- Als *physische Umwelt* (materielle Umgebung) ist die Umwelt eine Quelle direkter Einwirkungen auf den Organismus, z.B. durch Ernährung, Klima, Schadstoffe usw.
- Als *Lernumwelt* ist die Umwelt eine Quelle von Informationen oder »Erfahrungen«, z.B. durch Mitmenschen, Bücher, Spielzeug, das Internet etc.

Die beiden Funktionen können miteinander verknüpft sein. Beispielsweise kann ein Unfall einerseits einen physischen Schaden hervorrufen, der die weitere Entwicklung verändert, *und* er kann andererseits eine psychische Wirkung haben, etwa derart, dass der Verunglückte nun bestimmte Gefahren anders einschätzt und sich vorsichtiger verhält oder auch, gravierender, eine Posttraumatische Belastungsstörung entwickelt.

Die Einflüsse von Genen und Umwelt addieren sich nicht, sondern sind aufeinander angewiesen und miteinander verbunden. Grundsätzlich ist Entwicklung nur möglich, wo ein Genom mit einer passenden Umwelt zusammentrifft. Für den Entwicklungsablauf gilt, dass es vom jeweils erreichten Reifungsniveau abhängt, was ein Mensch lernen kann, und eine unnormale, schädliche Umwelt kann die Reifung beeinträchtigen. Auch hierin manifestieren sich epigenetische Vorgänge (s.o.). Jens Asendorpf (2015, S. 150) fasst die Wechselwirkungen wie folgt zusammen: »Die genetische Aktivität beeinflusst die neuronale Aktivität, die Grundlage des Erlebens und Verhaltens ist; durch Verhalten kann die

Umwelt verändert werden. Aber auch umgekehrt können Umweltbedingungen das Verhalten beeinflussen und dadurch die neuronale Aktivität und genetische Wirkungen, in einzelnen Fällen sogar die genetische Aktivität selbst.«

Erklärung individueller Unterschiede

Wenn genetische Faktoren und Umwelteinflüsse so eng mit einander verflochten sind, wieso trifft man dann immer wieder auf Zahlenangaben, nach denen z. B. der genetische Anteil bei der (Test-)Intelligenz etwa 50 Prozent oder bei Gewissenhaftigkeit etwa 40 Prozent betrage? Das können durchaus seriöse Aussagen sein, aber sie beziehen sich *nicht* auf einen stärkeren oder schwächeren *Einfluss* bei der Entwicklung eines Menschen, sondern ausschließlich auf die Erklärung individueller *Unterschiede*.

Was heißt das? Man kann beispielsweise die Ängstlichkeit von Fritz A. nicht zu 40 Prozent auf seine Gene und zu 60 Prozent auf die Umwelt oder die Hochbegabung von Else B. nicht zu 70 Prozent auf ihre Gene und zu 30 Prozent auf die Umwelt zurückführen. Beide »Instanzen« sind aufeinander angewiesen und wirken untrennbar zusammen. Sie nach Anteilen auseinanderzurechnen, wäre so unsinnig, wie wenn man darüber stritte, ob der Magen oder die Nahrung den größeren Anteil an der Verdauung hat. Ob der eine Mensch lernbehindert und der andere ein Genie ist – in beiden Fällen haben die Umwelt wie auch die Gene sozusagen zu hundert Prozent mitgewirkt.

Aber man kann fragen, woher der *Unterschied* zwischen diesen beiden Menschen kommt, und daran könnten genetische Unterschiede und Umweltunterschiede in unterschiedlichem Maße beteiligt sein. Der genetische Anteil kann sogar null sein, sofern es sich nämlich um eineiige Zwillinge handelt. Könnte man umgekehrt eine für alle Menschen absolut gleiche Umwelt erschaffen, so wäre ihr Anteil an den Unterschieden der Menschen ebenfalls null – ohne dass sie für jeden Einzelnen weniger bedeutsam wäre!

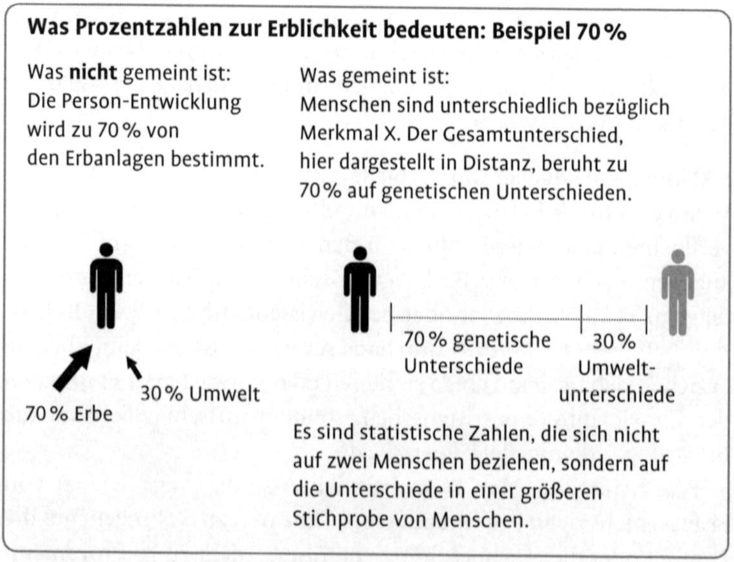

Tafel 23: Prozentzahlen zum genetischen Anteil beziehen sich nicht auf die Stärke der genetischen Wirkung und erlauben auch keine Aussagen zum Spielraum für Erziehung und andere Einflussnahmen. Sie beziehen sich ausschließlich auf die Erklärung individueller Unterschiede.

Um den Grad der Erblichkeit, also den Einfluss genetischer Unterschiede auf die Unterschiedlichkeit (Varianz) von Personmerkmalen abzuschätzen, vergleicht man die Übereinstimmung von Personenpaaren mit unterschiedlichem genetischen Verwandtschaftsgrad: so etwa von Nichtverwandten, Cousins/Cousinen, Halbgeschwistern bis hin zu eineiigen Zwillingen. Die Übereinstimmungen bei zweieiigen im Vergleich zu eineiigen Zwillingen sind stets von besonderem Interesse. Darüber hinaus spielen Studien an nichtverwandten Adoptivgeschwistern eine wichtige Rolle.

Die hierbei ermittelten Befunde zum Maß der Erblichkeit gelten aber nur für die jeweils untersuchten Populationen; das sind bislang überwiegend Menschen in westlichen Industrienationen. Wo es krasse Umweltunterschiede gibt, fallen diese stark ins Gewicht und damit sinkt rechnerisch der Grad der Erblichkeit. Wo also beispielsweise elitäre Bildung neben Analphabetentum existiert, ist der Anteil der Umwelt an den kognitiven Leistungsunterschieden rechnerisch höher als dort, wo sie aufgrund allgemeiner Schulpflicht einigermaßen ähnlich ist. Weiterhin variieren die Prozentanteile je nach untersuchtem Merkmal. So beruhen z.B. Unterschiede in der Intelligenz oder der Extraversion wohl in etwas höherem Maße auf genetischen Unterschieden als Verträglichkeit und Gewissenhaftigkeit. Im Übrigen können sich die Anteile auch im Laufe des Lebensalters verschieben. Insgesamt variieren also die Prozentanteile je nach Merkmal, nach Population und nach Lebensalter.

Da die Zahlen zum genetischen Einfluss nicht die Entwicklung einzelner Menschen betreffen, enthalten sie auch *keine* Aussage über den Spielraum für Erziehung, Bildung, Therapie usw. Selbst eine errechnete Erblichkeit von z.B. 80 Prozent würde nicht bedeuten: Nur noch zu 20 Prozent beeinflussbar. Falls nämlich die genetische Varianz deshalb so stark ins Gewicht fällt, weil in dieser Population die Umweltbedingungen sehr homogen, nämlich für alle Menschen gleichermaßen miserabel sind, wäre es denkbar, dass sich unter besseren Bedingungen bei vielen Einzelnen ein bislang ungenutztes Entwicklungspotenzial entfalten würde.

Ein überraschender Befund aus den Forschungen der letzten Jahrzehnte betrifft den Einfluss der Umwelt auf *sozial-emotionale Personmerkmale* nach Art der Big Five (s. S. 80 u. S. 146). Ganz im Gegensatz zu klassischen Sozialisationstheorien stellt man fest, dass gemeinsam aufwachsende Geschwister von ihrer Familie gewöhnlich nicht ähnlich, nicht familientypisch »geprägt« werden (s. Asendorpf & Neyer, 2012). Stattdessen fällt die höchst *individuelle*, selbst für Geschwister verschiedenartige Umwelt weit stärker ins Gewicht. Wenn zwei nichtverwandte Kinder als sog. Adoptionsgeschwister in *derselben* Familie aufwachsen, so werden sie statistisch im Schnitt nur etwa fünf Prozent ähnlicher als zwei nichtverwandte Kinder, die von *verschiedenen* Familien adoptiert wurden (Rowe, 1997).

Das heißt nicht, dass die Familie für die Persönlichkeitsentwicklung wenig Bedeutung hat, sondern nur, dass sie nicht nivellierend wirkt – eher im Gegenteil. In der gleichen Familie aufzuwachsen, heißt also nicht, in der gleichen Umwelt aufzuwachsen! Auch in der Familie ist – zusätzlich zu individuellen Schulerfahrungen, Freundschaften usw. – die Umwelt für Geschwister überwiegend unterschiedlich. Jedes Geschwister hat andere Geschwister und wird von den Eltern auch etwas anders behandelt. Es ist unvermeidlich, dass es sich mit den Geschwistern in Hinblick auf Erfolge, Durchsetzungsstärke, elterliche Zuwendung, elterliche Kontrolle usw. vergleicht, weit weniger hingegen mit Kindern anderer Familien. Solche Unterschiede innerhalb der eigenen Familie zu erleben (selbst wenn sie objektiv vielleicht gar nicht so groß sind), hat offenbar Auswirkungen auf emotionale Merkmale wie Ängstlichkeit oder Depressionsneigung (Dunn & Plomin, 1996). Dies erklärt, neben genetischen Unterschieden, warum Geschwister in der Regel so verschieden sind.

Nun noch einmal ein Blick auf Genom und Umwelt im Zusammenhang. Gewöhnlich ist es kein Zufall, welches Genom und welche Umwelt bei einem Menschen zusammentreffen, vielmehr kommt es zu sog. *Genom-Umwelt-Kovariationen*. Das heißt: Wer mit bestimmten Erbanlagen ausgestattet ist, wächst häufig auch in einer dazu passenden Umwelt auf. Wer z. B. von seinen Eltern »musikalische Gene« mitbekommen hat, wird wahrscheinlich zugleich in einer musikalischen Umgebung aufwachsen. Er wird seine Umwelt möglicherweise zu einer aktiven Förderung veranlassen, wird sich Instrumente anschaffen und wird Orte aufsuchen, an denen Musik gemacht wird. Umgekehrt heißt dies: Sollte ein Mensch genetisch hervorragend auf die Entwicklung hoher Musikalität oder Intelligenz angelegt sein, würde doch von diesen verborgenen Potenzialen nichts zur Geltung kommen, wenn die Umwelt keinerlei Lerngelegenheiten bereithält.

Lernumwelt und Eigenaktivität

Aus der lernpsychologischen Perspektive (S. 93 ff. zu Lernformen) unterscheiden sich Umwelten darin, welches Verhalten häufig vorgemacht wird, welche Verhaltensweisen Erfolg oder Misserfolg mit sich bringen, welche Begriffe, Erkenntnisse und Denkweisen vermittelt werden usw. Aus der Lerngeschichte, aus den »Erfahrungen« in der jeweiligen Umwelt, erklärt man somit – teilweise – die jetzigen Personmerkmale eines Menschen.

Nun können die vergangenen Erfahrungen freilich nicht mehr direkt wirken, sondern nur über die (Gedächtnis-)»Spuren«, die sie in einem Menschen hinterlassen haben. Welche »Spuren« sich bilden, ergibt sich aber nicht einfach aus den Ereignissen selbst, sondern aus der subjektiven »Verarbeitung«, und die kann sehr unterschiedlich aussehen – je nach Vorerfahrungen und Genom, mithin je nach den bereits entwickelten Personmerkmalen.

Des Weiteren kommt es im psychischen Bereich nicht selten zu Verselbstständigungsprozessen. Das heißt, eine Erfahrung stößt zwar eine bestimmte Entwicklung an, diese läuft dann aber nach eigenen Gesetzen weiter, möglicherweise in der Form eines sich selbst erhaltenden *Kreisprozesses*. So könnte z. B. Alkoholismus verstanden werden: Bestimmte Lebenserfahrungen (Konflikte, Krisen, trinkfreudiges Milieu usw.) setzen einen Alkoholkonsum in Gang, der dann über Suchtmechanismen und eine suchtbedingte Verschlechterung der Lebenslage sich selbst wie ein Schwungrad weiter vorantreibt – auch wenn die Ausgangserfahrungen vielleicht schon lange zurückliegen!

Verselbstständigungsprozesse sind im Prinzip ein ganz normaler Vorgang der Persönlichkeitsentwicklung. Nach Allport (1959) kann ein Mensch neue, eigenständige Motive durch ein Handeln entwickeln, das zunächst ganz anders motiviert wurde (»funktionelle Autonomie der Motive«). War das Handeln anfangs Mittel zum Zweck, wird es allmählich zum Selbstzweck: Das Sparen in der Not verselbstständigt sich zu einem dauerhaften Geiz; ein Handwerk zum Geldverdienen wird zu einem persönlichen Interesse.

In all diesen Fällen ist die Ausgangserfahrung allenfalls ein »Ursprung« für einen bestimmten Aspekt der Persönlichkeitsentwicklung, aber für sich allein, also ohne die aufrechterhaltenden und weiterführenden Bedingungen, ist sie keine »Ursache«. Um bei Problemfällen Ansatzpunkte für gezielte Veränderungen zu finden, ist daher die Frage »Warum geht das Problem nicht weg?« oftmals ergiebiger als die Frage »Wie ist es entstanden?«.

Die beschriebenen Abläufe machen es schwer, mit Genom und Umwelt als Quellen der Entwicklung auszukommen. Deshalb wird in Entwicklungstheorien häufig das *Individuum selbst* bzw. seine *Eigenaktivität* hervorgehoben und Entwicklung insofern auch als Selbstgestaltung betrachtet (s. auch S. 152). Vor allem folgende Funktionen sind zu nennen (einige wurden bereits erwähnt):

- Menschen werden nicht passiv von Umweltereignissen »geprägt«, sondern sie verarbeiten, interpretieren und bewerten sie.
- Menschen beeinflussen und gestalten jene Umwelt, von der ihre Entwicklung mitbestimmt wird.
- Menschen suchen bestimmte Umwelten auf und meiden andere, und zwar entsprechend den bereits entwickelten Motiven, Einstellungen, Fähigkeiten und sonstigen Dispositionen.
- Menschen initiieren und lenken selber Lernprozesse, indem sie z. B. lesen, üben, trainieren, entdecken usw.

Man könnte zwar behaupten, all dies sei selbst wiederum das Produkt von Anlage und Umwelt. Doch würde dies nichts daran ändern, dass das »Produkt« zugleich eine treibende Kraft ist. Die Eigenaktivitäten sind sicherlich ein wesentlicher Grund dafür, dass es die *individuelle* (und nicht die mit anderen geteilte) Umwelt ist, von der die Persönlichkeitsentwicklung vorrangig bestimmt wird.

Lernreflexion

Es gibt Prozentzahlen zum Anteil von Erbe und Umwelt, aber es gibt auch die Aussage, beides wirke untrennbar und ohne bezifferbare Anteile zusammen. Können Sie diesen (scheinbaren) Widerspruch auflösen?

3.5 Vierter Grundaspekt: Situationsfaktoren

Auf den ersten Blick ist die »Situation« bei weitem nicht so häufig Gegenstand psychologischer Forschung wie die Personmerkmale – es gibt eine Persönlichkeitspsychologie, aber keine »Situationspsychologie«. Bei genauerem Hinsehen spielt jedoch die Situation nicht nur in theoretischen Richtungen wie dem Behaviorismus eine zentrale Rolle, sondern auch in verschiedenen Disziplinen der Psychologie, vor allem in der Sozialpsychologie und der Umweltpsychologie, die sich mit dem Einfluss befassen, den andere Menschen bzw. die materielle Umwelt auf Verhalten und Erleben ausüben.

Ist unter »Situationsfaktoren« und »Umwelt« dasselbe zu verstehen? Ja, insofern als beide Begriffe sich auf externe Bedingungen beziehen. Aber: Mit Situationsfaktoren ist gewöhnlich das aktuelle Umfeld *im Moment des Verhaltens* gemeint, während der Begriff der Umwelt auch im Sinne überdauernder Lebensbedingungen verstanden wird (»das Kind wuchs in einer ärmlichen Umwelt auf«).

3.5.1 Externe Einflüsse auf die aktuellen Prozesse

Will man die Fülle möglicher Situationsfaktoren inhaltlich näher beschreiben, so gehören vor allem dazu:

- medial-inhaltliche Bedingungen: Vorträge, Texte, Prüfungsaufgaben usw.
- materielle Gegenstände: Mobiliar, Apparate, digitale Medien usw.,
- physikalisch-chemische Bedingungen: Luft, Licht, Temperatur, Lärm usw.
- räumliche Bedingungen: Zimmergröße, Architektur, Wege, Plätze usw.
- soziale Bedingungen: die Gegenwart anderer Personen (sie bilden einen Übergang zu dem interpersonalen Grundaspekt).

Selbst wenn man die externen Bedingungen nur relativ global nach Umwelt*bereichen* einteilt – Wohnung, Arbeitsplatz, Erholungsgebiet usw. –, wird schon offenkundig, wie stark das konkrete Verhalten davon abhängt, wo man sich gerade aufhält. Manche Handlungen, die vielleicht am eigenen Arbeitsplatz alltäglich sind, kommen in der Wohnung gar nicht vor – und umgekehrt.

Psychologisch bedeutsam ist auch die zeitliche Unterscheidung in *vorangehende* und *nachfolgende* Situationsbedingungen. Bezogen auf die aktuellen Prozesse ist die vorangehende Situation ein »Anreger«, die nachfolgende ein Effekt, eine Konsequenz (*s. Tafel 24*). Beim *Anreger* kann man nach behavioristischer Tradition zwei Funktionen unterscheiden: Er kann wirken als Auslösereiz oder als Hinweisreiz. Ein Auslösereiz ruft unwillkürlich bestimmte Reaktionen wie etwa eine Emotion hervor, während ein Hinweisreiz (auch: diskriminativer Reiz genannt) sozusagen als Orientierung für das Verhalten dient.

Derselbe Situationsfaktor kann aber beide Funktionen gleichzeitig ausüben. Beispiel: Der auftauchende Chef ist ein Auslöser für eine unwillkürliche Schreckreaktion und zugleich ein möglicher Hinweisreiz für eifriges Arbeiten (auch anderes Verhalten wäre denkbar).

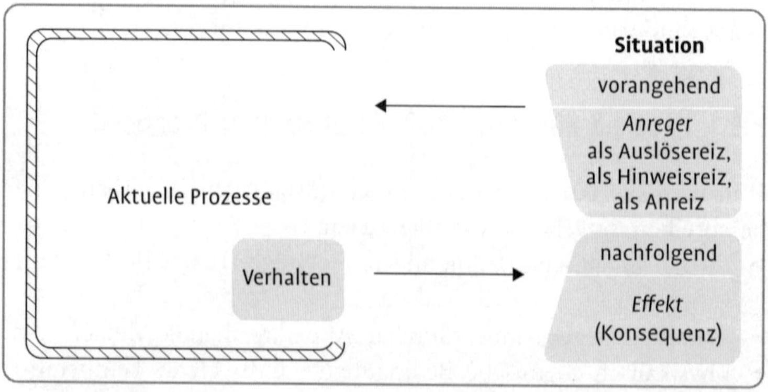

Tafel 24: Vorangehende und nachfolgende Situationsaspekte bestimmen das Verhalten mit.

Sofern eine Situation Hinweisreize enthält, dass hier bestimmte erwünschte Effekte bzw. Befriedigungen zu erreichen sind, bietet sie zugleich einen *Anreiz*. Vielleicht kann man hier seine Tüchtigkeit testen, gute Kontakte pflegen oder sich in eine bessere Stimmung bringen. Ein Anreiz ist ein *erwarteter*, aber noch nicht eingetretener positiver Effekt; er hat eine motivierende Funktion. Die tatsächlich eingetretenen Effekte, positive wie auch negative, wirken als Bekräftigung oder Bestrafung und bestimmen maßgeblich das Lernen von Verhaltensgewohnheiten (s. S. 96).

Im strengsten Sinne »situativ« sind, wie gesagt, nur solche Bedingungen, die im Moment des Verhaltens zur unmittelbaren aktuellen Umgebung gehören (»proximale Faktoren«). In weniger strengem Sinne ist aber auch an entferntere (»distale«) Faktoren zu denken. So kann z. B. ein Prüfling in der Klausur durch die Sorgen wegen eines akuten Familienproblems beeinträchtigt sein. Hier wirkt dann eine »Hintergrundsituation« auf Emotionen und Gedanken in der aktuellen Prüfungssituation. »Aktuell« sind Situationsfaktoren auch dann, wenn sie zwar schon seit Langem bestehen, aber immer noch fortdauern oder wiederkehren.

Nicht »aktuell« und insofern nicht mehr »situativ« sind hingegen *vergangene* Situationseinflüsse. Sie sind bereits »Geschichte« – was allerdings heißen kann: Teil der Entwicklungsgeschichte eines Menschen. Sofern nämlich die vergangenen Situationen »Spuren« in der Person hinterlassen haben (= Lernen), wirken sie sozusagen in den *personalen Faktoren* fort.

3.5.2 Objektive und subjektive Situation

Auch bei einer Beschränkung auf das »Aktuelle« sind die *objektiv vorhandenen* Faktoren *nicht* identisch mit den *psychisch wirksamen.* Manche Faktoren bleiben für das Verhalten einiger Menschen vielleicht gänzlich irrelevant. Wenn z. B. mehrere Prüflinge in einem Raum eine schriftliche Klausur bearbeiten, mag Verkehrslärm für einige Teilnehmer störend, für andere hingegen belanglos sein.

Dies bedeutet nun auch, dass man das Verhalten eines Menschen besser erklären und vorhersagen kann, wenn man nicht die objektive, sondern die subjektive, die psychologische Situation zugrunde legt (sofern man sie kennt). So ist es beispielsweise möglich, dass die objektiv »gleiche« Situation für zwei Menschen zu ganz verschiedenen Situationstypen gehört (Heckhausen 1989). Eine schwierige Aufgabe ist für Person A eine Herausforderung, auf die sie sich freut, für Person B hingegen eine Bedrohung, vor der sie am liebsten flüchten würde. Oder eine Einladung zu einer Party ist für Person A eine Situation vom Typ »Vergnügen«, für Person B hingegen vom Typ »gesellschaftliche Verpflichtung«. Umgekehrt können äußerlich verschiedenartige Situationen (eine Fachprüfung, eine Betriebsfeier etc.) für eine Person subjektiv ähnlich sein, weil sie in ihnen ähnliche Ziele verfolgt, z. B. die eigene Tüchtigkeit unter Beweis zu stellen.

Wie immer man die subjektive Situation charakterisieren mag – sie ist natürlich nicht mehr rein »situativ«, denn sie wird auch durch personale Faktoren gefärbt. Sie sind es, die mitbestimmen, wie die Situation »wahrgenommen«, »eingeschätzt«, »empfunden« wird, z. B. als bedrohlich oder verlockend. Mit anderen Worten: Die subjektive Situation *ist Teil der aktuellen Prozesse*!

Bei der Analyse konkreter *Praxisfälle* ist es zweckmäßig, vor der Beschäftigung mit den inneren Prozessen und personalen Dispositionen zunächst nach *objektiven* Situationsfaktoren zu fragen, da nur sie für einen Außenstehenden wahrzunehmen sind. So kann man relativ gut beobachten, *wann* und *wo* jemand das fragliche Verhalten zeigt, also beispielsweise bei welchen Anlässen und in welcher Umgebung jemand schimpft, prahlt oder stumm dasitzt. Wie die Person die Situation *erlebt*, kann man hingegen allenfalls zu erschließen versuchen, sofern sie dies nicht mitteilt. Solche Schlüsse werden durch die genaue Kenntnis des Wann und Wo aber oft sehr erleichtert. (Mehr hierzu in Kapitel 9 über Praxisfälle.)

Es gibt aber nicht nur praktische Gründe, den externen Faktoren genügend Aufmerksamkeit zu schenken. Wie früher berichtet (S. 48), neigen Menschen dazu, das Verhalten anderer vorrangig aus deren personalen Eigenheiten zu erklären und den Einfluss des situativen Kontextes zu übersehen oder zu unterschätzen. Diesem Fehler kann man durch eine bewusste Beachtung externer Faktoren entgegenwirken.

3.5.3 Interaktion personaler und situativer Faktoren

Grundsätzlich ist davon auszugehen, dass am aktuellen Verhalten, am Wahrnehmen, Denken, Fühlen und Wollen sowohl personale als auch situative bzw. Kontextfaktoren einen Anteil haben. Es gibt allerdings Beispiele mit einem Übergewicht der einen oder der anderen Seite.

Was hat mehr »Gewicht«?

Ganz eindeutig überwiegen *personale* Faktoren z. B. bei klinischen Erscheinungen wie Depressionen, Angststörungen, Wahnvorstellungen, Süchten usw. – nur wenige Menschen leiden darunter. Wenngleich situative Bedingungen auch hier ihren Einfluss nicht völlig verlieren, so ist es doch geradezu ein Kennzeichen des »Krankhaften«, dass solche Verhaltens- und Erlebensweisen in keinem angemessenen Verhältnis zur Situation stehen, die betroffenen Menschen insofern nicht mehr flexibel auf wechselnde Situationen reagieren können.

Man darf dies allerdings nicht dahin umkehren, dass starke Personabhängigkeit immer pathologisch sei. Sie kann auch so etwas wie Autonomie bedeuten (!), zuweilen mit sehr positiven Zügen. Manche Menschen (wie z. B. Mahatma Gandhi) haben gerade dadurch für die Gesellschaft Wertvolles geleistet, dass sie von eigenen Normen und Einstellungen auch in kritischen Situationen nicht abwichen, wo ihre »flexiblen« Mitmenschen dies taten. (Möglicherweise wird ihnen die Eigenständigkeit aber von Gegnern durchaus als Zeichen für »Verrücktheit« ausgelegt!) Im Übrigen gibt es auch viele Beispiele für ausgeprägte Personabhängigkeit, die weder mit einer Störung noch mit ungewöhnlicher Autonomie zu tun haben, wie etwa individuelle Ernährungsgewohnheiten oder Musikvorlieben.

In anderen Fällen wird demgegenüber das Verhalten stark von *Situationsfaktoren* bestimmt. Man zeigt fast zwangsläufig sehr unterschiedliche Verhaltensweisen, je nachdem, ob man sich im Arbeitszimmer, im Museum oder in einer Sportarena befindet. Schon die externe Umgebung kann also bestimmte Verhaltensweisen »provozieren« und genauso gilt dies für manche soziale Situationen wie etwa feierliche Veranstaltungen. In solchen Kontexten ist das Verhalten der allermeisten Menschen weitgehend ähnlich, unabhängig von ihrer Persönlichkeit. Man spricht daher auch von »starken Situationen«.

Nicht immer ist die Macht der Situation leicht erkennbar; zuweilen wird sie erst durch Forschungen zutage gefördert. Ein aufsehenerregendes Beispiel sind die berühmten Experimente von Stanley Milgram (1974). Er zeigte, dass selbst extreme, folterähnliche Gewalthandlungen keineswegs Ausdruck individueller Personmerkmale wie Sadismus sein müssen (den man z. B. lange Zeit recht pauschal bei SS-Leuten vermutete). Entgegen allen Voraussagen von Laien und Psychologen konnte Milgram die große Mehrheit seiner »ganz normalen« Versuchspersonen zu solchen Handlungen bewegen – durch die Einbindung in eine Autoritätssituation, nämlich in ein wissenschaftliches Experiment mit Wissenschaftlern als Autoritäten. Der Situationsdruck provozierte ein »Gehorsamsverhalten«, das erstaunlich wenig von den Persönlichkeitsmerkmalen der Versuchspersonen abhing, aber umso mehr von äußeren Faktoren wie etwa dem, ob der Versuchsleiter im Raum anwesend oder zeitweilig abwesend war.

»Bin ich ich oder bin ich die Situation?«

»Zwei Schlüsse drängen sich auf, wenn man sein eigenes Verhalten beobachtet und analysiert. Erstens: Unser Verhalten variiert mit der Situation, in der wir uns befinden. Wir verhalten uns im Beruf anders als auf einer Party. Es ist sogar ein Unterschied, ob wir die Party mit Fremden oder mit Freunden feiern, ob sie formell oder informell ist, ob nur Angehörige des gleichen Geschlechts dabei sind oder ob wir in gemischter Gesellschaft sind. Zweitens: Wir verhalten uns in solchen Situationen unterschiedlich und betrachten uns doch zugleich als ein und dieselbe Person. Man erlebt beides: Veränderung und Stabilität, unterschiedliches Verhalten und dieselbe Person zu sein. Wäre mein Verhalten über alle Situationen hinweg immer gleich, so wäre es perfekt vorhersagbar; aber ich und die anderen würden sich wundern, warum ich so rigide wäre und mich in manchen Situationen so unangebracht verhalten würde. Und umgekehrt: Ohne erkennbare Konsistenz oder ohne Linie in meinem Verhalten würde ich oft wie ein Chamäleon erscheinen und hätte mit Gefühlen der Entpersonalisierung zu schaffen. Bei zu viel Flexibilität wüsste man nicht mehr, wer man ist oder ob man überhaupt eine Person ist. Die meisten Menschen stellen sich von Zeit zu Zeit solche Fragen, vorwiegend in der Pubertät, wenn es darum geht, eine Identität zu entwickeln, oder dann, wenn sie etwas tun, das ›gar nicht zu einem passt‹, und versuchen dann, ein solches Verhalten wieder mit dem in Einklang zu bringen, was sie von sich wissen und glauben.«

Tafel 25: Zur Rolle der Person und der Situation (aus: Pervin 1981, S. 12 f.)

Ein starkes Gewicht des Umfeldes ist sicher besonders typisch für Verhalten im *Kollektiv*, insbesondere in durchorganisierten »Apparaten« (z. B. im Betrieb oder in der Armee). Der Einzelne unterliegt hier Anweisungen, Gruppennormen, aufgeteilten Verantwortlichkeiten, Belohnungen und Bestrafungen. Daher ist auch beispielsweise die Beteiligung an kollektiver Gewalt (Kriege, Pogrome usw.) psychologisch keineswegs gleichzusetzen mit individuellen Gewalthandlungen (vgl. Nolting, 2015).

Allerdings: Auch noch so uniformes Verhalten setzt selbstverständlich bestimmte Dispositionen voraus, nur dass sie in diesem Fall allgemein verbreitet sein müssen. Ein starkes »Gewicht« der Situation bedeutet also nicht: Es geht ohne Dispositionen. Es heißt vielmehr (wie bei Anlage und Umwelt, s. S. 109): *Unterschiede* im Verhalten erklären sich aus Unterschieden der Situation, während individuelle Unterschiede sich kaum manifestieren. Oder anders gesagt: Mit Veränderungen des aktuellen Umfeldes ändert sich auch das Verhalten. Umgekehrt heißt »starke Personabhängigkeit«: Individuelle Unterschiede kommen im Verhalten deutlich zur Geltung. Doch immer sind Menschen auch »situiert«.

Wie die Beispiele zeigen, gibt es typische Fälle von stark personbestimmtem wie von stark situationsbestimmtem Verhalten. Aber was auf welche Verhaltensweisen zutrifft, das kann auch von Mensch zu Mensch verschieden sein: Jeder hat so seine eigenen »Konstanzen« und »Variabilitäten« (vgl. S. 85).

Davon abgesehen, legen manche Theoretiker generell das Schwergewicht auf die Person (»das Innere«), andere auf die Situation (»das Äußere«) – eine Kontroverse, die grundsätzliche theoretische Positionen, ja Menschenbilder, berührt und sich durch die Geschichte der Psychologie hindurchzieht (s. Kap. 6). Doch wohl niemand würde prinzipiell eine Interaktion personaler *und* situativer Faktoren bestreiten.

Was heißt Interaktion?

Die einfachste Bedeutung ist: Personale und situative Faktoren *wirken zusammen*; das heißt, beide gemeinsam bestimmen einen aktuellen Prozess (wie bereits am Anfang des Kapitels ausführlich behandelt; vgl. S. 43 ff.):

Personale Faktoren → aktueller Prozess ← Situationsfaktoren

Beispielsweise ergibt sich die Emotion Angst aus der personalen Ängstlichkeit und einer situativen Bedrohung.

Zweitens kann eine *wechselseitige Beeinflussung bzw. Veränderung* gemeint sein. Sie wird als »dynamische« Interaktion, zuweilen auch als »Transaktion« bezeichnet und ist in der Regel gemeint, wenn von »Person-Situation-Interaktion« oder »Person-Umwelt-Interaktion« die Rede ist. Man muss man allerdings genau hinsehen, worauf sich »Person« bezieht: auf einen aktuell interagierenden Menschen oder auf sein Dispositionsgefüge. Im *aktuellen* Sinn bedeutet die dynamische Person-Situation-Interaktion: Ein Mensch verändert durch sein Verhalten seine momentane Umgebung (z. B. das Bild auf dem Monitor); und umgekehrt wirkt diese auf das aktuelle Verhalten:

Verhalten ⇄ Situation

Meint man mit »Person« hingegen die personalen Faktoren, so können diese nur indirekt die Situation beeinflussen, nämlich über entsprechende Verhaltensweisen:

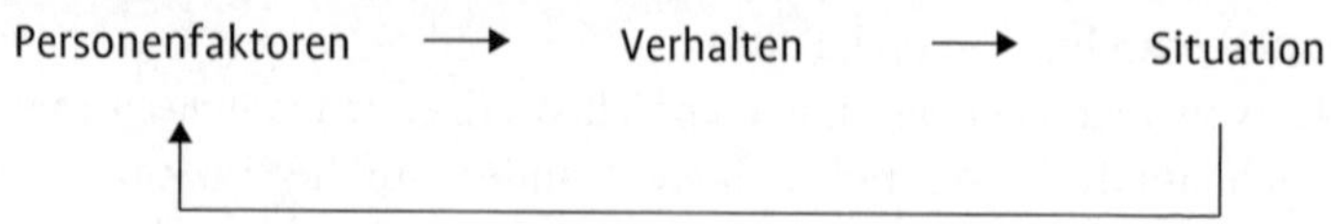

Menschen gestalten Situationen z. B. entsprechend ihren Interessen und Fähigkeiten. Umgekehrt können Situationsfaktoren auch Personfaktoren verändern, sofern sie »Spuren« hinterlassen – sofern also das Individuum *lernt*. Dieser Aspekt, dass nämlich Menschen als »veränderte Person« aus der Situation herauskommen, geht über die Interaktion als »aktuelles« Geschehen hinaus und berührt bereits die Person-Entwicklung.

Drittens steht der Begriff der Interaktion oftmals als Kurzform für *soziale* oder *interpersonale* Interaktion, von der im anschließenden Kapitelabschnitt die Rede ist. Im Grunde ist dies ein Spezialfall der eben beschriebenen dynamischen Interaktion von Verhalten und Situation, wobei hier andere Menschen die »Situation« bilden und es sich insofern um eine Verhalten-Verhalten-Interaktion handelt.

Lernreflexion

Was ist gemeint mit der Aussage, dass in manchen Fällen Situationsfaktoren ein starkes Gewicht hätten, und geben sie dafür Beispiele.

3.6 Zusatzaspekt: Interpersonale Bezüge

Während die vorangehenden Grundaspekte für jegliches Verhalten gelten – für Verhalten in »Alleinsituationen« ebenso wie für interpersonales Verhalten –, ist der Zusatzaspekt »interpersonale Bezüge« nur beim Verhalten von zwei oder mehr Personen von Interesse. In gewissem Grade ist »das Interpersonale« schon in dem Grundaspekt »Situationsfaktoren« enthalten, soweit nämlich *andere* anwesende Personen zur Situation gehören und z. B. als kritisches Publikum oder als Autoritätsperson fungieren. Im Fokus steht dann aber primär das Verhalten einer Person A und die Frage, inwiefern es von der Gegenwart anderer als Kontextfaktor beeinflusst wird. Im Folgenden geht es jedoch primär um das »Inter«: um die wechselseitige Bezogenheit und Beeinflussung zwischen zwei oder mehr Personen. Hierzu muss man also zugleich mehrere Akteure *gemeinsam* in den Blick nehmen.

Um das *zwischen*menschliche Geschehen hervorzuheben, kann man das Zwei-Stränge-Schema der aktuellen Prozesse, das auf *eine* Person ausgerichtet ist (*Tafel 8*, S. 50), drehsymmetrisch verdoppeln, wobei nun die *zweite* Person an die Stelle der Situation tritt (*Tafel 26*). Die psychischen Prozesse können, genau genommen, nur *in* den beteiligten Personen und nicht zwischen ihnen ablaufen. Das »Inter« ergibt sich aber daraus, dass die Prozesse beider Personen (innere Prozesse und Verhalten) aufeinander ausgerichtet sind und miteinander zusammenhängen. (Außer vom Verhalten des anderen hängen die Prozesse natürlich auch von den individuellen Personfaktoren sowie von dem situativen Kontext ab, der die Akteure gemeinsam »umrahmt«; diese Aspekte sind in der Tafel nicht eingezeichnet.)

Es sind vor allem drei Kernbegriffe, unter denen interpersonale Bezüge gewöhnlich behandelt werden: Interaktion, Kommunikation und (soziale) Beziehung. Bei aller Verwandtschaft, insbesondere zwischen Interaktion und Kommunikation, setzen die Begriffe durchaus unterschiedliche Akzente.

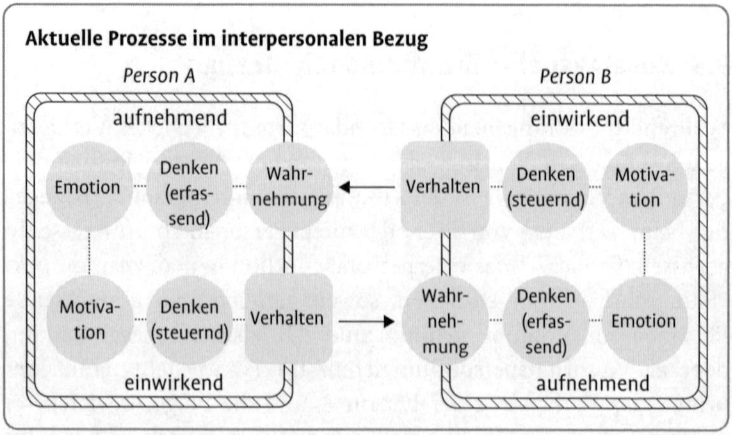

Tafel 26: Der interpersonale Aspekt: Die Prozesse von zwei oder mehreren Personen sind aufeinander bezogen.

3.6.1 Soziale Interaktion

Soziale Interaktion ist, kurz gesagt, »Verhalten zueinander«. Das heißt, dass das Verhalten von zwei oder mehr Personen nicht unabhängig voneinander, sondern irgendwie aufeinander »bezogen« ist – in schwacher Form, wenn sie z. B. einer anderen anwesenden Person Platz machen, in ausgeprägter Weise, wenn sie aufeinander einreden.

Da »Verhalten zueinander« nur ein Sonderfall von Verhalten generell ist, sind für seine *Erklärung* im Prinzip wiederum alle Grundaspekte von Interesse: Man könnte also auf die inneren Prozesse schauen, auf die Personfaktoren und ihren Entwicklungshintergrund, auf die Situationsfaktoren und auch auf die »Inter-

Aspekte« der Kommunikation und Beziehung. Tatsächlich werden in der Literatur unter dem Titel »Soziale Interaktion« häufig alle diese Phänomene behandelt, die für das »zwischenmenschliche« Geschehen relevant sind. An dieser Stelle beschränken wir uns aber auf die soziale Interaktion im engsten Sinne – ohne noch einmal auf innere Prozesse, personale Unterschiede und andere Grundaspekte einzugehen. Wir beschränken uns also auf die Ebene des sichtbaren Verhaltens, auf Zusammenhänge im Verhalten von A und von B, wie man sie mit der Kamera aufnehmen könnte.

Beispiele für solche Verhaltenszusammenhänge sind etwa diese: Während der Lehrer zur Tafel blickt, schneidet ein Schüler Grimassen, worauf ein Mitschüler lacht, worauf der Lehrer in ihre Richtung schaut, worauf der Schüler wieder »ernst« nach vorne blickt usw. Oder: An einer Bushaltestelle stehen zwei Fahrgäste, und ein wartender Fahrgast nähert sich dem zweiten bis auf wenige Zentimeter Abstand, worauf dieser sich einen Schritt entfernt, der erste erneut heranrückt, der zweite sich erneut entfernt usw. Schon auf dieser reinen Verhaltensebene gibt es zahlreiche Regelhaftigkeiten des Umgangs miteinander, z. B. welchen räumlichen Abstand man in welcher Situation einhält, wie lange ein Blickkontakt zwischen fremden Personen dauert (Fahrstuhlsituation!) u. a. m. (Lück, 1993; Forgas, 1999).

Wie die Beispiele zeigen, besteht die Interaktion gewöhnlich in einem zickzackartigen Zusammenhang. A tut etwas, darauf tut B etwas, dann wieder A usw. Eine solche fortlaufende Beeinflussung im Sinne von Wirkung und Rückwirkung ist der Musterfall einer »dynamischen« Interaktion. Nicht selten verläuft sie kreisförmig mit gleichartigem (symmetrischem) Verhalten auf beiden Seiten, wie etwa bei einer aggressiven Eskalation oder bei einem Reigen wechselseitiger Höflichkeiten.

Manche Interaktionsmuster sind weitgehend durch den Kontext bestimmt. Im Kontext »Restaurant« ist z. B. das Verhalten zwischen Kellner und Gast durch die formale Rollenverteilung weitgehend festgelegt. In persönlichen Beziehungen ist der Verhaltensspielraum im Prinzip weit größer, doch auch hier können sich beispielsweise im familiären Miteinander bestimmte Interaktionsmuster »einspielen«, das heißt, sie können sich aufgrund von Lernprozessen herausbilden. In dem Beispiel von *Tafel 27* läuft die typische Interaktion zwischen dem Kind und der Erziehungsperson darauf hinaus, dass sich die Wutausbrüche des Kindes verfestigen. Hier, wie in vielen anderen Fällen, spielen die Prinzipien des Lernens am Effekt (operante Konditionierung) eine zentrale Rolle (s. S. 96). Denn wenn das Verhalten von Person A eine Reaktion von Person B hervorruft, ist diese Reaktion ein Effekt des Verhaltens von A. Insofern wird also aus der sozialen Interaktion heraus eine Verhaltensgewohnheit für diesen Kontext gelernt.

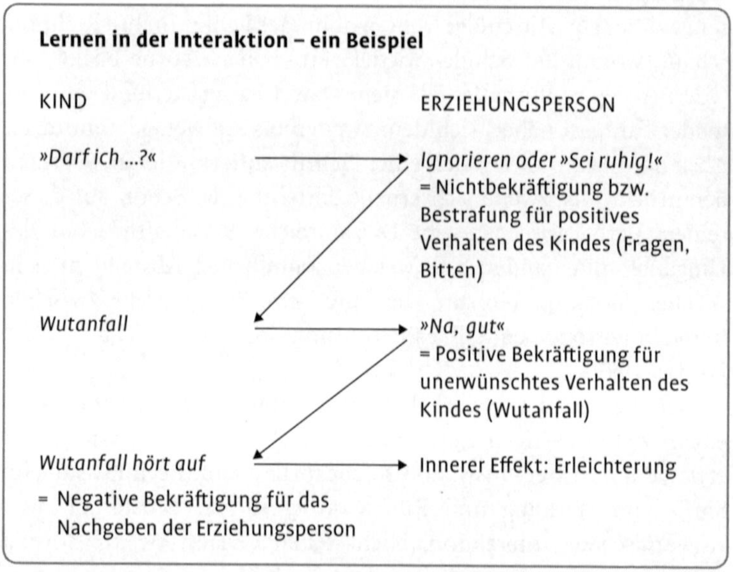

Tafel 27: Lernen in der Interaktion: Das Kind lernt durch positive, die Erziehungsperson durch negative Bekräftigung.

3.6.2 Kommunikation

Es ist nicht einheitlich definiert, in welchem Verhältnis die Begriffe Interaktion und Kommunikation zueinander stehen. Nicht selten werden sie als festes Begriffspaar genannt, ohne dass die Relation thematisiert wird. Zuweilen werden sie synonym verstanden und zuweilen explizit unterschieden. *Wenn* sie unterschieden werden, so vor allem in zweierlei Weise: Entweder soll »Interaktion« die *Wechselseitigkeit* betonen, während »Kommunikation« prinzipiell auch in einer Richtung verlaufen kann (Einwegkommunikation wie bei den Massenmedien). Oder bei »Interaktion« liegt der Akzent auf den *Verhaltens*zusammenhängen, während unter »Kommunikation« die *Nachrichten*seite thematisiert wird.

Nach dieser Unterscheidung (der wir uns anschließen) geht es bei der Kommunikation also um die Übermittlung von »Informationen«, »Botschaften«, »Bedeutungen« innerhalb des Interaktionsprozesses, und somit geht es neben dem Verhalten viel stärker um innere, insbesondere kognitive Prozesse. Ob man von Interaktion oder von Kommunikation spricht, hängt dann einfach davon ab, worüber man Aussagen machen will: über das Verhalten zueinander oder über das Senden und Empfangen von Nachrichten.

Die Betrachtung des Nachrichtenaustausches kann erheblich zum Verständnis des sichtbaren Interaktionsverlaufs beitragen. Nehmen wir an, man beobachtet, dass die Handbewegungen einer Person am Straßenrand mit den Fahrzeugbewegungen in einer Parklücke regelhaft zusammenhängen oder dass ein Ehemann zu reden aufhört, sobald seine Frau die Stirn runzelt. Dies sind Sachverhalte auf der Ebene des sichtbaren Verhaltens zueinander, also der Interaktion. Aussagen über die Kommunikation gehen darüber hinaus und beziehen sich auf Prozesse des Mitteilens und Verstehens, die sich in den Köpfen (!) der Beteiligten abspielen. Diese Vorgänge liefern zugleich ein Stück Erklärung für die sichtbaren Verhaltenszusammenhänge: Die Handbewegung, das Stirnrunzeln usw. *bedeuten* für die andere Person etwas, und deshalb reagiert sie darauf so und so. Da die Bedeutungsvermittlung den Verhaltenszusammenhang verständlich macht, ist die Beschäftigung mit ihr so überaus nützlich, nicht zuletzt bei Praxisproblemen.

Genau besehen herrscht bei der Definitionsfrage allerdings keine Einigkeit darüber, ob *jede* Bedeutungsvermittlung als Kommunikation verstanden werden soll oder nur jede *intendierte*. Nur im ersten

Fall gilt der bekannte Satz: »Man kann nicht *nicht* kommunizieren« (Watzlawick et al., 1969); dann kommuniziert selbst ein schlafender Mensch (z. B. die Botschaft: »Stör mich nicht«). Nach der engeren Begriffsbestimmung hingegen läge in dem Beispiel keine Kommunikation vor, weil der Schläfer keine Übermittlung intendiert, die »Bedeutung« vielmehr ausschließlich im Kopf des Betrachters existiert.

In der Literatur zur Kommunikation geht es im Wesentlichen um drei Aspekte: die Mittel, die Prozesse und die Inhalte der Kommunikation.

Die *Mittel* oder Verhaltensformen, mit denen man kommuniziert, werden gewöhnlich Zeichen oder Signale genannt. Am häufigsten wird dabei zwischen verbaler und nonverbaler Kommunikation unterschieden. Zur verbalen zählen die schriftliche und mündliche Sprache, zur nonverbalen primär das Ausdrucksverhalten (Mimik, Blickbewegungen, Körperhaltung, Gestik usw.), im weiten Sinne auch der große »Rest« sichtbaren Handelns (z. B. etwas schenken, festliche Kleidung tragen, Türen knallend den Raum verlassen) (im Überblick Forgas 1999).

Was für *Prozesse* sind an der Kommunikation beteiligt? Allgemein gesprochen werden in der Kommunikation innere Vorgänge einer Person A (ihre Gedanken, Gefühle usw.) über äußere Zeichen wiederum zu inneren Vorgängen einer anderen Person B. Ein Kommunikationsakt besteht daher aus drei Stufen: Gemeintes – Geäußertes (Zeichen) – Verstandenes (*s. Tafel 28*). Die Umsetzung einer gemeinten Nachricht in Zeichen wird als Enkodierung oder Verschlüsselung bezeichnet, die Umsetzung der Zeichen in eine verstandene Nachricht als Dekodierung oder Entschlüsselung. Die Person, die das Gemeinte ausdrückt, bezeichnet man gewöhnlich als Sender, die andere als Empfänger. Tatsächlich übt aber jede Person beide Funktionen gleichzeitig aus: A sendet z. B. durch Reden und empfängt zugleich mimische Signale des zuhörenden B.

Was beim Kommunizieren in den Menschen geschieht, ist natürlich mehr als Enkodieren und Dekodieren – sie sind als »ganze Menschen« mit *allen* aktuellen Prozessen beteiligt. Bezogen auf unser Prozess-Schema werden die aufnehmenden Prozesse zum Strang des

Empfangens, die einwirkenden zum Strang des Sendens. Sie haben hier insofern »interpersonalen Charakter«, als sie auf die andere Person bezogen sind (*s. Tafel 26*, S. 124). Im Einzelnen gehören zum *Empfangen* das Wahrnehmen von Zeichen, das erfassende Denken im Sinne des Dekodierens sowie Emotionen als Reaktion auf die empfangene Nachricht. Zum *Senden* gehören gewöhnlich eine Motivation zum Kommunizieren (z.B. Neugier, Mitgefühl zeigen, andere beeinflussen), manchmal auch planend-steuerndes Denken beim Enkodieren (»Wie kann ich das ausdrücken?«) und letztlich das Verhalten: Sprechen oder Schreiben, nonverbaler Ausdruck und sonstige Verhaltensformen.

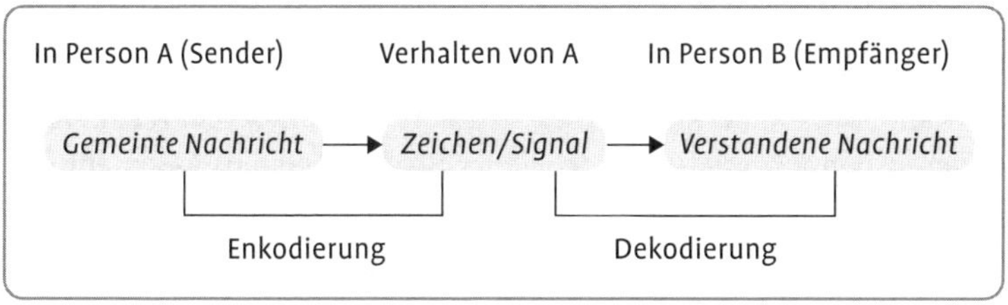

Tafel 28: Grundmuster eines Kommunikationsvorgangs

Ein Kommunikationsvorgang gilt als »gelungen«, wenn das Verstandene mit dem Gemeinten übereinstimmt. Dies setzt gewöhnlich voraus, dass der Sender das Gemeinte durch Worte oder andere Signale ausdrückt, die in der jeweiligen Kultur, Berufsgruppe etc. »üblich« sind; andernfalls kann der Empfänger sie nicht verstehen und die Kommunikation ist »gestört«. Es kommt allerdings vor, dass jemand das Gemeinte versteht, obwohl es auf den ersten Blick in ganz »unpassenden« Signalen ausgedrückt wurde. Dies ist möglich, wenn der Betreffende z.B. die andere Person besonders gut kennt oder wenn sie eine »Geheimsprache« vereinbart haben.

Nun zu den *Inhalten* der Kommunikation, zur Frage, *was* kommuniziert wird. Sie wird meist unter dem Begriff der »Nachricht« behandelt, womit die Botschaften, die Bedeutungsgehalte gemeint sind, die durch die Signale übermittelt werden. Prinzipiell kann dies natürlich unendlich viel sein. Aber man kann dennoch nach einer nützlichen Ordnung suchen und fragen, ob Nachrichten gemeinsame Aspekte aufweisen. Auf Darlegungen von Karl Bühler sowie Watzlawick et al. aufbauend, unterscheidet Schulz von Thun (2003) vier Aspekte einer Nachricht:

- einen Sachaspekt, d. h. eine Information über einen Hergang, eine Theorie oder einen anderen Sachverhalt
- einen Beziehungsaspekt, d. h. eine Haltung gegenüber dem Kommunikationspartner (Überlegenheit, Wertschätzung, Misstrauen usw.)
- einen Selbstkundgabeaspekt, d. h. eine Aussage über die eigenen Gefühle, Gedanken, Wünsche usw.
- einen Appellaspekt, d. h. eine Aufforderung an den anderen, etwas zu tun oder zu unterlassen

So kann die Bemerkung eines Schülers zu seiner Lehrerin: »Die anderen nennen mich immer wieder Streber« erstens Geschehnisse benennen (Sachaspekt), zweitens Vertrauen zur Lehrerin ausdrücken (Beziehungsaspekt), drittens Traurigkeit, Enttäuschung und andere Gefühle ausdrücken (Selbstkundgabe) und viertens eine Aufforderung zum Helfen, zum verständnisvollen Zuhören usw. enthalten (Appell).

Hierin liegt nun wieder ein ganzes Spektrum von Fehlerquellen. Denn neben Missverständnissen auf *einer* Ebene, z. B. der Sachseite oder Appellseite, kann es zwischen Sender und Empfänger auch zu einer *Verschiebung* der Nachrichtenseiten kommen, beispielsweise wenn eine Kritik »sachlich« gemeint ist, aber vom Empfänger primär als persönliche Abwertung (= Beziehungsaspekt) empfunden wird. Das Vier-Seiten-Modell ist insofern ein Hilfsmittel zur Analyse zwischenmenschlicher Kommunikation und ihrer Störungen. Eine Erkenntnis darüber, welche Nachrichtenseite ein Mensch vorrangig gemeint bzw. vorrangig verstanden hat, trägt erheblich zur Erklärung seines Verhaltens bei.

3.6.3 Soziale Beziehung

Während es sich bei der Interaktion und Kommunikation um ein aktuelles Geschehen handelt, meint der Begriff der Beziehung, genauer: der sozialen Beziehung, eine mehr oder minder dauerhafte Art des Zueinanders. Macht man Aussagen über eine Beziehung, erwähnt man besonders häufig die beteiligten Personen (z. B. Mutter-Kind-Beziehung) sowie Qualität dieses Zueinanders (»vertrauensvoll«, »feindselig« etc.). Für eine differenziertere Charakterisierung kann man die folgenden vier Kriterien heranziehen (Argyle & Henderson, zit. nach Heidbrink et al., 2009):

- eng versus oberflächlich
- freundschaftlich versus feindselig
- egalitär versus hierarchisch
- aufgabenorientiert versus gesellig

Nach solchen Merkmalen unterscheiden sich gewöhnlich auch persönliche Beziehungen von eher formalen Beziehungen. *Persönliche* Beziehungen tendieren meist zu den Polen eng, freundschaftlich, egalitär und gesellig. Einige werden von starker Anziehung getragen und die Beteiligten zeigen Engagement für die Aufrechterhaltung der Beziehung (Forgas, 1999). *Formale* Beziehungen sind in hohem Maße Rollenbeziehungen, meist aufgabenorientiert und hierarchisch. Sie existieren in bestimmten Kontexten, vor allem in der Arbeitswelt, als vorgegebener Rahmen unabhängig von den jeweiligen Personen. In der Beziehung zwischen Meister und Lehrling, Lehrern und Schülern usw. richten sich bestimmte Verhaltenserwartungen an die einzelnen Akteure allein aufgrund ihrer jeweiligen Stellung (»role-taking«). Wer diese Erwartungen nicht erfüllt, fällt »aus der Rolle«. In gewissem Maße werden die Personen diese Rollen aber unterschiedlich ausfüllen; die Chefrolle beispielsweise kann man mit einem kooperativen oder aber einem dirigistischen Führungsstil ausüben (»role-making«). Insofern spielen hier immer auch Personfaktoren in das interpersonale Rollenverhalten hinein.

Die Natur einer Beziehung kann sich im Laufe der Zeit verändern. So kann z. B. aus einer oberflächlichen eine enge Beziehung werden, aus einer aufgabenbezogenen eine emotionale – oder auch umgekehrt (Heidbrink et al., 2009).

In jedem Falle sind, wie schon angedeutet, mit der Art einer Beziehung auch typische Interaktions- und Kommunikationsmuster verbunden. Wer Menschen in ihrem Umgang miteinander beobachtet, wird daraus häufig auf die Art ihrer Beziehung schließen können, *sofern* das beobachtete Verhalten nicht vorrangig aus aktuellen Kontextfaktoren zu erklären ist.

In jedem *Einzelnen* ist die Beziehung durch »Interaktionsskripte« repräsentiert, mit Vorstellungen darüber, welche Verhaltensmuster gegenüber der anderen Person angemessen sind und welche nicht. Was gegenüber einem Freund »passt«, passt nicht auch gegenüber dem Chef. Zugleich ist der Begriff der »Einstellung« geeignet, vom Einzelnen aus eine Beziehung zu kennzeichnen (s. auch S. 156). Zur Einstellung gehören neben einem Bild vom anderen (kognitive Seite) auch eine emotionale Haltung (z. B. Sympathie, Verachtung) sowie Verhaltenstendenzen des Annäherns oder Meidens. Mit anderen Worten, man ist »disponiert«, bezüglich eines anderen Menschen in bestimmter Weise zu denken, zu fühlen und sich zu verhalten. Wenn alles dies fehlt, sagt man vielleicht salopp, man habe »keine Beziehung« zu diesem Menschen. Insofern enthält der Begriff der Beziehung auch so etwas wie adressatenbezogene Dispositionen. Diese müssen bei den Beteiligten nicht immer symmetrisch sein. Vielleicht hat A zu B eine andere Einstellung als B zu A. Vielleicht würden sie, sofern sie dies erkennen, von einer »unklaren« Beziehung sprechen.

Einstellungen zu anderen Menschen entwickeln sich (so wie viele andere Dispositionen auch) aus Erfahrungen, sind also gelernt. Anders gesagt: Beziehungen haben eine Vorgeschichte, zumindest eine kurze. Die Erfahrungen können aus der direkten Interaktion stammen, manchmal aber auch aus Berichten und Urteilen von dritter Seite.

In einer *weiten* Bedeutung kann man auch eine anonyme »Beziehung« zu großen *Kollektiven* entwickeln, z. B. zu anderen Völkern oder Religionsgemeinschaften. Das heißt, man hegt ihnen gegenüber bestimmte Urteile, Gefühle und Verhaltenstendenzen. Sofern dabei unangemessen auf alle Angehörigen der Gruppe generalisiert wird, spricht man von einem Vorurteil.

Lernreflexion

Wenn Sie *inter*personales Verhalten verstehen wollen, auf was für psychologische Sachverhalte hätten Sie dann zu achten *zusätzlich* zu jenen, die für Verhalten generell gelten. Erklären Sie dies an einem konkreten Beispiel.

3.7 Zusammenschau: Integrierendes Modell zum psychischen System

Wir möchten nun die zuvor erörterten Aspekte des psychischen Systems zu einem Gesamtgefüge integrieren. Dabei greifen wir auf das Grundmodell zurück, das am Anfang dieses Kapitels stand (S. 43), und füllen es mit wichtigen Aspekten aus den vorangehenden Ausführungen. So ergibt sich das Schema von *Tafel 29*. Erläuterungen:

(1) Die vier Grundaspekte »aktuelle Prozesse«, »situative Faktoren«, »personale Faktoren« und »Entwicklung« sind in zwei Achsen strukturiert. Die horizontale Achse umfasst alles, was zum gegenwärtigen Zeitpunkt existiert. Die vertikale Achse repräsentiert die Entwicklung der Person über die Zeit, also die vorangegangene Entwicklung, aus der die personalen Faktoren entstanden sind, und die künftige Entwicklung.

(2) Im Zentrum steht das eigentliche psychische Geschehen: die *aktuellen Prozesse.* Sie sind in zwei Funktionsrichtungen gegliedert. Dem aufnehmenden, situationsverarbeitenden Strang sind die Wahrnehmung, das erfassende Denken und die Emotion zugeordnet, dem einwirkenden, situationsverändernden Strang die Motivation, das steuernde Denken sowie das äußere Verhalten. Nicht dargestellt ist in der Grafik die Möglichkeit von Selbstwahrnehmung und Selbstreflexion (z. B. eigene Angstgefühle wahrnehmen, über eigene »Eigenschaften« nachden-

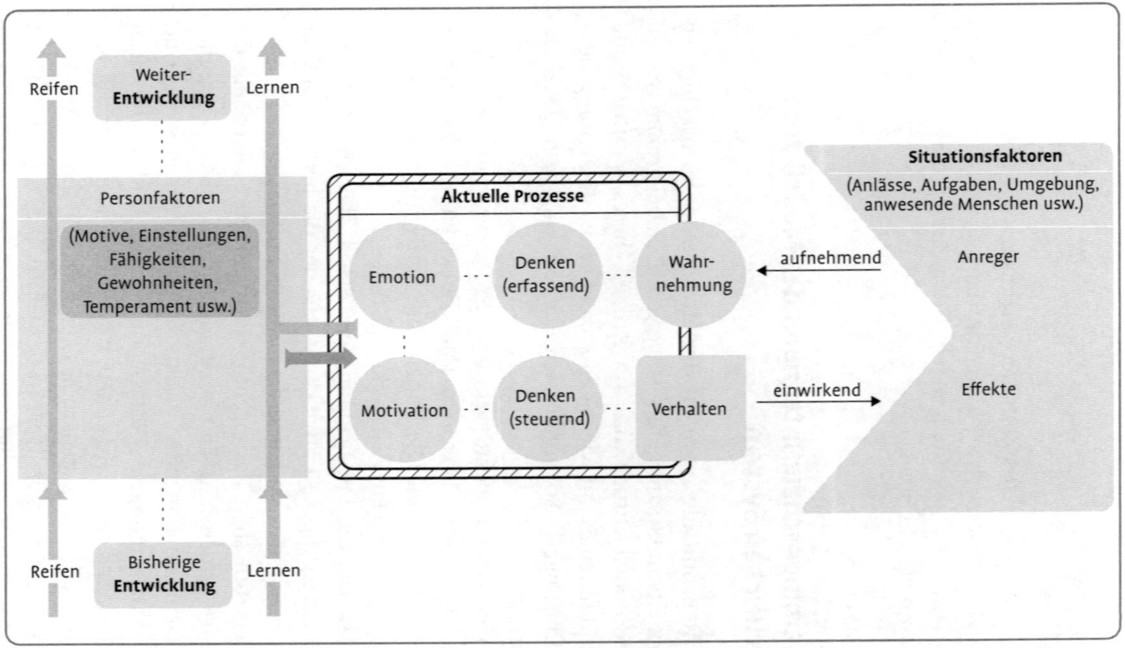

Tafel 29: Integrierendes Modell zu grundlegenden Aspekten des psychischen Systems, dargestellt als Blick auf ein Individuum (= ohne Verdopplung im interpersonalen Bezug, s. hierzu Tafel 26, S. 124)

ken). Um Missverständnissen vorzubeugen, sei daran erinnert, dass die Einteilung der aktuellen Prozesse in der Psychologie nicht verbindlich festgelegt ist, dass nicht immer alle Prozesse beteiligt sind und dass sie nicht kettenartig aufeinander folgen müssen (s. Erläuterungen S. 50).

(3) Die aktuellen Prozesse werden zum Teil bestimmt durch den *Kontext*, wobei in der Grafik zwecks Übersichtlichkeit als Kontext nur die einen einzelnen Menschen umgebenden *Situationsfaktoren* erscheinen, nicht hingegen die interpersonalen Bezüge zwischen mehreren Menschen (wie in *Tafel 26*, S. 124). Inhaltlich können solche Faktoren z.B. Aufgaben, Informationen, materielle Güter, räumliche Bedingungen oder anwesende Zuschauer sein. Funktional und zeitlich betrachtet können situative Faktoren einerseits bestimmte Prozesse anregen und andererseits als nachfolgende Effekte wirksam werden.

(4) Die aktuellen Prozesse werden außer von den situativen auch von den *personalen Faktoren* bestimmt: Menschen unterscheiden sich darin, wieweit sie zu bestimmten Prozessen »disponiert« sind. Solche Faktoren lassen sich sowohl nach Inhalt (Fähigkeiten, Einstellungen etc.) als auch nach Größenordnung (umfassende Eigenschaften, spezifische Vorlieben etc.) recht unterschiedlich beschreiben und ordnen.

(5) Personale Faktoren unterliegen einer *Entwicklung*, das heißt, sie machen situationsüberdauernde Veränderungen durch (vertikale Achse). Die Veränderungen beruhen zum Teil auf genetisch gesteuerten Reifungsprozessen, zum Teil auf Lernprozessen, die von der Umwelt und vom Individuum selbst gesteuert werden. Dabei ist Lernen zu verstehen als die »Nachwirkung« aktueller Prozesse (Pfeil nach links und in die Vertikale).

Das integrierende Modell beansprucht *nicht*, eine eigene psychologische Theorie darzustellen, sondern lediglich, weithin akzeptierte Komponenten psychischen Geschehens zu einer überschaubaren Struktur zusammenzufügen. Das Modell versteht sich als *theorieneutral* bezüglich der Struktur aus den Grundaspekten und den zwei Funktionsrichtungen. »Theorieneutral« heißt: Diese Grundstruktur umfasst nur Sachverhalte, die kein Streitpunkt zwischen verschiedenen Theorierichtungen sind. Sie lässt hingegen offen, wo sozusagen der Hauptmotor psychischen Geschehens sitzt, wieweit Unterschiede im Verhalten und Erleben der Situation oder der Person zuzuschreiben sind, wieweit Motivation unbewusst oder kognitiv ist usw. Diese und viele andere Punkte werden teilweise kontrovers diskutiert und sind Gegenstand der Forschung. Das gilt, wie gesagt, auch für die dargestellte Binnengliederung der aktuellen Prozesse, weshalb das Modell in diesem Punkt nicht mehr theorieneutral ist.

Ähnlich unterschiedlich kann die Grundstruktur auch bei der Analyse von Praxisfällen ausgefüllt werden. Unterschiede kann es z. B. darin geben, welchen Raum ein explorierendes Gespräch über innere Prozesse einnimmt oder die Erfassung der objektiven Situationsfaktoren oder die Persönlichkeitsdiagnostik oder die Rückschau auf die Vergangenheit. Fortsetzen werden sich die Unterschiede bei der Frage, wo Ansatzpunkte für gezielte Veränderungen liegen.

3.8 Blickwinkel zum psychischen System: Gebiete und Richtungen

In diesem Kapitel wurden grundlegende Aspekte des psychischen Systems skizziert. Mit diesem Gegenstand »psychisches System« kann nun die Wissenschaft in unterschiedlicher Weise »umgehen«.

Eine typische Art dieses Umgangs ist es, nicht alle genannten Aspekte gleichzeitig oder mit gleicher Intensität zu betrachten, sondern einige stärker und andere schwächer. Je nach Schwerpunktbildung ergeben sich dann verschiedene »Gebiete« der Psychologie. Einige Gebiete (»Grundlagengebiete«) leiten ihren Gegenstand aus den grundlegenden Systemaspekten ab (z. B. Entwicklung). Andere Gebiete hingegen werden aufgrund von Fragestellungen gebildet, die sich nicht aus dem psychischen System selbst ergeben, sondern aus bestimmten Lebensproblemen oder beruflichen Anforderungen (z. B. Pädagogische Psychologie).

Des Weiteren kann psychisches Geschehen mit unterschiedlichen »Theorie-Augen« betrachtet werden. Das heißt, es gibt unterschiedliche Auffassungen darüber, wie man sich sozusagen die »Funktionsweise« des Gesamtsystems vorzustellen hat und wie einzelne Komponenten (z. B. die zuvor erwähnte Motivation) inhaltlich auszufüllen sind. Solche Lehrmeinungen oder Richtungen bestimmen die wissenschaftlichen Kontroversen; sie sind aber keine »Gebiete« im vorher beschriebenen Sinne, sondern bestimmte Deutungsweisen.

Zusammengefasst sind es drei Typen von Blickwinkeln, unter denen das psychische System häufig betrachtet wird und die in der psychologischen Literatur daher immer wieder vorkommen:

- Blickwinkel, die sich direkt auf das psychische System beziehen (systembezogene bzw. Grundlagengebiete)
- Blickwinkel, die sich aus Praxisanforderungen ergeben (praxisbezogene oder Anwendungsgebiete)
- bestimmte theoretische Sichtweisen (»Richtungen«, »Schulen«)

Diese Blickwinkel werden in den folgenden Kapiteln näher behandelt.

4 Systembezogene Blickwinkel (»Grundlagengebiete«)

4.1 Allgemeine Psychologie

Thema der Allgemeinen Psychologie sind die allgemeingültigen Gesetzmäßigkeiten des psychischen Geschehens. Von zwischenmenschlichen Unterschieden absehend interessiert sie sich gerade für das grundlegend Gleiche, das Gemeinsame im psychischen Geschehen der Menschen. Dabei steht das Wie und nicht das Was im Vordergrund (Müsseler & Rieger, 2017). Es geht z. B. mehr um Denkprozesse und weniger um Denkinhalte.

Im Einzelnen beschäftigt sich die Allgemeine Psychologie mit den schon dargestellten Grundprozessen im psychischen System, mit Wahrnehmen, Denken, Motivation und Emotion sowie mit Lern- bzw. Gedächtnisprozessen. Auch psychologische Aspekte der Sprache und Kommunikation, der Handlungsplanung und -steuerung werden häufig thematisiert. Die Allgemeine Psychologie abstrahiert dabei notwendigerweise von der Wirklichkeit des Alltags, wo psychisches Geschehen an konkrete Personen und Situationen gebunden ist, die ja immer in gewissem Maße verschieden sind. Ihr Ziel ist es, theoretische Konstrukte zu entwerfen, mit denen die Grundprozesse in ihren allgemeinen Abläufen und in ihrem Zusammenwirken beschrieben und erklärt werden können. Allgemeinpsychologische Forschung ist daher ausgesprochene Grundlagenforschung (vgl. Becker-Carus & Wendt, 2017).

Kennzeichnend für das methodische Vorgehen der Allgemeinen Psychologie ist das *Experiment*. Im Experiment, das üblicherweise im psychologischen Labor stattfindet, können unterschiedliche Reizbedingungen (»unabhängige Variable«), planmäßig hergestellt werden, um ihre Wirkung auf psychisches Geschehen (»abhängige Variable«) zu untersuchen. Hierzu ist es notwendig, den Einfluss anderer, »störender« Reizbedingungen zu kontrollieren. Außerdem muss die individuelle Variation kontrolliert werden, die jede Versuchsperson durch ihre Dispositionen in das Experiment mit hineinbringt. Die Wissenschaftler arbeiten daher mit mehr oder minder großen Stichproben von Versuchspersonen und sorgen z. B. dafür, dass die Experimentalgruppe, die einem bestimmten Einfluss ausgesetzt wird, und die Kontrollgruppe, die ihm nicht ausgesetzt wird, untereinander vollständig vergleichbar sind. In der Regel wird dies durch eine zufällige Aufteilung der Versuchspersonen auf die beiden Gruppen erreicht. Anleitungen zur Planung und Durchführung von Experimenten gibt die psychologische Methodenlehre, die in Verbindung mit statistischen Verfahren die Auswertung auch komplexer Versuchspläne ermöglicht (vgl. Sedlmeier & Renkewitz, 2013; Beller, 2016; Huber, 2013).

Ein Beispiel: Lernt man Namen der Länder Afrikas auswendig und überprüft in bestimmten Zeitabständen, was vom Gelernten noch erhalten geblieben ist, so kann man feststellen, dass anfangs sehr schnell, später jedoch immer langsamer vergessen wird. Der größte Teil wird in den ersten 24 Stunden vergessen. Dieser Verlauf entspricht der typischen *Vergessenskurve*, wie sie zuerst von Hermann Ebbinghaus (1885), dem Pionier der experimentellen Gedächtnisforschung, für das Behalten von einer Serie sinnloser Silben (z. B. joq, kom, bup) aufgezeichnet wurde (s. *Tafel 30*). Allgemeinpsychologische Fragen sind hier: Welche Rolle spielt die Menge des Lernmaterials? Welchen Einfluss hat das Lernen vieler Listen sinnloser Silben hintereinander auf die Behaltensleistung? Ist der Verlauf bei jedem Lernmaterial gleich oder gibt es z. B. Unterschiede zwischen einer Reihe sinnloser Silben, einer Einkaufsliste und den Kernaussagen eines Textes? Welche Rolle spielen zwischenzeitliche stille Wiederholungen? Welche Rückschlüsse auf Speicherungsvorgänge im Kurz- und Langzeitgedächtnis sind möglich?

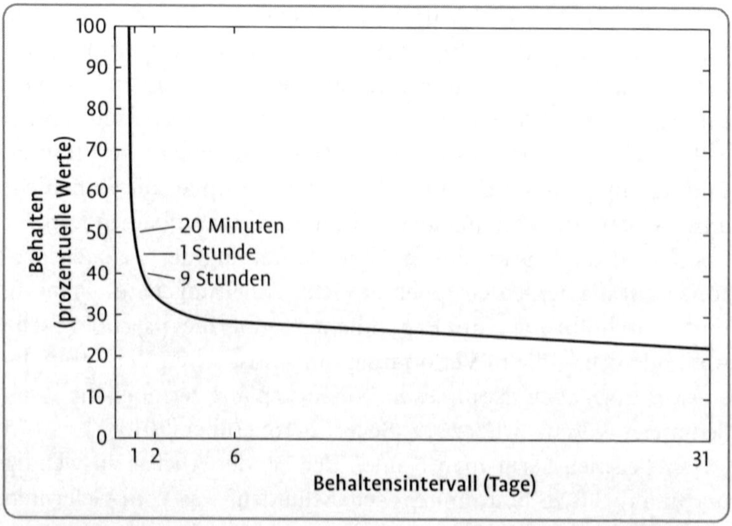

Tafel 30: Die Vergessenskurve nach Ebbinghaus (1885). Die Behaltensleistung fällt mit zunehmendem Intervall zwischen dem ursprünglichen Lernen und der Reproduktion ab, wobei sich die Vergessensrate verlangsamt (aus: Anderson, 2001, S. 173).

Die Allgemeine Psychologie beschäftigt sich aber nicht nur mit einzelnen dieser Grundprozesse, sondern auch mit komplexerem psychischem Geschehen, welches auf dem Zusammenwirken der verschiedenen Grundprozesse beruht (Strunk & Schiepek, 2013). Genannt seien hier etwa die Handlungsregulierung und das komplexe, realitätsnahe Problemlösen, bei denen kognitive Prozesse (d. h. Wahrnehmungs-, Denk-, Gedächtnisprozesse) und emotional-motivationale Prozesse zusammenwirken. Auch im Falle der Vergessensraten wäre z. B. zu untersuchen, in welcher Weise sich Emotionen auf das Behalten auswirken. Die Berücksichtigung vieler Komponenten des psychischen Geschehens mündet dann gegebenenfalls in die Konstruktion allgemeiner Funktionsmodelle, die zwar zu komplex sind, um sie als Ganzes zu überprüfen, die aber eine hilfreiche Leitlinie für die Analyse und Formulierung von Hypothesen bieten.

Insgesamt richtet sich die Allgemeine Psychologie an der empirisch-analytischen Forschungstradition der Naturwissenschaften aus. Dies hat unter anderem auch zu mathematisch formalisierten Modellvorstellungen geführt. Darüber hinaus ist es in jüngerer Zeit zu einer Verbindung mit der neurophysiologischen Forschung, hier insbesondere mit den kognitiven Neurowissenschaften, gekommen (Birbaumer & Schmidt, 2010; Karnath & Thier, 2012). Sie beschreiben und erklären, wie die neuronalen Mechanismen des Gehirns mit kognitiven Fähigkeiten und Leistungen in Zusammenhang stehen, wenn z. B. mit Hilfe der funktionellen Magnet-Resonanz-Tomographie (fMRT) die neuronalen Prozesse der Hirnaktivität bei der Verarbeitung von Gesichtsemotionen untersucht werden, oder wenn in einer Untersuchung an Londoner Taxifahrern gezeigt wird, dass deren berufliche Ausbildung und Berufserfahrung zu einem vergrößerten Volumen des Hippocampus geführt hat, der wichtig ist für die Einspeicherung deklarativer Wissensinhalte in eine »kognitive Landkarte« (Maguire et al., 2000).

Weiterhin ist eine Orientierung an Modellen festzustellen, die von der Informatik entwickelt worden sind. So gibt es vermehrt Ansätze, die Prozesse und Strukturen der kognitiven Aktivitäten des Menschen in Analogie zur Arbeitsweise des Computers als Prozesse der Informationsverarbeitung beschreiben und analysieren (vgl. Betsch et al., 2011).

4.2 Differenzielle und Persönlichkeitspsychologie

Dass Menschen sich in ihrem Erleben und Verhalten voneinander unterscheiden, ist jedem klar. Die überwiegende Anzahl der Menschen empfindet sich auch selbst als einzigartige, unverwechselbare Persönlichkeit. In einzelnen Aspekten (z. B. Motive, Selbstbild, kognitiv-intellektuelle Kompetenzen) mögen sie anderen Menschen allerdings sehr ähneln. In ihrer »Persönlichkeit«, in der Organisation ihrer gesamten Dispositionen sind sie jedoch einmalig.

Mit diesen Unterschieden zwischen Personen beschäftigen sich die Differenzielle Psychologie und die Persönlichkeitspsychologie (Rammsayer & Weber, 2016; Stemmler et al., 2016). Ziel der Persönlichkeitspsychologie ist es, typisches Erleben und Verhalten der Person in ihrer Einzigartigkeit und relativen Stabilität zu beschreiben, zu verstehen bzw. zu erklären und vorherzusagen. Die Differenzielle Psychologie konzentriert sich eher auf einzelne Persönlichkeitsaspekte. Dementsprechend findet man Lehrbücher, in denen vorrangig Theorien dargestellt werden, die die gesamte Persönlichkeit zum Inhalt haben, und andere, die sich mit einzelnen Dispositionen und den Problemen ihrer Messung beschäftigen.

Differenzielle Psychologie

Will man Menschen trotz ihrer Einmaligkeit nach psychologischen Gesichtspunkten vergleichen, dann müssen Beschreibungsgesichtspunkte gefunden werden, anhand derer sie sich unterscheiden lassen. Die Aufgabe, die sich hier der Wissenschaft stellt, ist aus dem alltäglichen Leben durchaus vertraut: Es werden zumeist mehr oder weniger abstrakte Eigenschaftsbegriffe benutzt, um Menschen zu beschreiben (z. B. »Hans ist ziemlich eingebildet, Beate überhaupt nicht«). Diese Beschreibungen beruhen in aller Regel auf unsystematischen, gelegentlichen Beobachtungen. Die Wissenschaft ist hingegen bemüht, zu einer abgesicherten Systematik der Beschreibung von Personen zu gelangen (s. S. 146 f. zum Eigenschaftskonzept der »Big Five).

In der Differenziellen Psychologie werden häufiger folgende Persönlichkeitsbereiche untersucht: Intelligenz, Kreativität, Aggressivität, Ängstlichkeit, Leistungsmotiv, Bewältigungsstile, Selbstwirksamkeit, Kontrollüberzeugung, Selbstwertgefühl und Selbstregulation (Asendorpf, 2015; Weber & Rammsayer, 2012). Auch Dispositionen aus dem Bereich positiver zwischenmenschlicher Beziehungen, wie das Gesellungsmotiv, soziale Kompetenz, hilfreiches Verhalten, Solidarität, aber auch Phänomene wie Zufriedenheit und Optimismus als Personfaktoren finden seit einiger Zeit verstärkt Beachtung, insbesondere in der »Positiven Psychologie« (Seligman, 2012; Auhagen, 2008; s. auch Gesundheitspsychologie, S. 185 ff.).

Individuen unterscheiden sich durch ihre Ausprägungen auf solchen Dispositionen; darin besteht ihre Individualität. Rein rechnerisch könnten z. B. schon durch zehn solcher Merkmalsdimensionen mit jeweils zehn Ausprägungsgraden zehn Milliarden (!) Menschen unterschiedlich beschrieben werden. Es ist aber auch zu berücksichtigen, dass diese Unterschiede nicht statisch sind. Menschen verändern sich im Laufe ihrer Entwicklung in ihren Merkmalen. Aufgabe der Differenziellen Psychologie ist es daher auch, neben der Unterschiedlichkeit zwischen den Personen die Veränderlichkeit innerhalb einer Person sowie Unterschiede zwischen Personen bezüglich ihrer Veränderlichkeit festzustellen.

Persönlichkeitspsychologie

Unter »Persönlichkeit« wird in der Psychologie Verschiedenes verstanden. Mal wird z. B. die Dynamik des funktionalen Zusammenspiels einzelner Komponenten hervorgehoben, mal die überdauernden individuellen Unterschiede; mal geht es um die Anpassung, mal um das messbare Verhalten. Eine Übersicht über verschiedene Positionen gibt *Tafel 31*.

Was in der Psychologie unter Persönlichkeit verstanden wird: Einige Positionen

- »Das, was eine Vorhersage über das Verhalten einer Person in einer bestimmten Situation erlaubt.« (R. B. Cattell)
- »Die dynamische Organisation jener psychophysischen Systeme innerhalb des Individuums, welche dessen einzigartige Anpassung an seine Umgebung bestimmen.« (G. W. Allport)
- »Persönlichkeit ist die Gesamtheit aller überdauernden individuellen Besonderheiten im Erleben und Verhalten eines Menschen«. (J. Asendorpf)
- »Die kennzeichnenden Verhaltensformen, die die Anpassung jeder Person an die Situationen in ihrem Leben charakterisieren.« (W. Mischel)

Tafel 31: Definitionen der Persönlichkeit

In der Persönlichkeitspsychologie sind vor dem Hintergrund dieser unterschiedlichen Definitionen sehr viele und sehr verschiedenartige Theorien entwickelt worden. Um zu einer Übersicht und Ordnung zu gelangen, werden in den Lehrbüchern gewöhnlich zwei Präsentationsformen gewählt. Es werden entweder einzelne Theorien anhand vorgegebener Kriterien verglichen oder aufgrund von Gemeinsamkeiten werden mehrere Theorien zu einem Typ zusammengefasst.

Beim Vergleich einzelner Theorien werden vor allem Kriterien herangezogen wie diese:

- Legt die Theorie bei Verhaltenserklärungen mehr Gewicht auf die »Person« oder wird die »Situation« oder die »Interaktion« von Person und Situation mehr beachtet?
- Wird die Persönlichkeit mehr als statischer Struktur betrachtet, oder wird sie vornehmlich als Prozess, als sich veränderndes System verstanden?
- Stehen mehr die bewussten inneren Prozesse der Person oder eher unbewusste Prozesse und Strukturen im Mittelpunkt?

Häufiger werden auch Typen von Persönlichkeitstheorien gegenübergestellt (vgl. Stemmler et al., 2016; Schmidt & Altstötter-Gleich, 2010). Diese Klassifizierungen sind aber nicht einheitlich, weil sie von verschiedenen Unterscheidungskriterien ausgehen. Wir orientieren uns im Folgenden an einer Systematik, die zwischen psychodynamischen, eigenschaftstheoretischen, humanistisch-psychologischen, kognitiv-behavioristischen und dynamisch-interaktionistischen Theorien unterscheidet. In der Darstellung beziehen wir zugleich die vorher genannten Vergleichskriterien mit ein.

Die *psychodynamischen* Theorien, als deren bekannteste Vertreter die Tiefenpsychologen Sigmund Freud, Alfred Adler und Carl Gustav Jung zu nennen sind, messen der unbewussten Determination des Erlebens und Verhaltens durch Triebe und Bedürfnisse, den Reifungsprozessen und den frühkindlichen Erfahrungen besondere Bedeutung bei. Sie gewichten zudem die Person weit höher als die Situation und betonen sowohl die Struktur wie die Prozesshaftigkeit der Person. Den Aufbau der Person konzipieren sie unterschiedlich. Freud entwickelte z. B. ein Strukturmodell des »psychischen Apparates« mit den bekannten psychischen »Instanzen« des »Es«, »Ich« und »Über-Ich« (vgl. Freud, 1940/2010).

Die erste Instanz, das »Es«, enthält die unbewussten Impulse des Sexual- und Todestriebes, die auf sofortige Triebbefriedigung bzw. maximalen Lustgewinn drängen (»Lustprinzip«). Die zweite Instanz ist das »Ich«, das vorwiegend bewusste Funktionen wie Wahrnehmung, Denken usw. umfasst, die der Realitätsanpassung dienen (»Realitätsprinzip«). Das »Ich« hat zwischen den Impulsen des »Es« und den

Erfordernissen der Realität zu vermitteln. Zugleich muss es auch die Anforderungen des »Über-Ich« berücksichtigen. Dieses »Über-Ich« als dritte Instanz repräsentiert moralische Verbote und Gebote. Insgesamt gesehen stehen »Es« und »Über-Ich« antagonistisch zueinander, und das »Ich« ist Schauplatz der Kompromissbildung im Sinne der von ihm gesteuerten Realitätsanpassung des Verhaltens (*s. Tafel 32*).

Die Psychodynamik der antagonistischen Instanzen führt dazu, dass keine feste Beziehung zwischen den inneren Eigenschaften und dem sichtbaren Verhalten besteht. Hohe Aggressivität als unbewusste Disposition muss sich nicht in aggressivem Verhalten zeigen, da »Abwehrmechanismen« des »Ich« (z. B. »Verdrängung«) ein ganz entgegengesetztes äußeres Erscheinungsbild bewirken können.

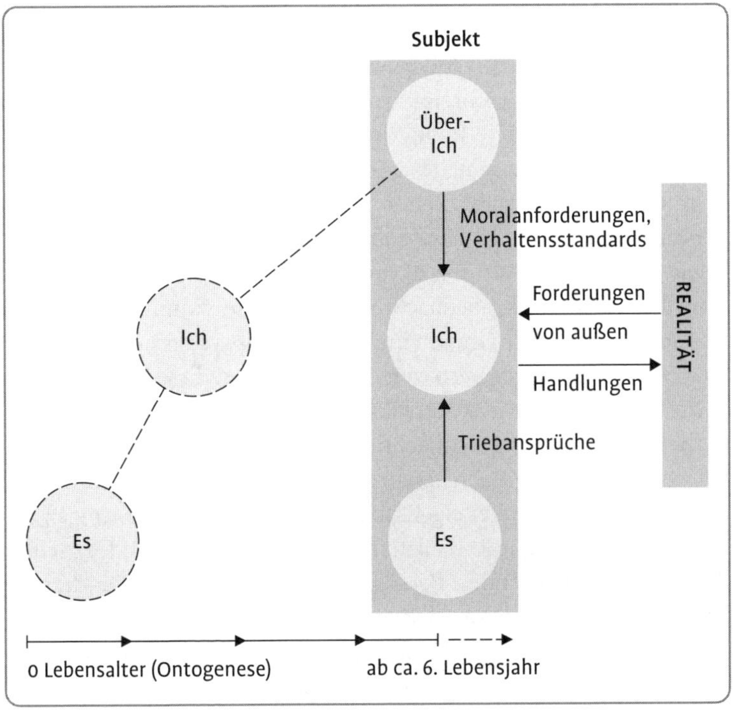

Tafel 32: Die Instanzen des psychischen Apparates: ihre Entwicklung und Dynamik (nach Tillmann, 2007, S. 58)

Die in der *Tafel 32* mit abgebildete Persönlichkeits*entwicklung* ist nach Freud eng gebunden an die verschiedenen Reifungsstadien, die der Sexualtrieb in Kindheit und Jugend durchläuft (orale, anale, phallische und genitale Phase), und an die Entwicklung des »psychischen Apparates«. Die Erfahrungen in den ersten Lebensjahren gelten dabei als besonders wichtig für die gesamte weitere Entwicklung der Persönlichkeit (Mertens, 1996/1997; Tyson & Tyson, 2012).

Eigenschaftstheoretische Ansätze erklären beobachtbares Verhalten bzw. die aktuellen Prozesse durch mehr oder weniger umfassende Dispositionen, die mit Eigenschaftswörtern benannt werden (z. B. »emotionale Ausgeglichenheit«). Es handelt sich dabei um Beschreibungen, die durch Einschätzung aufgrund mehrerer Beobachtungen zustande kommen, (z. B. »immer gut gelaunt«, »nicht aus der Ruhe zu bringen«). Da hier verschiedene Verhaltens- und Erlebnisweisen zu einem gemeinsamen Merkmal zusammengefasst werden, ergibt sich für die Personbeschreibung der große Vorteil einer Reduktion der Komplexität. Diese Reduktion könnte aber auch eine interpretierende Abstraktion sein, das »Gemeinsame« *so* nicht vorhanden. Es wäre dann ein »hypothetisches Konstrukt«, unter dem tatsächlich verschiedene Dispositionen, subsumiert werden (s. Kap. 3, S. 80). Zwar gehen einige Autoren davon aus, dass globale Eigenschaften – obwohl nicht direkt beobachtbar – im Individuum tatsächlich vorhanden, also reale Größen im Sinne neuropsychischer Strukturen sind. Andere hingegen vertreten die Auffassung, diese Dispositionen seien theoretische Hilfskonstruktionen, die der Forscher erfindet – nicht findet! –, um die beobachtbaren Konsistenzen im Erleben und Verhalten von Individuen beschreiben und auch erklären zu können.

Bedeutende Vertreter eigenschaftstheoretischer Auffassungen der Persönlichkeit waren R. B. Cattell, J. P. Guilford und H. J. Eysenck. Als einen grundlegenden Persönlichkeitsfaktor haben alle drei die Dimension »Extraversion vs. Introversion« ermittelt. Damit wird die Unterschiedlichkeit der Menschen hinsichtlich ihrer Aktivität, Geselligkeit, Selbstbehauptung und sozialen Anpassung erfasst. Neuere Forschungsergebnisse legen nahe, dass es fünf Faktoren sind (»Big-Five-Modell«, *s. Tafel 33*), mit denen die Persönlichkeit grundlegend beschrieben werden kann:

- *Extraversion:* gesprächig, bestimmt, aktiv, abenteuerlustig
- *Emotionale Labilität (Neurotizismus):* gespannt, ängstlich, nervös, unsicher
- *Offenheit für Erfahrungen:* neugierig, fantasievoll, intellektuell, künstlerisch
- *Verträglichkeit:* liebenswürdig, mitfühlend, herzlich, kooperativ
- *Gewissenhaftigkeit:* sorgfältig, organisiert, zuverlässig, überlegt

Tafel 33: Die Big-Five-Dimensionen der Persönlichkeit (Umschreibung nach Laux & Renner, 2015)

Während das Big-Five-Modell der Persönlichkeit eher auf überdauernde Eigenschaften der Person verweist, haben andere Forscher auf die sich verändernden Aspekte von Personen aufmerksam und sie der persönlichkeitspsychologischen Erforschung zugänglich gemacht.

Vor allem durch die *humanistischen und neo-humanistischen* Theorien (zuweilen auch als »phänomenologische« bezeichnet) wird eine andere Position vertreten (Herzberg & Roth, 2014; Rammsayer & Weber, 2016). Sie gehen von der Person als »real existierendem seelischem Sein« aus und sehen in ihr das intentional tätige Subjekt, das aufgrund eigener Entscheidungen handelt. Die Persönlichkeit eines Menschen ist demnach letzten Endes die Summe seiner individuellen Entscheidungen, die er in Anbetracht seiner personalen und situativen Möglichkeiten getroffen hat. In den humanistisch-psychologischen Theorien wird einerseits die Beziehung des Individuums zu sich selbst hervorgehoben, wobei das Selbstkonzept (»Selbstbild«) von besonderer Bedeutung ist. Andererseits interessiert sie die Beziehung des Individuums zu seiner Um- und Mitwelt, genauer: wie diese wahrgenommen und interpretiert wird.

Vertreter solcher Persönlichkeitstheorien und ihrer existenzialistischen Varianten, sind z. B. Abraham Maslow, Carl R. Rogers oder Rollo May, die in den 1950er- und 1960er-Jahren ihre Theorien entwickelten. In den neueren neo-humanistischen Ansätzen spielt vor allem die Selbstbestimmungstheorie von Deci & Ryan (1985,

s. auch Maltby et al., 2011, S. 456ff) eine bedeutende Rolle. Sie postuliert drei Grundbedürfnisse des Menschen (s. *Tafel 34*):

Bedürfnis nach Kompetenz	Bestreben, einer Aufgabe gewachsen zu sein und durch ihre Bewältigung etwas erreicht zu haben
Bedürfnis nach Autonomie	Bestreben, sich selbst als Handlungssinitiator zu erleben, für eigene Entscheidungen verantwortlich zu sein, aus eigenem Interesse zu handeln, den Zustand der Fremdbestimmung zu meiden oder sich ihm zu widersetzen
Bedürfnis nach sozialer Eingebundenheit	Bedürfnis nach befriedigenden Sozialbeziehungen, nach Anerkennung und Akzeptanz von bedeutsamen Anderen

Tafel 34: Merkmale der Selbstbestimmungstheorie von Deci & Ryan

Die *lerntheoretische Konzeptionen* entstammen der angloamerikanischen behavioristischen Tradition. In den klassischen Ansätzen des Behaviorismus wird Persönlichkeit gleichgesetzt mit dem Verhaltensrepertoire, welches das Individuum im Laufe seiner Lerngeschichte aufgrund von Bekräftigungen bzw. durch Löschung unerwünschter Verhaltensweisen erworben hat. Dieses Verhaltensrepertoire, »Habit-System« genannt, besteht aus einzelnen Gewohnheiten (»Habits«), die durch bestimmte Reize aktiviert werden (vgl. Pervin et al., 2005).

Heute werden kognitive, sozial-kognitive und emotionale Elemente in die behavioristische Analyse des Verhaltens und seiner Erklärung mit einbezogen. Habits können dann auch bestimmte »Denkgewohnheiten« sein, die als Glaubens- bzw. Überzeugungssysteme einer Person festlegen, wie sie denkt, fühlt, handelt und wie sie neue Situationen für sich definiert. So kann sie z. B. der Überzeugung sein, dass die Ergebnisse eigenen Handelns unter ihrer persönlichen Kontrolle stehen oder dass sie vom Zufall oder Schicksal abhängig sind (sog. internale vs. externale Kontrollüberzeugungen). Wichtige weitere Konzepte wie »Selbstwirksamkeitsüberzeugungen«, »Emotionsregulationskompetenz« und »Attributionsstile« sind im Rahmen dieser Theorierichtung entwickelt worden (vgl.

Krampen, 2000; Berking, 2015). Zwar bleiben auch diese inneren Prozesse in ein Reiz-Reaktions-Schema eingebettet, doch »Situation« ist jetzt nicht mehr eine objektive, physikalisch bestimmbare Größe, sondern eine subjektive, vom Individuum wahrgenommene und interpretierte.

Hierauf bauen *dynamisch-interaktionistische Persönlichkeitstheorien* auf. Sie erklären Erleben und Verhalten aus der Interaktion (»Wechselwirkung«) von Person- und Situationsmerkmalen. Das heißt, dass zum einen Persönlichkeitsmerkmale auf das Erleben und Verhalten einwirken. dass zum anderen Erleben und Verhalten ihrerseits auf Person und Situation zurückwirken. So ist es in der Theorie von Walter Mischel ein kognitiv-affektives Verarbeitungssystem, das aus mehreren Komponenten besteht (z. B. überdauernde Ziele, subjektive Situationseinschätzungen), die das Erleben und Verhalten der Person erklären können (Schmitt & Altstötter-Gleich, 2010).

Neben diesen hier vorgestellten Theorien der Persönlichkeit gewinnen in jüngster Zeit verstärkt neurowissenschaftliche, molekulargenetische und evolutionspsychologische Ansätze an Bedeutung, die die biopsychologischen Grundlagen der Persönlichkeit betonen (Asendorpf & Neyer, 2012; Stemmler et al., 2016).

4.3 Entwicklungspsychologie

Die individuellen Dispositionen verändern sich im Laufe der Zeit und mit ihnen die aktuellen Prozesse. In unserem integrierenden Modell ist dieser Aspekt durch die vertikale Achse berücksichtigt. Die Entwicklungspsychologie beschäftigt sich mit solchen Veränderungen und auch deren Stabilitäten im Lebenslauf, wobei alle Altersstufen nicht nur Kindheit und Jugendalter, zu ihrem Gegenstand gehören (Schneider & Lindenberger, 2012; Wicki, 2015). Betrachtet wird sowohl die altersbezogene Entwicklung als auch die Entwicklung interindividueller Differenzen generell oder bezüglich einzelner Personfaktoren (z. B. Entwicklung von hochbegabten Menschen; Preckel & Vock, 2013). Eine andere neuere Perspektive betrifft die Kulturabhängigkeit der Entwicklung (Tesch-Römer & Albert, 2012). Dispositionsveränderungen durch die berufliche Situation, familiäre

Belastungen, Trainings, Psychotherapie oder Unterricht sind hingegen kein genuines Thema der Entwicklungspsychologie, sondern der Klinischen und Pädagogischen oder auch der Arbeits- und Organisationspsychologie (s. Kap. 5).

Die Entwicklungspsychologie hat die Aufgabe, erstens Entwicklung als einen lebenslaufbezogenen Prozess zu beschreiben, und zweitens, ihn zu erklären. Zunehmend an Bedeutung gewinnen weitere Aufgaben: die Vorhersage, die Intervention und Optimierung von Entwicklungsverläufen (vgl. Pinquart et al., 2011; Lang et al., 2012). Durch die Verbindung mit der Klinischen Psychologie, Neuropsychologie, Neuroanatomie und insbesondere Genetik (Asendorpf, 2012) hat die Entwicklungspsychologie in jüngerer Zeit ihr Spektrum erweitert, so dass sie vielleicht auch in einer Entwicklungswissenschaft aufgeht, die die bio-psycho-sozialen Mechanismen der menschlichen Entwicklung insgesamt fokussiert (Petermann, et al. 2004).

Beschreibung von Entwicklung

Lehrbücher der Entwicklungspsychologie sind häufig nach *Lebensabschnitten bzw. -phasen* gegliedert. In einer Zusammenschau werden dann Kleinkindalter, Kindheit, Jugendalter, Erwachsenenalter und Alter in den psychologisch wichtigen Aspekten dargestellt. Eine andere typische Beschreibung ist die nach *Funktionsbereichen,* so etwa die Entwicklung der Wahrnehmung, des Denkens, der Motivation, der Emotion, der Motorik, der Sprache, also die Entwicklung der so oder anders unterschiedenen aktuellen Prozesse sowie auch ihre entwicklungspsychopathologischen Ausprägungen (vgl. Schneider & Lindenberger, 2012; Petermann & Resch, 2013).

Als berühmtes Beispiel der Beschreibung nach Funktionsbereichen sei die Entwicklung des Denkens nach Jean Piaget in einer knappen Übersicht wiedergegeben (*s. Tafel 35;* Schwarzer & Jovanovic, 2015). Neuere Befunde zeigen allerdings, dass er die kognitiven Leistungen kleinerer Kinder deutlich unterschätzt hat und innerhalb einer Altersstufe recht unterschiedliche Leistungen möglich sind. Zudem gibt es heute Informationsverarbeitungsansätze, die das Verständnis der Denkentwicklung erweitert haben (im Überblick Sodian, 2012).

Darüber hinaus kann die Entwicklung unter vielen weiteren Fragestellungen beschrieben werden, auch solchen, die eigentlich nicht einzelne Funktionen oder Subsysteme, sondern das psychische Gesamtsystem »im Hinblick auf …« betreffen. So behandeln einige Lehrbücher z. B. die Selbst- und Persönlichkeitsentwicklung, die Entwicklung des sozialen Verhaltens oder der emotionalen Kompetenz (vgl. Hannover & Greve, 2012; Klinkhammer & von Salisch, 2015). Ebenso können klinisch-psychologische Phänomene wie etwa Essstörungen, Depression, oder Delinquenz betrachtet werden (vgl. Heinrichs & Lohaus, 2011).

Ungefähres Alter	***Entwicklungsphase***	***Beschreibung***
Geburt bis 2 Jahre	Sensomotorische Phase	Der Säugling lernt, sich selbst von der Umwelt zu unterscheiden; er sucht Stimulation und strebt nach der Wiederholung interessanter Ereignisse. Durch Manipulation an Objekten entsteht das Gegenstands-Schema: Die Dinge bleiben trotz Veränderungen in Raum und Zeit »sie selbst«.
2–7 Jahre	Voroperative Phase	Beginn des symbolischen Spiels und des Spracherwerbs. Weiterhin ist das Kind noch unfähig, die Perspektive anderer einzunehmen, und klassifiziert Dinge nach nur einer Haupteigenschaft, fokussiert auf nur einen Aspekt eines Problems (kindlicher Egozentrismus).
7–11 Jahre	Phase der konkreten Operationen	Das Kind beherrscht in konkreten Situationen logische Operationen wie Umkehrbarkeit, Klassifikationen, Herstellen von Rangordnungen.
11–15 Jahre	Phase der formalen Operationen	Übergang zum abstrakten logischen Denken; Fähigkeit, Hypothesen mit mehreren Variablen gedanklich zu testen (»Gedankenexperimente«).

Tafel 35: Piagets Stadien der kognitiven Entwicklung

Diese zuletzt angesprochenen Problemstellungen verdeutlichen differenziell-psychologische Fragestellungen der Entwicklungspsychologie. Relativ selten werden allerdings Allgemeine und Differenzielle Entwicklungspsychologie gleichrangig behandelt. Im Ganzen dominieren Themen der alterstypischen Entwicklung (Berk, 2011).

Erklärung von Entwicklung

Nun zur Frage, welche Faktoren die Entwicklung vorantreiben. Zu beachten ist, dass das Alter nicht als Erklärung von Entwicklung herangezogen werden kann, da es selbst nichts verursacht oder bedingt. Als grundlegende Entwicklungsprozesse lassen sich Reifen und Lernen gegenüberstellen. Doch welches Gewicht und welche Rolle man den steuernden »Instanzen« beimisst (vgl. S. 106), also den Genen (für Reifung), der Umwelt (für Lernen) oder der Person selbst (auch für Lernen), darüber haben sich verschiedene Auffassungen herausgebildet. Mit Montada et al. (2012, S. 32ff) lassen sich vier Positionen unterscheiden (*s. Tafel 36*), je nachdem, ob die Person oder die Umwelt als aktiv oder nicht aktiv am Entwicklungsgeschehen beteiligt gesehen wird.

		Umwelt	
		nicht aktiv	*aktiv*
Subjekt	*nicht aktiv*	Endogenistische Modelle	Exogenistische Modelle
	aktiv	Aktionale Modelle	Transaktionale Modelle

Tafel 36: Erklärungspositionen der Entwicklung (nach Montada, Lindenberger & Schneider, 2012, S. 32)

(1) Endogenistische Modelle: Weder Umwelt noch Individuum sind aktiv an der Entwicklung beteiligt. Entwicklung ergibt sich aus der Reifung bzw. aus den genetischen Programmen. Aufgabe der Umwelt ist es, »entwicklungsangemessene« Bedingungen herzustellen, die diesen Reifungsprozess nicht stören, die z. B. die Kinder nicht unter-, aber auch nicht überfordern. Viele ältere Phasenlehren der Entwicklungspsychologie stützen sich auf diese reifungstheoretische Annahme.

(2) Exogenistische Modelle: Entwicklung steht unter der Kontrolle einer aktiven Umwelt. Die auf den Menschen einwirkenden Reize, die dem Verhalten vorausgehen oder ihm folgen, werden als Ursachen der Veränderung gesehen. Diese Position ist typisch für die lerntheoretische Erklärung des Behaviorismus (s. S. 213) gibt. Der Mensch kommt als »tabula rasa« auf die Welt. Was er wird, wird er durch Erfahrungen, denen er passiv ausgesetzt ist.

(3) Aktionale Modelle: Der Mensch steht in einem aktiven Austausch mit der passiven Umwelt. Er reagiert auf die Umwelt nicht mechanisch, sondern durch seine Interpretation der Wirklichkeit wird er zum Gestalter seiner eigenen Entwicklung. Wirklichkeit ist in diesem Verständnis also nie objektiv, sondern durch das Individuum aufgrund seiner Erfahrung subjektiv konstruiert. Jean Piaget ist der wohl bekannteste Vertreter dieser Gruppe von Entwicklungspsychologen. Seiner Auffassung gemäß entwickelt sich das aktive Individuum in Form von »Selbstkonstruktionen«, indem es auf der jeweiligen Entwicklungsstufe seine Umwelt mit den ihm zur Verfügung stehenden Erkenntnis- und Handlungsmöglichkeiten begreift und bearbeitet. Die Umwelt bleibt dabei in der Rolle einer »Bühne« bzw. eines Aktionsfeldes, sie determiniert die Entwicklung nicht direkt.

(4) Transaktionale Modelle: Ausgangspunkt ist das Gesamtsystem Mensch – Umwelt. Mensch und Umwelt sind beide aktiv am Entwicklungsgeschehen beteiligt, sie verändern sich und wirken aufeinander ein. Das Individuum entwickelt sich in diesem Prozess durch die Auseinandersetzung mit zentral bedeutsamen sog. Entwicklungsaufgaben, die typisch für die jeweilige Entwicklungsphase sind. Für die mittlere Kindheit (sechs bis zwölf Jahre) ist es z. B. das Erlernen körperlicher Geschicklichkeit, des Umgangs mit Altersgenossen und grundlegender Fertigkeiten im Lesen, Schreiben und Rechnen. Ungünstige Entwicklungsverläufe im Jugendalter sind vorhersehbar, wenn dies nicht gelingt (Quenzel, 2015). Das Individuum verarbeitet die wahrgenommene Wirklichkeit, also nicht nur in subjektiver Weise, sondern greift auch handelnd in seine Umwelt ein und verändert sie. Diese beeinflusst wiederum die Person und so fort in »dynamischer reziproker Wechselwirkung«.

In der exogenistischen und interaktionstheoretischen Position wird die Umwelt als Entwicklungsfaktor stark betont. Ihrem Einfluss unterliegt auch jener Aspekt von Entwicklung, der gemeinhin als *Sozialisation* bezeichnet wird und das Hineinwachsen in die Gesellschaft, die »Sozialwerdung« des Menschen, meint (vgl. Hurrelmann et al., 2015). Unteraspekte sind etwa die geschlechtstypische und die politische Sozialisation. Diese Sozialisationsprozesse werden, wie die Entwicklung generell, als das ganze Leben umspannend angesehen. Wesentliche »Instanzen« der Sozialisation sind die Familie (»primäre Sozialisation«), Schule und Gleichaltrige (»sekundäre Sozialisation«) sowie Arbeit und Beruf (»tertiäre Sozialisation«). Je nach theoretischer Position (s. o.) erklärt sich der Sozialisationsprozess vorrangig als aktive Auseinandersetzung des Individuums mit der aktiv beeinflussenden Umwelt oder als passive Formung durch unterschiedliche gesellschaftliche Einflüsse.

Neben der eher grundlagenorientierten Beschreibung und Erklärung der Entwicklung beschäftigt sich die Entwicklungspsychologie auch mit eher anwendungsorientierten Fragen, die in verschiedenen Praxisfeldern entstehen. Dabei geht es zumeist darum, den aktuellen Entwicklungsstand durch eine angemessene Entwicklungsdiagnostik festzustellen (z. B. bei spezifischen Sprachentwicklungsstörungen), eine Prognose des wahrscheinlichen zukünftigen Entwicklungsverlaufs zu erstellen und ihn durch präventive, gesundheitsförderliche oder kurative Interventionen so zu beeinflussen, dass die Entwicklungsergebnisse verbessert werden (umfassend Montada et al., 2012, S. 579ff).

4.4 Sozialpsychologie

Aus der Interaktion der Menschen untereinander ergibt sich eine soziale, d. h. eine zwischen- oder auch mitmenschliche Perspektive. Mit ihr beschäftigt sich die Sozialpsychologie. Sie ist eine Grenzwissenschaft zwischen Psychologie und Soziologie. In Anlehnung an den einflussreichen amerikanischen Sozialpsychologen Gordon W. Allport (1985) definieren Aronson et al. (2014, S. 3) die Sozialpsychologie als »wissenschaftliche Untersuchung der Art und Weise, wie Denken, Fühlen und Verhalten durch die reale oder vorgestellte Anwesenheit anderer Personen beeinflusst werden: durch Eltern, Freunde oder Arbeitgeber, Lehrer, Fremde – eigentlich durch die gesamte soziale Situation«.

Mit solchen Definitionen umfasst die Sozialpsychologie mehr als die Interaktion, Kommunikation und soziale Beziehung, wie wir sie in Kapitel 3 unter dem Grundaspekt »interpersonale Bezüge« dargestellt haben. Dort ging es ausdrücklich nur um das »Inter« im engeren Sinne, nämlich um jene wechselseitige Bezogenheit und Beeinflussung, die in den anderen Grundaspekten noch nicht enthalten und zusätzlich zu beachten sind. Die Sozialpsychologie hingegen thematisiert die interpersonalen Bezüge viel umfassender: auch bezüglich sozial relevanter Prozesse (z. B. Menschen beurteilen, Konflikte aushandeln), personaler Dispositionen (z. B. soziale Einstellungen, soziale Kompetenzen) und situativer Kontexte (z. B. Gruppenprozesse, Autoritätssysteme). Nie geht es um einzelne Menschen für sich, sondern immer mit einem Bezug zu anderen (Heidbrink et al., 2009). Dies heißt aber nicht, dass es immer um reale Begegnungen gehen muss. Zum Beispiel können sich Vorurteile gegen Angehörige einer Fremdgruppe allein durch die Sozialisation in der eigenen Gemeinschaft, durch Erziehung und Propaganda ausbilden.

Betrachtet man das Themenspektrum der Sozialpsychologie, wie es in Lehrbüchern ausgebreitet wird (vgl. Bierhoff & Frey, 2011; Gollwitzer & Schmitt, 2009; Jonas et al., 2014), so richtet ein Teil der Themen den Blick vorrangig auf das sozial orientierte Individuum und stellt damit die soziale Konstruktion der Wirklichkeit durch das Subjekt in den Vordergrund. Während sich andere Themen mit Menschen unter dem direkten Einfluss anderer, insofern stärker mit dem sozialen Kontext beschäftigen und damit die Macht der Situation hervorheben.

Akzent: Soziales Individuum

Soziale Kognitionen. Hier geht es um die Analyse von Prozessen und Strukturen der »Personwahrnehmung«, um soziales Verstehen und die soziale Urteilsbildung, um die Zuschreibung (»Attribution«)

von Eigenschaften und Intentionen auf sich selbst oder andere Personen im Zusammenhang mit sozialen Interaktionen. Laien gehen hierbei ähnlich, aber nicht so systematisch und methodisch abgesichert vor wie Wissenschaftler, die immer prüfen, ob sie ihre Annahmen widerlegen können. Sie entwickeln aus ihren Alltagserfahrungen heraus sog. »naive« Theorien oder einfache »kognitive Faustregeln« (»Heuristiken«), mit denen sie das eigene oder das Verhalten anderer Personen mehr oder weniger gut beschreiben, erklären und vorhersagen können (Six & Six-Materna, 2006). Dabei werden häufig wenige Informationen schnell zu einem Bild vervollständigt, entsprechend der Vorstellung des Beobachters darüber, welche Merkmale zusammengehören. Man nennt dies auch »implizite Persönlichkeitstheorie« (z. B. »Wer lügt, stiehlt auch«). Dass die Verknüpfung von Eigenschaften auch Konsequenzen für das Verhalten gegenüber der wahrgenommenen Person haben kann, liegt auf der Hand (z. B. diesem Menschen mit Vorsicht zu begegnen). Als weitere soziale Kognition kommt hier der bereits erwähnte »fundamentale Attributionsfehler« hinzu, nämlich die Tendenz, das Verhalten anderer eher mit Dispositionen zu erklären und situative Aspekte zu vernachlässigen (Ross & Nisbett, 1991; Gollwitzer & Schmitt, 2009, S.109; s. auch S. 48).

Früher eher randständig in der Sozialpsychologie behandelt, rücken heute auch Themen ins Zentrum, die die Selbstwahrnehmung, die Selbstregulation, das Selbstwertgefühl, die Selbstpräsentation und personale Aspekte der Beziehung zwischen den Menschen betreffen, z. B. soziale Dominanz, Narzissmus, Anziehung (Bierhoff & Frey, 2011; Frey & Bierhoff, 2011).

Bei der Erforschung der sozialen Kognitionen ergeben sich Bezüge zu der sich entwickelnden sozio-kognitiven Neurowissenschaft, nach deren Auffassung neuronale und endokrine Mechanismen den Prozessen sozialer Informationsverarbeitung zugrunde liegen (Kerschreiter & Mojzisch, 2006).

Soziale Einstellungen. Dieser Forschungsbereich überschneidet sich z. T. mit dem der »sozialen Kognitionen«. Der Begriff der Einstellung meint in seiner ursprünglichen Bedeutung: »Die gelernte, relativ stabile Tendenz, auf Menschen, Konzepte und Ereignisse wertend zu reagieren« (Gerrig, 2016, S. 774). »Wertend zu reagieren« heißt, dass Menschen den Gegenständen der sozialen Welt gegenüber gefühlsmäßig mehr oder weniger positiv oder negativ »eingestellt« sind, also Sympathie und Abneigungen empfinden (»Mein Kollege ist mir sympathisch«). Neben dieser *emotionalen* Komponente gehört zur Einstellung auch eine *kognitive* Komponente – ein »Bild« des anderen Menschen, eine »Meinung« oder »Überzeugung« (»Ich halte ihn für intelligent und kooperativ«). Vielfach wird auch noch eine *verhaltensbezogene* Komponente hinzugerechnet, d. h. die Tendenz, entsprechend den Emotionen und Kognitionen zu handeln (»Ich werde ihn fragen, ob wir nicht enger zusammenarbeiten wollen«). Diese Tendenz ist aber nicht gleichzusetzen mit tatsächlichem Verhalten, denn hier spielen auch andere Personfaktoren (z. B. Schüchternheit) und diverse Kontextfaktoren eine entscheidende Rolle. Diese »Drei-Komponenten-Konzeption« der Einstellung ist sehr populär geworden (Haddock & Maio, 2014).

Gegenwärtig wird aber solchen Einstellungstheorien größere Beachtung geschenkt, die davon ausgehen, dass Menschen rational sind und in Übereinstimmung mit ihren Absichten handeln (s. Kognitivismus als theoretische Sichtweise, s. Abschn. 6.3). Die wichtigste und auch bekannteste dieser Theorien ist die »Theorie des geplanten Verhaltens« von Icek Ajzen (vgl. Gollwitzer & Schmitt, 2009).

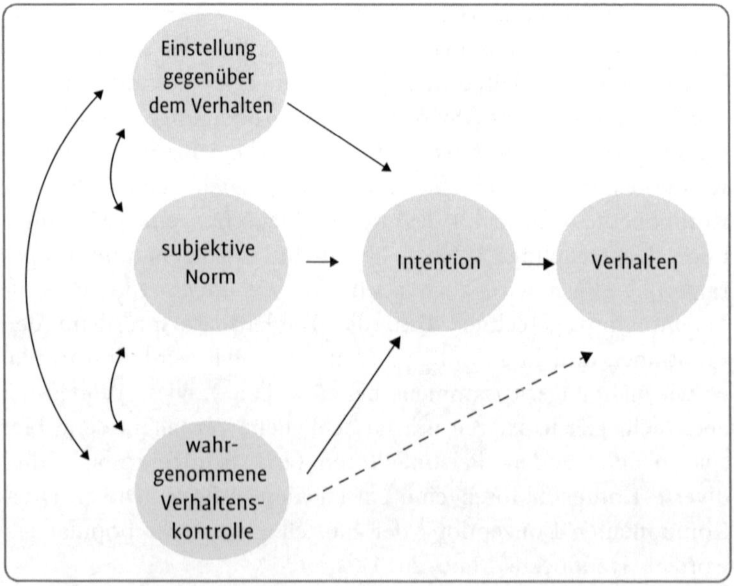

Tafel 37: Theorie des geplanten Verhaltens (nach Ajzen, 1991; zit. n. Gollwitzer & Schmitt, 2009, S. 99)

Ajzen nimmt an, dass eine Verhaltensintention (z. B. »Ich will mich heute Abend bei der Bürgerversammlung zu Wort melden«) von drei Einflussfaktoren bestimmt wird: (1) von der wahrgenommenen Verhaltenskontrolle (»Ich bin fähig, mich an der öffentlichen Diskussion zu beteiligen«), (2) der Einstellung gegenüber dem konkreten Verhalten (»Es ist gut, wenn ich mich beteilige«) und (3) der subjektiven sozialen Norm (»Meine Nachbarn fänden es gut, wenn ich das Wort ergreifen würde«). Die Verhaltensintention sagt das tatsächliche Verhalten dann am besten voraus, wenn es für die Person frei wählbar bzw. kontrollierbar ist (der Besuch der Bürgerversammlung sowie die Wortmeldungen sind freiwillig).

Die psychologische Funktionen von Einstellungen bestehen vor allem darin, dass sie (a) die Komplexität der wahrgenommenen Umwelt reduzieren und dem Individuum helfen, sich schnell zurechtzufinden, (b) die zwischenmenschliche Orientierung erleichtern und (c) zur Rechtfertigung des Verhaltens dienen können. Diese Funktionen zeigen sich besonders deutlich im Falle von Vorurteilen und Stereotypen bezüglich anderer Gruppen.

Spezielle soziale Verhaltensweisen und Motive. Vor allem zwei Varianten sozialen Verhaltens werden immer wieder zum Thema der Sozialpsychologie: a) die prosoziale Variante hilfreiches Verhalten und b) die antisoziale Variante aggressives Verhalten. Motivational akzentuierte Themen sind (c) Geselligkeit, Kontakt, Empathie, emotionale Bindungen, Untreue, Eifersucht, (d) Gerechtigkeit, Fairness im sozialen Miteinander, Zivilcourage, (f) Kontrolle und Handlungsfreiheit, soziale Angst, Scham, Schüchternheit sowie (g) interpersonale Attraktion, Zuneigung oder Ablehnung, Stigmatisierung (umfassend: Bierhoff & Frey, 2014).

Sozialisation. Der Aspekt der Sozialisation ist in unserer Systematik unter »Entwicklungspsychologie« bereits erwähnt worden als der sozialbezogene Aspekt der Entwicklung (s. S. 154). Anders als bei der »aktuellen« Interaktion und Kommunikation geht es bei der Sozialisation um das Erlernen sozialer Dispositionen, also um relativ andauernde Veränderungen einer Person.

Akzent: Sozialer Kontext

Wo man mit anderen Menschen zusammen ist, sind diese gewöhnlich der wichtigste Situationsfaktor. Der aktuelle soziale Kontext kann Menschen sogar zu Verhaltensweisen veranlassen, die in Widerspruch zu ihren Einstellungen und anderen Personfaktoren stehen. Besonders deutlich wird dies an den Einflüssen, denen Menschen in einer Gruppe unterliegen. So ist denn auch der Konformitätsdruck in Gruppen ein klassisches Thema der Sozialpsychologie. Ebenso ist der Gehorsam in Autoritätssystemen, wie er zuerst in den spektakulären Experimenten von Stanley Milgram (1974; s. auch S. 119) untersucht wurde, ein Beispiel für die »Macht der Situation«.

Gruppenprozesse. Wann spricht man aber von einer Gruppe, was sind ihre charakteristischen Merkmale? Mit Stürmer & Siems (2013, S. 11) kann man eine Gruppe als eine »Menge von Individuen« bezeichnen, »die sich selbst als Mitglieder derselben sozialen Kategorie wahrnehmen und ein gewisses Maß an emotionaler Bindung bezüglich dieser gemeinsamen Selbstdefinition teilen«. Die Gruppenpsychologie beschäftigt sich unter anderem mit der Entwicklung von Gruppen, ihrer Leistungsfähigkeit im Vergleich zur Leistung Einzelner, dem Gruppenzusammenhalt (»Kohäsion«), der Angleichung des Verhaltens (»Konformität«), Machtstrukturen u. a. m. *Tafel 38* gibt einen Überblick über typische Phasen der Gruppenentwicklung nach dem Modell von Bruce Tuckman; später hat er noch die Phase der Auflösung bei temporär arbeitenden Gruppen ergänzt. All dies sind gruppeninterne Aspekte. Daneben, aber seltener, sind auch die Beziehungen *zwischen* verschiedenen Gruppen Thema der Sozialpsychologie, wie z. B. Inter-Gruppen-Konflikte oder prosoziales Verhalten zwischen Gruppen (sog. Fremdgruppenhelfen, s. Stürmer & Siems, 2013).

Wie sich Gruppen entwickeln

Phasen	*Aufgabenstellung*	*Beziehungsdynamik*
Forming	Aufgabenformulierung und Klärung des organisatorischen Rahmens	▶ Kontaktaufnahme ▶ Unsicherheit im Umgang miteinander
Storming	Klärung der Rollen- und Aufgabenverteilung	▶ Rangordnung wird ausgehandelt ▶ häufiger Rollenwechsel ▶ mögliche Konflikte um Aufgabenverteilung (Rivalität) ▶ Untergruppen bilden sich
Norming	Normen und Werte der Gruppe werden ausgehandelt	▶ Rangordnung wird etabliert ▶ gegenseitige Akzeptanz ▶ Aufgaben und Rollen sind geklärt
Performing	Aufgabenausführung/ Arbeitsprozess	▶ Teamstruktur ist funktional zur Aufgabenstruktur ▶ Team ist leistungsfähig und produktiv ▶ Verhandeln des Wie der Arbeitsmethoden

Tafel 38: Phasen der Gruppenentwicklung nach Tuckman (leicht verändert aus: Balz & Spieß, 2009, S. 121)

Nach dem Grund ihrer Entstehung kann man verschiedene Arten von Gruppen unterscheiden, z. B. Verwandtschaftsgruppen (Familie), Beschäftigungsgruppen (Arbeitsgruppe, »Team«), Freundschafts- und Interessengruppen (»Clique, Freundschaftsgruppen im Internet). In aller Regel gehören Menschen gleichzeitig mehreren Gruppen an. In manchen sind sie formale Mitglieder (»Mitgliedschaftsgruppe«), anderen fühlen sie sich in ihren Einstellungen zugehörig (»Bezugsgruppe« oder »Peergroup«). Beide Zugehörigkeiten sind im Prinzip auch dann möglich, wenn man mit den anderen Gruppenmitgliedern oder den meisten von ihnen nicht persönlich interagiert. Man ist z. B. laut Pass ein Deutscher oder man fühlt sich einer weltweiten religiösen Strömung verbunden. In diesem Fall meint der Begriff der »Gruppe« lediglich eine soziale Kategorie, die dem Einzelnen als Bezugsgröße seiner Selbstbewertung oder seines Handelns dient.

Von den vielen Gruppen, in denen Menschen Mitglieder sind und/oder denen sie sich zugehörig fühlen, kommt der Familie eine besondere Bedeutung zu. Sie ist als »Primärgruppe« die erste, in die Menschen hineinwachsen, von der sie beeinflusst werden und die sie durch ihr Verhalten mitgestalten (»primäre Sozialisationsinstanz«).

Soziale Interaktion und Kommunikation. Hier geht es um sprachliche und nicht sprachliche Formen des Verhaltens zueinander und den damit verbundenen Informations- und Bedeutungsaustausch (s. auch S. 126). So ist z. B. sozialpsychologisch von Interesse, wie durch soziale Normen und Regeln der Verlauf einer Kommunikation (Vorstellungsgespräch, Partygeplauder usw.) gestaltet wird und wie dabei verbale und nonverbale Signale zusammenspielen (Röhner & Schütz, 2014). Die Forschungsergebnisse zeigen, dass mit nonverbalen Zeichen (z. B. Kopfnicken, Blickkontakt, Körperhaltung) der Ablauf eines Gesprächs gesteuert, der emotionale Zustand übermittelt und wichtige Hinweise gegeben werden, wie verbale Äußerungen zu verstehen sind.

Ganz neue Forschungsfelder und Fragestellungen entstehen durch die Entwicklung internetbasierter Kommunikationsformen im privaten und im beruflichen Bereich (E-Mail, Chat, Blogs und Wiki). Auch durch Social Media-Plattformen wie Facebook und Twitter, Websites oder Apps gestalten sie einen virtuellen Raum mit den neuen Informations- und Kommunikationstechnologien, dessen fundamentale Auswirkungen z. B. auf die Ausgestaltung sozialer und beruflicher Lebensbereiche sich deutlich abzuzeichnen beginnen. Eine dominierende Bedeutung haben das Handy bzw. das Smartphone als digitale Medien erlangt. Sie bieten vielfältige kommunikative Vernetzungsmöglichkeiten, die insbesondere im Jugendalter bei der Selbstdarstellung und Selbstwahrnehmung im Prozess der Ausprägung der Lebensstile und des Identitätserlebens relevant sind. Dies gilt allerdings auch für jene Bereiche des Internets, in denen abweichendes Verhalten verbreitet wird und damit möglicherweise neue Verhaltensnormen gesetzt werden (Friemel, 2013; Katzer, 2016).

Darüber hinaus ist zu erkennen, dass die Behandlung solcher Themen wie Ethnozentrismus und Inter-Gruppen-Konflikte oder Migration und »Akkulturation« als Gegenstände einer angewandten Sozialpsychologie mehr Beachtung erfahren (Smith, 2014). Ebenfalls neu sind Ansätze der sozialen Neurowissenschaften, die den biopsychologischen Grundlagen des sozial determinierten Erlebens und Verhaltens, z. B. der sozialen Wahrnehmung oder der sozialen Natur des Selbst, nachgehen (Fischer et al., 2013).

In allen Themengebieten der »Sozialpsychologie« gibt es eine Vielzahl von theoretischen Ansätzen. Übergreifend lassen sich aber einige Grundströmungen in der sozialpsychologischen Theoriebildung feststellen (Gollwitzer & Schmitt, 2009). Von ihnen sind besonders die kognitiv-behavioristischen und kognitivistisch orientierten Sichtweisen zu nennen.

Die theoretische Heterogenität und die inhaltliche Vielfalt der Forschungsgegenstände haben allerdings zur Folge, dass die Lehrbücher jeweils unterschiedliche Akzente setzen. Einige sind primär aus theoretischer Sicht geschrieben, andere konzentrieren sich stärker auf eine thematische Darstellung, wobei sie die einzelnen Inhalte mit sehr unterschiedlichem Gewicht behandeln. Dies macht es nicht leicht, sich einen Überblick über sozialpsychologische Forschung und ihre Ergebnisse zu verschaffen.

4.5 Umweltpsychologie

Ebenso wie die soziale liefert die materielle und immer stärker auch die virtuelle Umwelt Komponenten der »Situationen«, in denen sich Handeln vollzieht. Die Umwelt fungiert dabei aber nicht als Kulisse, sondern sie ist »Anreger« wie »Ergebnis«, sie ist ein auf Menschen einwirkendes wie von ihnen gestaltetes und genutztes Medium. Beispiele: Eine Person richtet sich ihre Wohnung neu ein; diese veränderte Umwelt wirkt als neue Situation auf die Person ein. Sie fühlt sich wohler. Die Umgestaltung eines Wiesengeländes am Stadtrand in eine weitläufige Parklandschaft ermuntert zu Spaziergängen und zum Aufenthalt in der freien Natur. Die Installation von Informations- und Kommunikationstechnologien im Haushalt (»Smart Home«) verändert die Wohn- und damit die Lebensgewohnheiten nachhaltig (Guéguen & Meineri, 2013; Flade, 2016).

Die Umwelt lässt sich als ein System aus mehreren »Ebenen« verstehen, die wiederum unterschiedlichen soziokulturellen Einflussgrößen ausgesetzt sind. Solche Ebenen sind z.B »Zimmer«, »Wohnung«, »Haus«, »Wohnblock«, »Stadtteil« etc. Im Weiteren zählen dazu das Land, in dem man lebt, der Erdteil und die Welt als der umfassendste Lebensraum. »Welt« ist eine sehr abstrakte Umweltgegebenheit, auf die der Einzelne praktisch keinen Einfluss hat, die aber z.T. ganz konkrete Auswirkungen auf sein Erleben und Verhalten haben kann. Die weltumspannende Bedrohung durch die sich abzeichnende Klimaveränderung ist dafür nur ein Beispiel.

Die konkrete Lebensumwelt ist soziokulturell geprägt. Für Europäer mag z.B. der »Urwald« als ein Beispiel natürlicher Umwelt gelten, doch für die in ihm lebenden Menschen ist er voller überlebenswichtiger Bedeutungen, mit sozial vermittelten Handlungs- und Entfaltungsmöglichkeiten.

Hatte Kruse (1974, S. 7 ff.) die traditionelle Psychologie noch als »umweltvergessen« charakterisiert, weil sie sich der ökologischen Fragestellungen nur zögernd angenommen hatte, so ist nun seit Ende der 1970er Jahren – auch infolge einer zunehmenden Bewusstheit der Umweltzerstörung durch den Menschen – eine »Ökologisierung« bzw. eine »ökologische Wende« in der Psychologie zu beobachten, die sich quer zu den üblichen Teildisziplinen der Psychologie vollzieht. Damit wird deutlich, dass die ökologische Perspektive zu den systembezogenen Grundlagengebieten gezählt werden kann. Darüber hinaus ist sie zum Teil aber auch ein Anwendungsfach geworden.

Aufgabe der Umweltpsychologie (auch Ökologische Psychologie genannt; vgl. Hellbrück & Kals, 2012) ist die Beschreibung, Erklärung und Veränderung von Mensch-Umwelt-Wechselwirkungen. Wichtige Themen sind:

- Wahrnehmung und Beurteilung von Umwelten (z. B. Landschaft, Klima, Wetter, Lernumwelten, virtuelle Umwelten)
- Umweltrisiken, Umweltkatastrophen (z. B. Schadstoffe, Altlasten, Elektrosmog, Tsunami, Sonneneinstrahlung)
- raumbezogenes Verhalten und Mobilität (z. B. Leben und Wohnen in städtischen Regionen, Privatheit, Sicherheit)
- Umweltstressoren (z. B. Lärm, Hitze, Gerüche)
- soziale Konflikte beim Umgang mit knappen Ressourcen (z. B. Aushandlungsprozesse zur Verfügbarkeit von Trinkwasser)
- Umweltbewusstsein und umweltschützendes Verhalten (z. B. Abfallvermeidung)
- Planung und Gestaltung von Umwelten (z. B. für Kinder, Jugendliche, behinderte Menschen, alte Menschen)
- Evaluation von Umweltprojekten

Des Weiteren sind auch persönlichkeits-, sozial- und entwicklungspsychologische Fragestellungen relevant, z. B. wie unterschiedlich Personen ihre Umwelt wahrnehmen, über welches Umweltbewusstsein sie verfügen, welche Einstellung sie zu Umweltthemen haben oder welche Umwelten sie für ihre Entwicklung benötigen, und schließlich, wie ihr Umweltbewusstsein und ökologisches Handeln gefördert werden kann (Guéguen & Meineri, 2013; Hunecke, 2013; Hamann et al., 2016).

Kinderzimmer entwicklungsgerecht gestaltet

Entwicklungsphase	*Entwicklungsaufgabe*	*Anforderungen an das Kinderzimmer*
Kleinkindalter (0–2 Jahre)	Aufbau gefühlsmäßiger Bindungen an Bezugspersonen; Erwerb von Urvertrauen; Ausbildung motorischer Koordination (Krabbeln, Aufrechtstehen, Hand-Augen-Koordination usw.)	Abschirmung und Schutz vor Lärm, Unruhe und anderen störenden Einflüssen; Nähe und Kontakt zu den Bezugspersonen; Dinge zum Greifen und Platz zum Krabbeln
Vorschulalter (2–6 Jahre)	Gefühl der Autonomie; Eigeninitiative; Aneignung von Umwelt durch Spielen	große Spielflächen; Dinge zum Spielen; Ungestörtheit beim Spielen
Schulalter (6–12 Jahre)	Zusammenspiel mit Gleichaltrigen; schulische Leistungen; Leistungsmotivation	Platz für den Besuch von Schulfreunden; große Spielfläche zum gemeinsamen Spiel mit Gleichaltrigen; Arbeitsplatz für Schularbeiten; Besuchsraum
Jugend (Übergang zwischen Kindheit und Erwachsenenalter)	Aufbau von Freundschaften; Ausbildung eines eigenen Lebensstils; Identitätsfindung; Autonomie von den Eltern, finden eines Partners/einer Partnerin	ein eigener Raum, der nicht mit einer anderen Person geteilt werden muss, maximale Entfernung von den Aufenthaltsräumen der Eltern; Raum, der nach eigenen Vorstellungen gestaltet werden kann

Tafel 39: Entwicklungsaufgaben in verschiedenen Lebensphasen und Anforderungen an das Kinderzimmer (aus: Flade, 2006, S. 129; vgl. auch Reichl, 2014)

Die *Tafel 39* gibt ein Beispiel für einen umwelt- bzw. architekturpsychologischen Befund. Sie zeigt, welche Wohnumwelt, hier das Kinderzimmer, Kinder benötigen, um sich gemäß ihren Entwicklungsaufgaben gut entwickeln zu können. Da die Kinder und Jugendlichen stärker an das unmittelbare Wohnumfeld gebunden sind, kann die Wohnsituation belastend (pathogen) oder auch unterstützend (salutogen) auf die Bewältigung wirken (Flade, 2008).

In ihren Anwendungsfeldern arbeitet die Umweltpsychologie mit verschiedenen psychologischen und nicht-psychologischen Disziplinen zusammen (z. B. mit Soziologie, Architektur, Medizin, s. a. Walden & Kosica, 2011).

Um ein anderes Beispiel aus der Architektur zu geben: Die aktuellen Entwicklungen im Bildungssektor, z. B. die Verbreitung von Ganztagsschulen und die Einführung der Inklusion, beinhalten auch räumliche Herausforderungen für die jeweilige Schule. Sie brauchen Raumkonzepte, durch die die notwendig werdenden neuen Lehr- und Lernformen sinnvoll unterstützt werden können.

Insgesamt wird deutlich: Die Umweltpsychologie ist heute nicht nur ein Grundlagengebiet, sondern auch ein sich in viele Lebensbereiche hinein entwickelndes Anwendungsgebiet der Psychologie.

4.6 Biopsychologie

Die Biopsychologie ist das »wissenschaftliche Studium der Biologie des Verhaltens« (Pinel & Pauli, 2012; S. 4). Das Forschungsfeld wird auch als Psychobiologie, Verhaltensbiologie, Verhaltensneurobiologie und Verhaltensneurowissenschaft bezeichnet. Als Disziplin innerhalb der Neurowissenschaften werden in ihr Zusammenhänge zwischen Erleben/Verhalten und zentralen wie peripheren neuronalen Mechanismen untersucht (Güntürkin, 2012). Sie stehen in Verbindung mit dem Herz-Kreislauf-, dem Immun-, Hormon- und dem Magen-Darmsystem (Schröger, 2010). Dass solche Zusammenhänge existieren, kennt jeder aus Selbstbeobachtungen im Alltag. So kommen wir z. B. in peinlichen Situationen »ins Schwitzen«, haben ein »flaues Gefühl« im Magen, werden »rot«, bekommen »Herzklopfen« usw. *Tafel 40* (S. 168) stellt den Zusammenhang am Beispiel der »Angst« dar. Dabei handelt es sich aber immer noch um eine grobe Charakterisierung; die unterstellte psychophysische »Gleichzeitigkeit« ist in Wirklichkeit ein komplizierteres Beziehungsgefüge mit Veränderungen im Zeitverlauf und mit starker individueller Ausgestaltung. Es scheint auch so zu sein, dass das bewusste Erleben erst am Ende ein langen Kette von neurobiologischen Vorgängen steht und nicht am Anfang (Pritzel et al., 2009).

Die Biologische Psychologie sucht nach diesen grundlegenden neurobiologischen Mechanismen, die den Bewusstseinsprozessen und dem Verhalten zugrunde liegen. Sie ist überwiegend allgemeinpsychologisch orientiert, ist auf Theoriebildung ausgerichtet und arbeitet vielfach experimentell im kontrollierten Laborversuch. Die Auswirkungen elektrischer Stimulation bestimmter Hirnareale, die neurochemische Manipulation bestimmter Botenstoffe der Reizübertragung im Nervensystem oder die Verhaltensfolgen von neurochirurgischen Eingriffen sind Beispiele für Untersuchungsdesigns in dieser Forschungsrichtung. Ziel ist es, die gewonnenen Erkenntnisse zur Erklärung und Veränderung menschlichen Erlebens und Verhaltens anzuwenden. So wird z. B. mit »Gehirn-Computer-Schnittstellen« (»brain computer interfaces«, BCI) die elektrische Aktivität des Gehirns gemessen, verarbeitet und in Steuersignale übersetzt, um verlorene motorische Funktionen z. B. durch Neuroprothesen für Personen mit Lähmungen der Arme und Hände wiederherzustellen oder um eine zuverlässige Kommunikation mit Patienten, die an einem Locked-In-Syndrom leiden, zu ermöglichen (Kübler & Neuper, 2012; Birbaumer, 2014).

Weitere speziellere Forschungsfelder sind z. B. die Entschlüsselung der Basisprozesse der visuellen Wahrnehmung, die Erkundung der neurophysiologischen Grundlagen des Lernens sowie die Analyse der Wechselwirkung von Hormonen und Verhalten (Schandry, 2016).

Innerhalb der Biologischen Psychologie gibt es eine Reihe von Schwerpunktbildungen mit verschiedenen Bezeichnungen: Physiologische Psychologie, Psychophysiologie, Neuropsychologie, Psychosomatik und Psychopharmakologie (vgl. Birbaumer & Schmidt, 2010).

Die *Physiologische Psychologie* versteht sich als »interdisziplinäre Forschungsrichtung über die Beziehung von Gehirn und Verhalten« (Birbaumer & Schmidt, 2010, S.2). Sie verbindet physikalisch-biologische Erkenntnisse über die Strukturen und Prozesse des Gehirns mit denen der Verhaltenswissenschaften in konkreten situativen Zusammenhängen und sie untersucht, wie es z. B. zur Änderung von Überträgerstoffen an den Zellmembranen in spezifischen Lernsituationen kommt (ebd., S. 3).

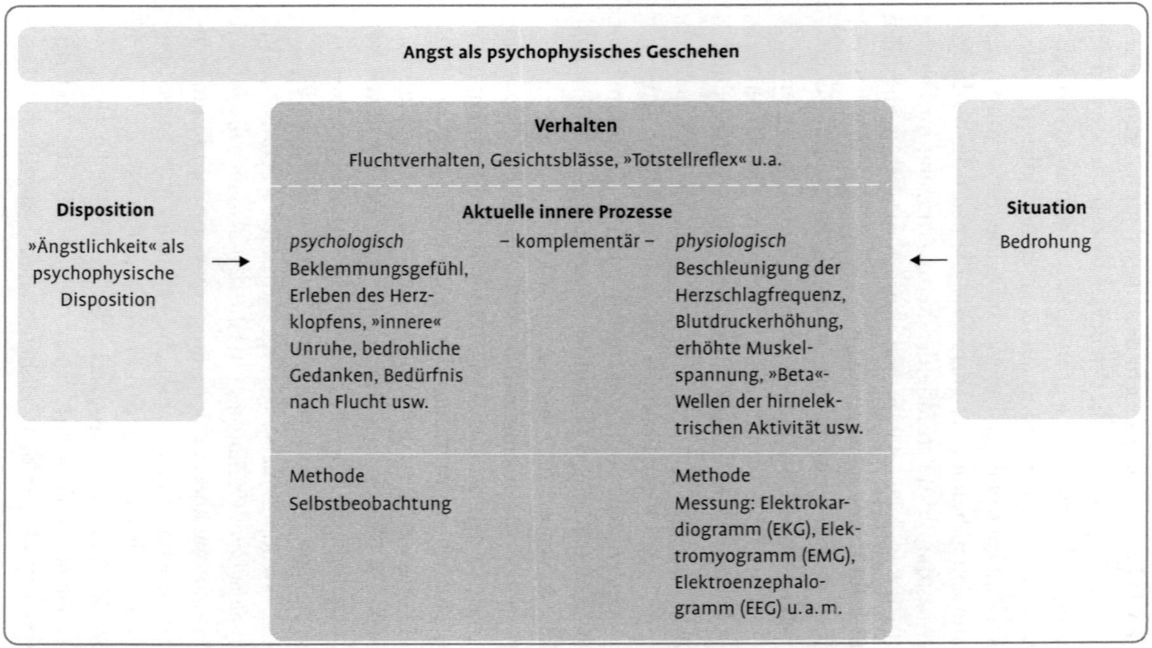

Tafel 40: Angst als psychophysisches Geschehen. Aktuelle Prozesse, dispositionelle und situative Bedingungen

Die *Psychophysiologie* untersucht mit nicht-invasiven Methoden das Zusammenwirken von physiologischen Prozessen, subjektivem Erleben und beobachtbarem Verhalten beim Menschen (Rösler, 2011). Typische Forschungsgegenstände sind z. B. Schlaf, Stress, Emotion, Belastung am Arbeitsplatz oder die Analyse perzeptiver und kognitiver Prozesse auf der Basis von Gehirnfunktionen (Jäncke, 2013). Die Untersuchung der Angst (*s. Tafel 40*) ist ein Beispiel für einen solchen »Mehr-Ebenen-Ansatz«. Die Psychophysiologie arbeitet eher differenziell-psychologisch. Ein zentrales Phänomen ist die »Aktivierung« bzw. »Aktivation«. Jedes psychische Geschehen ist in irgendeiner Form durch psychophysische Aktivierung (Prozesse) und Aktivation (Zustände) charakterisiert. Einfache Aktivierungen sind z. B. das Erröten oder Reflexe. Bei aktuellen Prozessen wie Freude, Trauer oder Leistungsmotivation sind die Aktivierungsvorgänge in ihren Mustern sehr komplex und sehr personabhängig. Weitere wichtige Themen der Psychophysiologie sind z. B. die Untersuchung der willentlichen Steuerung vegetativer, zentralnervöser und muskulärer Prozesse (»Bio- bzw. Neuro-Feedback«, s. auch Neurosychologie) oder die Untersuchung der hirnelektrischen Potenziale bei Gedächtnis-, Aufmerksamkeits- und Sprachverarbeitungsprozessen (»Kognitive Psychophysiologie«).

Die *Neuropsychologie* als stark anwendungsbezogene Disziplin beschäftigt sich vorwiegend mit Störungen im Erleben und Verhalten von Menschen, die auf Schädigungen des Gehirns durch Erkrankungen, Verletzungen oder neurochirurgische Eingriffe zurückzuführen sind (Bellebaum et al., 2011).

Psychosomatik bezeichnet eine Forschungsrichtung, die körperliche Erkrankungen (z. B. Asthma, Magengeschwür, Bluthochdruck, Schmerz, Adipositas) in Entstehung und Entwicklung ursächlich mit psychischen Konflikten und Traumatisierungen in einem Zusammenhang sieht (Köhle et al., 2016; Riffer et al., 2017; s. auch S. 190).

Die *Psychopharmakologie* untersucht die Wirkung von Pharmaka und Drogen (z. B. Neuroleptika, Antidepressiva, Tranquilizer im Zusammenhang mit bestimmten Krankheitsbildern) auf das menschliche Erleben und Verhalten. Sie kann auch zum Verständnis der Wirkungsweise körpereigener psychoaktiver Substanzen beitragen und Anstöße zur Entwicklung und Prüfung neuer Psychopharmaka geben (Benkert et al., 2016).

Es gibt immer noch keine umfassenden Theorien der empirisch beobachtbaren psychophysischen Zusammenhänge; die Vielzahl nahe verwandter Forschungsdisziplinen in der biologischen Psychologie zeugt davon. Die Beziehungen sind offenbar sehr verwickelt und erfordern komplizierte Versuchsplanungen und aufwendige statistische Auswertungsverfahren. Hinzu treten Probleme durch die Unterschiedlichkeit der Methodik von Psychologie, Neurologie und Physiologie. Neuere Analysetechniken, wie z. B. die bildgebenden Verfahren, die insbesondere die zentralnervösen Prozesse genauer erfassen, machen es möglich, die Interaktion von Gehirnprozessen und Verhalten auf qualitativ höherem Niveau zu untersuchen (vgl. Gramann & Schandry, 2009).

Ungelöst bleibt bei allen Forschungsansätzen aber die grundsätzliche Beziehung zwischen physischem und psychischem Geschehen, zwischen »Psyche« und »Soma«, »Körper« und »Geist«, »Leib« und »Seele«, geistig-immateriellen Vorgängen und körperlich-materiellen (Brüntrup, 2016). Dieses Problem, bekannt als das »Leib-Seele-Problem«, hat nicht erst die Psychologie beschäftigt, sondern die ganze abendländische Philosophie. Von ihr sind verschiedene Ideen entwickelt worden, die in *Tafel 41* kurz skizziert sind. Die moderne Hirnforschung hat auch kontroverse Diskussionen zu Fragen der Willensfreiheit und der Autonomie des Bewusstseins und damit auch die Verantwortungs- und Schuldfähigkeit des Menschen hervorgerufen. So hatte z. B. der Neurophysiologe Daniel Libet in Experimenten nachgewiesen, dass jeder bewussten Handlungsentscheidung Hirnaktivitäten mit einem Vorsprung von ca. 350 Millisekunden vorausgehen, die die Handlung bereits festlegen. Später revidierte er allerdings diese Position und nahm stattdessen an, dass es eine kurze Zeitspanne von 100 ms gebe, innerhalb derer durch eine bewusste Willensentscheidung eine bereits eingeleitete Handlung noch verhindert werden könne (»Veto- bzw. Kontroll-Funktion des Willens«; Libet, 2005).

Monismus (= ein Prinzip)	Idealismus	Körpergeschehen ist ein Epiphänomen (Wirkung, Widerspiegelung, Produkt) psychischen Geschehens
	Materialismus	Psychisches Geschehen ist ein Epiphänomen des Körpergeschehens
Dualismus (= zwei Prinzipien)	Interaktionismus	Körpergeschehen und psychisches Geschehen beeinflussen sich gegenseitig
	Parallelismus	Körpergeschehen und psychisches Geschehen laufen beide exakt parallel, aber völlig unabhängig voneinander in perfekter Harmonie
Kompromiss	Identität/ Doppelaspekt	Psychisches und Körpergeschehen sind zwei Aspekte eines Prinzips

Tafel 41: Grundlegende Auffassungen zum »Leib-Seele-Problem«

Neben den Überlegungen zur »Willensfreiheit des Menschen« hat sich aber eine Forschungsfrage in den Vordergrund geschoben, die Fahrenberg (2008a, S. 30) so formuliert: »Welche Hirnstrukturen sind beteiligt bzw. müssen intakt sein, damit Bewusstseinsphänomene auftreten können?«

5 Praxisbezogene Blickwinkel (»Anwendungsgebiete«)

Anders als die Grundlagengebiete, die vorrangig bestimmte Seiten des psychischen Systems betrachten (s. Kap. 4), ist in den Anwendungsgebieten der sog. Angewandten Psychologie immer das psychische *Gesamt*system von Interesse, weil man es in der Praxis mit »ganzen Menschen« in ihren jeweiligen Kontexten zu tun hat. Und anders als bei den Grundlagengebieten hat die Psychologie hier auch die Nützlichkeit ihrer Erkenntnisse für berufliche Tätigkeiten und Anforderungen des Alltags unter Beweis zu stellen. Die Anwendungsgebiete unterscheiden sich vor allem darin, mit welchen Fragestellungen sie auf das psychische System schauen – das macht ihren jeweiligen Blickwinkel aus.

5.1 Vielfalt der Praxisfelder: Recht, Sport, Verkehr etc.

Wichtige Berufsfelder sind: Prävention und Behandlung psychischer Auffälligkeiten, Gesundheit und Krankheit, Erziehung und Unterricht, Arbeit und Organisation. Für sie gibt es einführende Lehrbücher und Übersichtsdarstellungen neben spezifischen Forschungsbeiträgen. Mit ihnen werden wir uns anschließend ausführlicher befassen. Zunächst aber einige andere Beispiele in Kurzform, um die »Buntheit« des Spektrums Angewandter Psychologie zu illustrieren.

Rechtspsychologie

Ihr Gegenstand ist die »Anwendung psychologischer Theorien, Methoden und Erkenntnisse auf Probleme des Rechtssystems« (Köhler, 2014, S. 16). Sie umfasst (a) die forensische Psychologie, die sich unter anderem mit der Überprüfung der Glaubwürdigkeit von Zeugen, der strafrechtlichen Verantwortlichkeit, der Schuldfähigkeit einer Person beschäftigt, die (b) Kriminalpsychologie, der es um Erscheinungsformen, Entstehung von dissozialem und kriminellem Verhalten und deren Prävention geht, (c) die Psychologie im Strafvollzug, sowie (d) die Polizeipsychologie, die sich vor allem mit Verhandlungen bei Geiselnahmen, Verhalten in Gegenwart größerer Menschenansammlungen bei Demonstrationen oder in Fußballstadien und mit Vernehmungssituationen beschäftigt.

Während in diesen Teildisziplinen die Rechtspsychologie der bestehenden Rechtsanwendung dient, geht es ihr auch um eine kritische Betrachtung der Rechtsanwendung, so etwa hinsichtlich der Verfahrensgerechtigkeit, richterlicher Urteilsbildung und Strafzumessung (vgl. Kury & Obergfell-Fuchs, 2012; Bliesener & Lösel, 2014).

Sportpsychologie

Sie beschäftigt sich mit »dem Erleben und Verhalten im Kontext sportlicher Aktivitäten« (Hänsel et al. 2016, S. 2). Dies sind vor allem psychologische Aspekte der sportlichen Bewegung, die Analyse motorischer Lernprozesse, psychomotorische Funktionsstörungen und die Förderung sportlicher Leistungen. Sie entwickelt psychologische Testverfahren zur Diagnostik sportlicher Aktivitäten sowie Trainingsmethoden (z. B. für das immer bedeutsamer werdende mentale oder kognitive Training im Leistungssport; Zentgraf & Munzert, 2014) und analysiert psychische Beanspruchungen in Wettkampfsituationen (z. B. in der Vorstartphase eines Ski-Abfahrtslaufes). Sie beschäftigt sich auch mit den sozialen Aspekten des Sports, etwa unter dem Gesichtspunkt der Förderung sozialer Kompetenzen oder nimmt den möglichen Einfluss der Gruppe auf die individuelle sportliche Leistung in Mannschaftssportarten in den Blick.

Weiterhin greift die Sportpsychologie z. B. Probleme des Schulsports auf, um Verbesserungsmöglichkeiten der körperlichen Leistungsfähigkeit und -bereitschaft im Jugendalter zu erschließen. Förderung der Teilnahme und Freude an sportlicher Betätigung sind Themen im Breiten-, Betriebs- und Freizeitsport. Die Untersuchung der präventiven und therapeutischen Funktion des (Gesundheits-)Sports ist ein anderes sich ausweitendes Forschungs- und Praxisfeld, das auch Fragestellungen des Rehabilitations- und Behindertensports aufgreift (vgl. Brand, 2010; Alfermann & Stoll, 2017).

Verkehrspsychologie

Sie beschäftigt sich mit »dem Erleben und Verhalten von Menschen in Verkehrs-, Transport- und Mobilitätssystemen und den zugrunde liegenden psychischen Prozessen« (Vollrath & Krems, 2011, S. 14). Neben den Autofahrern, an die zumeist zunächst gedacht wird, sind es aber auch Radfahrer, Motorradfahrer, Fußgänger, Kinder und auch Berufskraftfahrer, die am Verkehr teilnehmen. Verkehr findet auch nicht nur auf der Straße statt, sondern auch zu Wasser und in der Luft.

Themen der Verkehrspsychologie sind: Unfallgefahren durch unangemessenes Verhalten der Verkehrsteilnehmer (z. B. Unachtsamkeit, Übermüdung), Gefahrensituationen infolge der Vorgaben der Straßenverkehrsordnung, der Beschaffenheit der Straße und der Konstruktionsmerkmale der Fahrzeuge (z. B. die ergonomische Gestaltung des Cockpits in Flugzeugen), Neuerungen durch immer intelligentere Navigations- ,Warn- oder Fahrassistenzsysteme bis hin zum autonomen Fahren. Infolge der enormen Verkehrsdichte in immer komplexer werdenden Verkehrssystemen mit vielen unterschiedlichen Verkehrsteilnehmern spielt auch die Untersuchung der Fahrtüchtigkeit und Verkehrseignung in der Praxis eine große Rolle.

Die Verkehrspsychologie entwickelt zudem Konzepte für die Fahrausbildung, für die Verkehrserziehung und -aufklärung (z. B. Alkohol und Drogen im Straßenverkehr) sowie für die Schulung und verkehrspsychologische Beratung, Therapie und Rehabilitation (z. B. Verlust und Wiedererlangung der Fahrerlaubnis). Seit einiger Zeit werden auch ökologische Fragestellungen im Rahmen der Verkehrsplanung behandelt. Es geht etwa darum, wie die Mobilitätsgewohnheiten der Bevölkerung (z. B. Berufspendler) verändert werden können, um die Umweltbelastungen durch den motorisierten Individualverkehr zu reduzieren (vgl. Chaloupka-Risser et al., 2011; Flade, 2013).

Tourismuspsychologie

Sie beschäftigt sich mit dem »Erleben und Verhalten von Personen auf Reisen und im Urlaub« (Herrmann, 2016, S. 4). Ihre Aufgabenbereiche sind vielseitig und lassen sich entlang einer Reisekette etwas veranschaulichen: Wie entstehen z. B. Reise- und Urlaubswünsche, wie werden dann die Reiseentscheidungen gefällt, wie verläuft die Reisevorbereitung, wie gestaltet sich An- und Abreise, wie das Verhalten am Urlaubsort und schließlich, wie wird die Reise nach Beendigung des Urlaubs verarbeitet (ebd., S. 6). Die Tourismuspsychologie ist noch eine junge anwendungsorientierte Disziplin, die immer mehr an Bedeutung gewinnt. Themen, die sie beforscht sind Urlaubertypologien (z. B. Bildungs-, Erlebnis-, Erholungs-, Bewegungs-, Sporturlauber), Urlaubsmotive (z. B. Gesundheits- und Wellnessmotive; Bachleitner et al., 2011) und -ängste (z. B. infolge von Terroranschlägen; Kagelmann & Kiefl, 2015), Einstellungen gegenüber Urlaubsregionen (Meer, Gebirge), Reisetypen (Kreuzfahrten, Campingurlaub, Trampen, Besuch von Themenparks) und Reiseformen (Auto, Flugzeug, Fahrrad, Wandern).

Bei Gruppenreisen ist die Kenntnis sozialer Interaktionen der Reisenden untereinander und bei Einzelreisen der Kontakt mit den Einheimischen (»Bereiste«) sowie die Ermittlung der Kundenzufriedenheit von immer entscheidenderer Bedeutung für die Tourismuswirtschaft. (vgl. Hahn & Kagelmann, 1996; Herrmann, 2016). Sie arbeitet deshalb auch mit anderen Wissenschaften der Tourismusforschung (z. B. Ökonomie, Kulturwissenschaften, Gesundheitswissenschaften) sowie mit der Tourismus-Praxis zusammen.

Werbepsychologie

Sie befasst sich mit den psychologischen Grundlagen der Werbung und ihrer Wirkungsweise. Werbung wird als Kommunikationsmaßnahme verstanden, die den Absatz von Produkten (Ideen, Gütern, Dienstleistungen) steigern soll. Analysiert werden Werbemittel (z. B. Werbeeinblendungen im Fernsehen, im Internet), Werbeträger (z. B. Radio, soziale Medien, Blogs), Gestaltungsmittel (z. B. zeitliche Länge, Verständlichkeit, Emotionalitätsgehalt), Werbeziele und Werbestrategien (z. B. Erhöhung des Bekanntheitsgrades der Verpackung, Schaffung positiver Einstellungen zum Werbeobjekt). Hierzu werden die aktuellen Prozesse der Empfänger der Werbebotschaften im Hinblick darauf untersucht, wie diese Informationen wahrgenommen, kognitiv sowie emotional-motivational verarbeitet und im Gedächtnis gespeichert werden.

Relevant ist weiterhin die Frage, wie die Werbewirkung gemessen und durch welche Bedingungen sie erklärt werden kann. Hier spielt auch die Prüfung möglicher negativer und unerwünschter z. T. Krankheiten begünstigende Wirkungen von Werbemaßnahmen eine Rolle (z. B. Verfestigung von Geschlechtsstereotypen, Vermittlung völlig unrealistischer, aber scheinbar idealer Körperbilder). Die Werbepsychologie ist Teil der Wirtschafts- bzw. Marktpsychologie, die sich auch mit Aspekten wie der Preispolitik, Produktgestaltung und der Konzeption der Absatzwege als Maßnahmen zur Beeinflussung des Konsumentenverhaltens beschäftigt (vgl. Bak, 2014; Felser, 2015).

Diese Übersicht ist längst nicht erschöpfend, denn mit dem gesellschaftlichen und technischen Wandel entwickeln sich immer wieder neue Aufgaben und Praxisbezüge für die Angewandte Psychologie.

Wir nennen die Anwendungsgebiete auch »praxisbezogene Blickwinkel«, um deutlich zu machen, dass es nicht neue psychische Vorgänge sind, mit denen man zu tun hat, sondern es nur um eine andere *Perspektive* geht: Psychische Phänomene werden im Hinblick auf Anforderungen in speziellen Praxisfeldern untersucht. Diese Besonderheiten können sowohl in situativen und interpersonalen Kontextbedingungen des Praxisfeldes liegen als auch in den personalen Dispositionen der beteiligten Individuen. Typische Kontexte sind z. B. der Computerarbeitsplatz, das Krankenzimmer auf der Station, das Klassenzimmer in der Schule, das Einkaufszentrum in der Stadt. In diesen Praxisbereichen agieren üblicherweise Personen aus typischen Altersgruppen, mit typischem Ausbildungsgrad, typischen Berufsinteressen usw. Sie erfüllen bestimmte Rollen oder Funktionen, so etwa als Angestellter, als Patient, als Schüler, als Konsument.

Trotz der praxisbezogenen Perspektive können die angewandten Psychologien in gewissem Sinne auch zu den Grundlagengebieten gerechnet werden (s. o.), weil nur sie die »Lebenswirklichkeiten« dieser Praxisfelder eigenständig thematisieren und durch Forschung erschließen. Umgekehrt haben manche Grundlagengebiete sich selbst auch in den Bereich Angewandter Psychologie hineinentwickelt. Man spricht z. B. von einer Angewandten Entwicklungspsychologie oder Angewandten Sozialpsychologie. Zwischen Grundlagendisziplinen und angewandten Psychologien besteht also keine strikte Trennung, eher ein Ergänzungsverhältnis.

In ihrer Gesamtheit ist Angewandte Psychologie ethischen Beurteilungen ausgesetzt. Indem sie für die Praxis fruchtbar werden will, muss sie sich auch fragen, welchen Zielen und Interessen diese Praxis dient. Man denke nur an die Funktion der Psychologie in der Werbung oder an die Psychologie im Dienste der Kriegsführung. Hiermit wird auch die grundsätzliche Frage berührt, ob Forscher für die Anwendung ihrer Ergebnisse mitverantwortlich sind – ein Problem, das besonders aus der Atomphysik bekannt ist: War Robert Oppenheimer, der maßgeblich zur Entwicklung der Atombombe beigetragen hat, auch mitverantwortlich für deren Einsatz der in Hiroshima und Nagasaki? Wir können diese Frage nur am Rande erwähnen. Sie reicht weit über die Psychologie hinaus.

5.2 Klinische Psychologie

Die Klinische Psychologie wird zwar nicht ganz einheitlich definiert, gemeinsame Tendenz der meisten Definitionen ist jedoch, dass sie sich mit der Beschreibung, Erklärung, Vorhersage und Prävention sowie Intervention von »psychischen Störungen« beschäftigt (vgl. Wittchen & Hoyer, 2011; Berking & Rief, 2012; Benecke, 2014). Da psychische Störungen aber neben psychologischen und Umwelteinflüssen auch durch physiologische, neurologische und endokrinologische Faktoren mit determiniert werden, ist in der Praxis die Zusammenarbeit mit der Neuro- und Biopsychologie (Strik & Dierks, 2011), vor allem aber mit den medizinischen Disziplinen der Psychiatrie, Neurologie und Endokrinologie sowie mit der Pharmakologie wichtig. Dies gilt z. B. für neurologisch bedingte psychische Störungen wie die im Alter auftretende Demenz, deren häufigste Form die Alzheimer-Erkrankung ist (Maier et al., 2011).

Was aber ist eine »psychische Auffälligkeit« oder ein »psychisches Problem«, wie psychische Störungen auch bezeichnet werden? Viele Autoren heben das außergewöhnliche Ausmaß an Leid und/oder die

Funktionsbeeinträchtigungen des betreffenden Menschen hervor: Ein Mensch, der an sich selbst leidet (z. B. wegen starker Ängste oder Depressionen), ist »gestört«. Daneben kann man auch die Perspektive der Außenstehenden einnehmen; so leiden etwa Familienangehörige oder »die Gesellschaft« unter dem gewalttätigen Verhalten eines Menschen und bewerten es deshalb als gestört. Klinische Psychologen berücksichtigen gewöhnlich beide Perspektiven und sie gehen im Übrigen mehrheitlich davon aus, dass der Übergang von »normal« zu »gestört« fließend ist (Perrez & Baumann, 2011, S. 32ff).

Typische Störungen, mit denen sich die Klinische Psychologie in der Praxis beschäftigt, sind unter anderem: ausgeprägte Ängste, Selbstunsicherheit, Lern- und Leistungsstörungen, depressive Verstimmungen, aggressives Verhalten, Beziehungsprobleme, aber auch – meist in Zusammenarbeit mit der Medizin – Suchtprobleme, psychotisches Erleben und Verhalten (z. B. Schizophrenie) oder psychosomatische bzw. »somatoforme« Erkrankungen. Auch psychische Begleiterscheinungen körperlicher Erkrankungen (z. B. Diabetes mellitus, HIV und AIDS) gehören, wie erwähnt, mit zu den Themen der klinischen Psychologie (Vögele, 2009).

Zwischen verschiedenen »Störungen« gibt es vielfältige Übergänge und Verbindungen. Das macht es schwer, zu einer allgemein akzeptierten Einteilung zu gelangen. Mit dem Manual »International Classification of Diseases (ICD-10)« der Weltgesundheitsorganisation (WHO) liegt aber ein umfassendes, auch in Deutschland eingeführtes Klassifikationssystem vor. Dort werden die »psychischen und Verhaltensstörungen« im Kapitel V als »F-Diagnosen«, die Krankheiten des Nervensystems im Kapitel VI als »G-Diagnosen« geführt (Dilling & Freyberger, 2015). Weit verbreitet ist auch das ursprünglich amerikanische »Diagnostische und Statistische Manual psychischer Störungen« (DSM-V, deutsche Ausgabe: Falkai & Wittchen, 2014). In manchen Fällen ist die Aufnahme einer psychischen Störung in ein Klassifikationssystem sehr umstritten, wenn nämlich Kritiker einwenden, dass eine normale Variante des Verhaltens und Erlebens zu einer Störung und die betroffenen Menschen unnötig zu Kranken erklärt würden.

Erklärungsansätze

In der Klinischen Psychologie spielen wie in keinem anderen praxisbezogenen Gebiet *unterschiedliche theoretische Schulen (»Paradigmen«)* eine bedeutende Rolle. So unterscheiden Davison, Neale & Hautzinger (2016) ein biologisches, psychodynamisches, humanistisch-existentielles, lerntheoretisches und kognitives Paradigma. Ergänzen könnte man unseres Erachtens noch ein interpersonales bzw. systemisches Paradigma. Auf sie wird nachfolgend Bezug genommen und sie werden den Grundaspekten des psychischen Systems zugeordnet.

Tafel 42: Einige Fragen zur Beschreibung und Erklärung psychischer Störungen, orientiert an den grundlegenden Aspekten des psychischen Systems

Im Rahmen der grundlegenden Aspekte des psychischen Systems ergibt sich eine erste wichtige Charakterisierung aus der Frage, wieweit und in welcher Weise die Störung als ein Problem der »Person«

betrachtet wird (s. *Tafel 42*). Obwohl die *personale* Seite auf den ersten Blick besonders auffällig ist und im Allgemeinen auch nur dann von einer Störung gesprochen wird, wenn die problematischen Verhaltens- und Erlebensformen bei einem Individuum längere Zeit andauern, gibt es doch Sichtweisen, die personale Erklärungen durch situative und interpersonale Kontextaspekte relativieren.

Zum einen kann die »gestörte« Disposition auf eine enge, *situationsspezifische* Reaktion begrenzt sein (z.B. Angst vor Spinnen, Wutausbrüche des Kindes bei einem »Nein« der Mutter). Dieser situative Aspekt wird besonders von der lerntheoretisch orientierten Verhaltenstherapie beachtet, und zwar auch dann, wenn es sich um generalisiertere und komplexere Störungen handelt (z.B. Selbstunsicherheit); sie werden in kleinere, situationsbezogene Komponenten aufgegliedert.

Zum anderen kann die Störung ein *interpersonales* Problem sein. Dieser Gedanke ist vor allem für Probleme in Familien, Zweierbeziehungen, in der Erziehung usw. von Interesse, wo mehrere Personen ein »soziales System« bilden. Hier sind möglicherweise nicht einzelne Personen gestört (jede mag für sich als normal und vernünftig gelten), sondern ihre *Beziehung* zueinander, die Art ihrer Interaktion und Kommunikation. Insofern existiert das Problem nicht ohne die jeweiligen anderen.

Ansätze mit ausgeprägter *Person*-Orientierung nehmen hingegen an, dass im Individuum Eigenheiten des psychischen Geschehens vorliegen, die gegenüber dem »Normalen« qualitativ oder quantitativ andersartig sind. Zu ihnen zählen die psychodynamischen und humanistisch-psychologischen Ansätze, die emotionale und motivationale Prozesse in den Fokus nehmen, während kognitive Ansätze veränderte Wahrnehmungs- und Denkprozesse (z.B. verzerrte Wahrnehmung, willkürliche Schlussfolgerungen, Katastrophisierungen) als Bedingungen psychischer Störungen annehmen. Biologische Ansätze sehen neurobiologische Prozesse im zentralen Nervensystem der Person als letztgültige Ursache für Störungen des Erlebens und Verhaltens an.

Die Psychoanalyse und die anderen psychodynamischen bzw. tiefenpsychologischen Ansätze sehen fortdauernde unbewusste – und daher unbewältigte – Konflikte als wichtigste Bedingung von Persönlichkeitsstörungen an. Deren Ursprung wird wiederum in traumatischen Erfahrungen der frühen Lebensjahre gesehen, wobei von vorrangiger Bedeutung ist, wie sich die Beziehungen zu den Eltern und anderen Familienmitgliedern in der Person subjektiv niedergeschlagen haben. Die Wirkung der vergangenen Umwelt erhält hier also besonderes Gewicht, während die gegenwärtige Umwelt gewissermaßen als »Reaktivierer« der unbewusst verarbeiteten Erfahrung fungiert (Wöller & Kruse, 2013; Hautzinger & Thies, 2008). Demgegenüber halten die rein interaktionsorientierten Auffassungen das Wechselspiel mit der gegenwärtigen Umwelt für das Wesentlichere.

Ansätze der sog. Humanistischen Psychologie konzentrieren sich ebenfalls auf das Individuum, auf seine blockierten Selbstverwirklichungstendenzen, sein verzerrtes Selbstbild usw. (vgl. etwa Rogers, 1959/1991; Perls, 1973/2007). Sie gehen jedoch nicht von einem eigenen Bereich des Unbewussten aus, sondern von unterschiedlichen Graden des genauen Erlebens von eigenen Gefühlen, Bedürfnissen und Konflikten. Und sie beschäftigen sich mehr mit der Gegenwart als mit der Vergangenheit.

Biologisch orientierte Ansätze in der Klinischen Psychologie gehen davon aus, dass psychische Störungen im Kern auf genetische oder biochemische Anomalien zurückzuführen sind, durch die es zur Instabilität bzw. Dysregulation biologischer Rhythmen kommt.

Aktuelle systemische Störungsmodelle sehen den Einfluss biologischer Dispositionen aber als begrenzt an. Er werde durch den Grad der psychisch belastender Lebensumstände (z. B. Konfliktsituationen in Familie, Beruf, mangelnde soziale Unterstützung) und durch psychische Dispositionen (z. B. unzulängliches Konfliktlösungsvermögen, Ängstlichkeit) moderiert (s. auch *Tafel 44*, S. 187: Persönliche Gesundheit als dynamische Balance).

Psychotherapie

Mit der jeweiligen Theorie zur Erklärung der Störungen hängen auch die *Formen der Psychotherapie* zusammen. Psychotherapie ist ein bewusster und geplanter verbaler oder auch nonverbaler Kommunikationsprozess, durch den psychische Störungen geheilt oder gelindert werden sollen.

Die Zahl der Therapieformen ist mittlerweile kaum noch zu überschauen, wobei viele allerdings nur geringe Verbreitung gefunden haben. Sie lassen sich aber nach mehreren Richtungen gruppieren. So unterscheidet Kriz (2014) die psychodynamischen, verhaltenstherapeutischen, humanistischen und die systemische Formen (zum Überblick s. auch Petzold, 2015; Perrez & Baumann, 2005; Reimer et al., 2007).

Die Therapieformen aus psychodynamischen und humanistischen Richtungen beschäftigen sich in erster Linie mit psychischen »Kräften«, das heißt mit Motivationen und Emotionen. Sie versuchen, den Klienten zur gezielten Auseinandersetzung mit eigenen Gefühlen, Bedürfnissen, Lebenszielen, Einstellungen und Werthaltungen anzuregen, wobei Konflikte, also der Widerstreit verschiedener Kräfte, von besonderem Interesse sind.

Die von Freud begründete klassische *Psychoanalyse*, die bekannteste psychodynamische Therapie, betont die Bewusstmachung und Wiederbelebung (früh-)kindlicher verdrängter intrapsychischer Konflikte, Motive und Gefühle (Freud, 1940/2010). Denn die Störungen (»Neurosen«) gelten als Ausdruck der Abwehr der mit diesen Konflikten verbundenen Ängste, die durch eine aktuell konflikthafte Lebenssituation (z. B. Beziehungsprobleme) reaktiviert werden. Sie sind als misslungene Verarbeitungsversuche zu verstehen. Eine wichtige therapeutische Technik ist die Deutung »freier Assoziationen« des Klienten, seiner Träume und Widerstände gegenüber unangenehmen Gefühlen und Impulsen. Sie werden als Zeichen unbewusst motivierter Vorgänge interpretiert (Körner, 2015). In der heutigen Psychoanalyse spielt auch die Bearbeitung interpersonaler Beziehungen eine bedeutende Rolle (Mertens, 2014).

Zu den humanistischen Ansätzen gehören verschiedene Formen (Eberwein & Thielen, 2014), in erster Linie die Klientenzentrierte Gesprächspsychotherapie (»personzentrierter Ansatz«) und die Gestalttherapie. Die *Gesprächspsychotherapie* bemüht sich, aus den Mitteilungen der Klienten das subjektive Erleben, insbesondere die Gefühle, herauszuhören und aufzugreifen (einfühlendes Verstehen), um so die »Selbstexploration« zu fördern. Daneben wird eine menschlich »echte« und wertschätzende Haltung betont (Rogers, 1951/1978; vgl. Biermann-Ratjen & Eckert, 2016).

Die *Gestalttherapie* (Perls et al., 1951/2006) richtet ihr Augenmerk mehr auf das nicht-sprachliche Ausdrucksverhalten der Klienten (Körperhaltung, Mimik etc.) als Weg zum Verständnis der Bedürfnisse, Gefühle usw. und arbeitet stärker mit Mitteln der Konfrontation zur Aktualisierung des Erlebens (Hartmann-Kottek, 2012).

Die aus der behavioristischen Richtung (s. Kapitel 6) stammende *Verhaltenstherapie* legt den Akzent zum großen Teil auf das »Verhaltensrepertoire«, das eine Person für bestimmte Situationen mitbringt. Daher versucht die Therapie, »falsche« eingeschliffene Verhaltensgewohnheiten und emotionale Reaktionen abzubauen sowie »Verhaltensdefizite« auszugleichen, also neue Fertigkeiten der Situationsbewältigung aufzubauen. Die Therapie hat daher meist einen trainingsartigen Charakter. Bei diesem Umlernprozess macht man sich vor allem die früher beschriebenen Lernarten des klassischen Konditionierens, des Bekräftigungslernens und des Modell-Lernens zunutze, mit denen die Störungen auch erklärt werden.

Seit den 1980er-Jahren haben sich »*kognitive* Verhaltenstherapien« und »kognitive Therapien« entwickelt. Sie legen den Schwerpunkt auf Denkvorgänge bei der Situationsverarbeitung und -bewältigung. Unter anderem leiten sie an zu einer realistischeren Bewertung der Umwelt und der eigenen Person sowie zur Handlungssteuerung durch Selbstinstruktionen oder Problemlösungsstrategien (vgl. Kanfer et al., 2012; Einsle & Hummel, 2015). Eine bekannte Form kognitiver Therapie ist die Rational-Emotive Therapie von Ellis (Ellis & MacLaren, 2014), die sich auf das Erkennen und Verändern des »inneren Selbstgespräches« konzentriert. Ab den 1990 Jahren spricht man von einer »emotionalen« Wende in der Verhaltenstherapie (Heidenreich & Michalak, 2013). Emotionen, Einfühlung und die Qualität der therapeutischen Beziehung werden jetzt im Veränderungsprozess als bedeutsam angesehen. So geht es z. B. in der Schematherapie um die Behandlung emotionaler und zwischenmenschlicher Schwierigkeiten (sog. maladaptiver

Schemata), die auf die Nichterfüllung grundlegender menschlicher Bedürfnisse in der Kindheit und Jugend zurückgeführt werden. Schemata sind Verhalten steuernde Muster aus Erinnerungen, Emotionen, Kognitionen und Körperempfindungen. Dieser Ansatz erweitert damit die kognitiv-verhaltenstherapeutischen Ansätze um Elemente der erlebnisbasierten Interventionen der psychodynamischen Therapieformen (Schuchardt & Roediger, 2016; zum Methodenspektrum der Verhaltenstherapie insgesamt s. Batra et al., 2012).

Systemische Therapien interessieren sich nicht primär für die einzelne Person, sondern für ein ganzes »Interaktionssystem«, meist die Familie (Levold & Wirsching, 2016). Behandelt wird daher das Individuum *samt* seinem zugehörigen Umfeld (sozusagen mit den »anderen« als typischer Kontextbedingung, s. auch Zusatzaspekt »Interpersonale Bezüge«, Abschn. 3.6). Viele dieser Therapien sind zugleich durchaus einer der vorangehenden Richtungen verhaftet; z. B. gibt es psychoanalytische oder personzentrierte Formen der Familientherapie (von Sydow, 2015). Andere Ansätze haben hingegen ihre eigenen Methoden entwickelt (vgl. Watzlawick et al., 1969/2016; Simon et al., 2004).

Die Übergänge zwischen den Therapieschulen sind häufig fließend. Deshalb gibt es auch seit den 1970er-Jahren Versuche, die Wirkfaktoren einzelner psychotherapeutischer Verfahren herauszufiltern, um sie zu einer *Integrativen* Psychotherapie zu verbinden (vgl. Leitner, 2010). Daneben gibt es Forschungen, die nach generellen, richtungsübergreifend bedeutsamen Faktoren des Therapieerfolgs suchen und eine *Allgemeine* Psychotherapie entwickeln wollen. Grawe (Grawe et al., 2001) hatte aufgrund seiner umfangreichen therapievergleichenden Metaanalysen fünf allgemeine Wirkfaktoren benennen können, die für positive Veränderungsprozesse durch Psychotherapie von ausschlaggebender Bedeutung sind (*s. Tafel 43*).

Was gute Psychotherapie leistet – jenseits der »Richtungen«	
Therapeutische Beziehung:	Vertrauensvolle Beziehung, in der sich der Klient emotional angenommen, verstanden und akzeptiert fühlen
Problemaktualisierung:	Probleme des Klienten ich-nah erlebbar machen
Ressourcenaktivierung:	Stärkung der Selbstheilungskräfte des Klienten
Problembewältigung:	Aktive Hilfe und Unterstützung bei der Lösung konkreter Probleme des Klienten
Motivationale Klärung:	Analyse und sinnstiftende Deutung der Probleme des Klienten

Tafel 43: Allgemeine psychotherapeutische Wirkfaktoren (nach Lutz & Grawe, 2005)

Psychologische Maßnahmen bei psychischen Problemen sind nicht auf Psychotherapie im engeren Sinne beschränkt. Auch Sozialarbeit, insbesondere die Klinische Sozialarbeit (Pauls, 2013), Sozialpädagogik, Elternberatung, schulische Maßnahmen, Selbsthilfegruppen usw. sind psychologisch wirksam. Viele Mitmenschen und viele Institutionen des täglichen Lebens können also zur Verminderung psychischer Störungen bzw. zur Förderung der psychischen Gesundheit beitragen.

5.3 Gesundheitspsychologie, Medizinische Psychologie u. a.

Aus psychologischer Sicht werden Gesundheit und Krankheit, anders als in der Biomedizin, nicht auf somatisches Geschehen begrenzt. Dies entspricht auch der Gesundheitsdefinition der Weltgesundheitsorganisation: »Gesundheit ist der Zustand des vollständigen körperlichen, geistigen und sozialen Wohlbefindens und nicht nur die Abwesenheit von Krankheit und Gebrechen«. In der Literatur finden sich häufig auch die folgenden Merkmale von Gesundheit: Störungsfreiheit, Leistungsfähigkeit, Rollenerfüllung, Homöostase/Gleichgewichtszustand, Flexibilität, Anpassung, Wohlbefinden (Franke, 2012). Gesundsein und Kranksein sind danach an eine erlebende und sich verhaltende Personen gebunden: Es ist der Mensch als komplexe Leib-Seele-Einheit und nicht einfach nur ein körperlicher Organismus, der in seiner Lebenswelt unter den Bedingungen und Anforderungen seines Lebens erkrankt bzw. gesund bleibt. Gesundheit und Krankheit sind deshalb immer zugleich in ihren psychischen, sozialen, ökologischen und physischen Bezügen zu sehen: Gesundsein bzw. Kranksein resultiert aus den wechselseitigen, aktiv gestalteten Beziehungen des Menschen mit seiner Umwelt.

Eine Komponente von Gesundheit ist die »produktive Anpassung«. Sie bezieht sich auf das Verhältnis von Anforderungen und Ressourcen ein Konzept, das vor allem in die Stressforschung Eingang gefunden hat. An zentraler Stelle steht dort das »Coping«. Damit sind die kognitiven und verhaltensmäßigen Bemühungen einer Person gemeint, mit spezifischen Anforderungen fertig zu werden, die subjektiv ihre eigenen Ressourcen beanspruchen oder übersteigen (s. auch S. 219) zum transaktionalen Stressmodell von Richard M. Lazarus). Bei persontypischen Mustern spricht man auch von Coping- bzw. Bewältigungsstilen. Hierzu gehören z. B. die Tendenz zur Bagatellisierung, zur positiven Selbstinstruktion, zur Selbstbeschuldigung, zur Entspannung (z. B. Erdmann & Janke, 2008 zu Erwachsenen; Hampel et al., 2016 zu Kindern und Jugendlichen).

Eine weitere Komponente, die »Selbstverwirklichung«, entstammt der humanistisch-psychologischen Tradition , die die individuelle Entfaltung von Motiven und Kompetenzen, die Selbstbewusstwerdung, die Wert- und Zielverwirklichung und das kongruente Selbsterleben als zentrale Elemente des Gesundseins bzw. Gesundwerdens thematisiert (vgl. Paulus, 1994).

Subjektives Wohlbefinden, das die Weltgesundheitsorganisation als zentrales Element in ihrer berühmten Gesundheitsdefinition benennt, ist Begleiterscheinung und Folge von Balancierungen zwischen Produktiver Anpassung und Selbstverwirklichung. Ob es einer Person gelingt, eine ihr gemäße Balance zu erreichen und damit insgesamt gesund zu bleiben, hängt von den Ressourcen und den Risikofaktoren ab, die sie in die jeweilige Situation mitbringt und welche in ihrer Umwelt vorhanden sind (s. *Tafel 44*).

Im Kern wird dieses Konzept nicht nur in der Psychologie, sondern auch in den angrenzenden Sozialwissenschaften weithin akzeptiert. Es gilt sicherlich für viele der heute vorherrschenden chronischen Erkrankungen (z.B. Rheuma, Krebs, Herz-Kreislauf-Erkrankungen). Diese sind in hohem Maß von kulturell geprägten Lebensweisen des einzelnen Menschen abhängig (50 Prozent geschätzter prozentualer Anteil). Die anderen Faktoren sind die biologisch-genetischen Gegebenheiten (20 Prozent), die vorherrschenden Umwelt- und Lebensbedingungen (15 bis 20 Prozent) und die Qualität des Gesundheitssystems (10 Prozent; vgl. Trabert & Waller 2013).

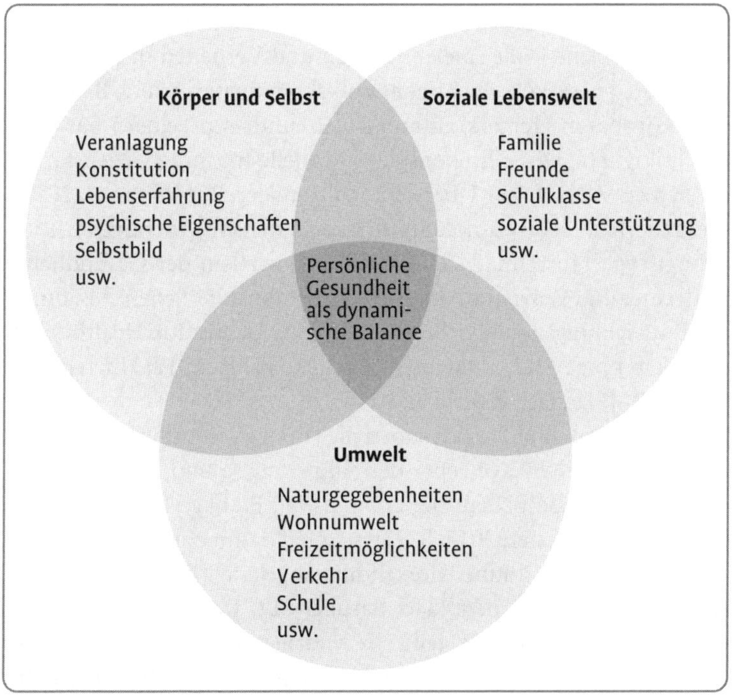

Tafel 44: Persönliche Gesundheit als dynamische Balance der Einflüsse von Körper und Selbst, sozialer Lebenswelt und Umwelt am Beispiel eines Schülers

Gesundheitspsychologie
Ihr Gegenstand sind »psychologische Prozesse, die bei der Förderung und Erhaltung von Gesundheit, Vermeidung von Krankheit und in der Gesundheitsversorgung und Rehabilitation eine Rolle spielen« (Knoll et al., 2017, S. 17; Faltermaier, 2017). Wichtige Themen sind hier: Wie können Kinder und Jugendliche notwendige Lebenskompetenzen wie ein angemessenes Bewegungs- und Ernährungsverhalten erwerben? Wie können depressive Erkrankungen verhindert oder möglichst früh erkannt werden? Wie kann der Konsum von Tabak, Alkohol und Drogen reduziert werden? Wie kann das Altern gesund gelingen? Welches sind hier die persönlichen oder sozialen Risiko- und Schutzfaktoren, die die Gesundheit beeinträchtigen oder sie fördern? Welche Rolle spielen Erleben und Verhalten in der Ätiologie und Genese von wichtigen Volkskrankheiten wie z. B. Krebs- oder koronaren Herzerkrankungen. In all diesen Feldern hat diese psychologische Disziplin komplexe Modelle für ihren Gegenstandsbereich entwickelt (zur Übersicht: Faltermaier, 2017; Franke, 2012;) und innerhalb der Gesundheitswissenschaften eine wichtige Position erlangt (vgl. Hurrelmann et al. 2016). Vor allem der Gesundheitsförderung und Prävention hat sie neue Impulse verliehen, z B. durch die Entwicklung digitaler Spiele (»Serious Games for Health«) um vor allem junge Menschen anzusprechen (Faller, 2012; Hurrelmann et al., 2014; Dadaczynski et al. 2016).

Für die Modellbildungen haben die von Aaron Antonovsky (1979, 1997) entwickelten Konzepte der Salutogenese und des Kohärenzgefühls besondere Bedeutung erlangt (vgl. Franke, 2010; Wydler et al., 2010; Faltermaier, 2017, S. 73ff). Er hat damit einen Paradigmenwechsel in der Gesundheitsforschung eingeleitet. Denn die von ihm so benannte *Salutogenese* klärt darüber auf, warum Menschen gesund bleiben, auch trotz teilweise widriger Lebensumstände, und nicht, wie die Pathogenese, warum Menschen krank werden. Im *Kohärenzgefühl* hat er drei empirisch abgesicherte Merkmale zusammengefasst, die mittlerweile als wesentliche persönlichkeitspsychologische Determinanten von Gesundheit gelten können: Verstehbarkeit, Bewältigbarkeit, Sinnhaftigkeit. Verstehbarkeit umschreibt das Ausmaß, in dem Reize und Situationen des alltäglichen Lebens als sinnvoll, nachvollziehbar und vorhersagbar erlebt werden. Bewältigbarkeit meint das Ausmaß, in dem die Anforderungen des Alltags mit den verfügbaren Ressourcen als bewältigbar wahrgenommen werden. Sinnhaftigkeit bezieht sich auf das Ausmaß, in dem die Probleme und Anforderungen des alltäglichen Lebens als solche erlebt werden, für die es sich einzusetzen lohnt. Zusammengenommen beschreibt dann das Kohärenzgefühl ein generalisiertes, überdauerndes dynamisches Gefühl des Vertrauens darauf, dass die Welt der eigenen Erfahrungen vorhersehbar ist und sich in Übereinstimmung mit den eigenen Erwartungen weiter entwickeln wird.

Als ein weiteres Konzept, das dem salutogenetischen Ansatz zugerechnet werden kann, hat sich die »Resilienz« etabliert. Es akzentuiert den Aspekt der »Machbarkeit«. Resilienz meint die psychische Widerstandsfähigkeit (von Kindern) gegenüber biologischen, psychologischen oder psychosozialen Entwicklungsrisiken über die Lebensspanne hinweg (Leipold, 2015; Rönnau-Böse & Fröhlich-Gildhoff, 2015). Wesentliche Faktoren, die z. B. resiliente Kinder auszeichnen, sind: positive Selbstwahrnehmung, angemessene Selbststeuerungsfähigkeit, ausgeprägte Selbstwirksamkeitsüberzeugung, soziale Kompetenzen, angemessener Umgang mit Stress und Problemlösekompetenz (ebd.). In der Fachdiskussion werden deshalb auch häufig die Begriffe Stressresistenz, psychische Robustheit und psychische Elastizität synonym für Resilienz verwendet. Das Gegenteil ist »Vulnerabilität« (»Verletzlichkeit«).

Mit der Ausrichtung auf das Gesundheitserleben und -verhalten hat die Gesundheitspsychologie ein weites und neues Themenfeld aufgespannt, das sich deutlich von der *Klinischen Psychologie* abgrenzt, in deren Zentrum Auffälligkeiten und Störungen des Erlebens und Verhaltens stehen. Sie hat aber Gemeinsamkeiten mit ihr im Bereich der Prävention, wo es um die Vorbeugung, Vermeidung oder Minimierung von psychischen Gesundheitsrisiken in der Umwelt, aber auch im Erleben und Verhalten der Menschen geht.

Medizinische Psychologie

Die Medizinische Psychologie befasst sich mit Verbindungen von psychologischen und medizinischen Sachverhalten die für den ärztlichen Umgang mit den Patienten von besonderer Bedeutung sind.

Dies schließt Fragestellungen zur Krankheitsentstehung und -bewältigung sowie zur Förderung und den Erhalt der Gesundheit mit ein (Schulze, 2014; Faller & Lang, 2006). Im Zentrum steht aber die Kommunikation in der Arzt-Patient-Beziehung, in der es z. B. bei der Anamnese und Untersuchung darum geht, die Situation des Patienten zu verstehen und adäquat auf ihn einzugehen.

Anders als in der Klinischen Psychologie ist der Gegenstand der Medizinischen Psychologie also nicht primär das abnorme Erleben und Verhalten und dessen Behandlung im Sinne von Beratung und Therapie. Es gibt allerdings auch hier Überschneidungen. So muss in schwierigen medizinischen Situationen den Patienten geholfen werden, die psychischen Begleiterscheinungen angemessen zu verarbeiten. Zu denken ist hier an die Onkologie, Palliativmedizin, Sexualmedizin oder Intensivmedizin, an Kinder im Krankenhaus, an chronisch kranke Patienten, an Erkrankungen, die sehr schmerzhaft sind, und an solche, die mit gravierenden Einbußen der Lebensqualität einhergehen (z. B. Brustamputationen, Niereninsuffizienz). Diese Patienten sind oftmals überfordert und benötigen klinisch-psychologische Hilfestellung.

Aber nicht nur sie, sondern auch das betreuende Pflegepersonal ist in solchen Situationen auf professionelle psychologische Unterstützung angewiesen. Zuweilen wird die Medizinische Psychologie deshalb auch als ein Teilgebiet der Klinischen Psychologie aufgefasst, hat aber mit ihrem Fokus auf Krankheit und ihre Behandlung einen deutlich anderen Schwerpunkt (Rothangel, 2010).

Auch die Psychosomatik und Verhaltensmedizin (s. u.). haben eine andere Ausrichtung als die Gesundheitspsychologie, teilen mit ihr aber die Ressourcenorientierung der salutogenetischen Sichtweise.

Psychosomatik

Die Psychosomatik führt körperliche Erkrankungen auf psychische Ursachen zurück. Funktionelle Störungen (z. B. Kopfschmerzen, Oberbauchbeschwerden) oder auch Organschädigungen (z. B. Magengeschwüre) bringt sie mit inadäquater Erlebnisverarbeitung in einen Zusammenhang. Psychosomatische »Spezifitätstheorien«, die von psychoanalytisch beeinflussten Theoretikern vertreten werden, nehmen an, dass die Art der körperlichen Erkrankung sich auch einer bestimmten Art unbewusster frühkindlicher Konflikte zuordnen lässt Nach den sog. »Non-Spezifitäts-Theorien« hängt es hingegen von einer erworbenen oder angeborenen Verletzlichkeit (»Vulnerabilität«) bestimmter Organsysteme ab, in welcher körperlichen Symptomatik sich die psychischen Faktoren manifestieren. Vor allem das *Stresskonzept* gilt als integrierender, nicht spezifischer Ansatz zur Erklärung psychosomatischer Erkrankungen.

Im transaktionalen Stressmodell von Lazarus (s. auch S. 219) besteht Stress in einer Diskrepanz zwischen einer erlebten Anforderung und den erlebten Bewältigungsmöglichkeiten (»Copingstrategien«). Als auslösende Anforderungen (»Stressoren«) kommen in Betracht: äußere Reize (Lärm, Gefahrensituationen, Leistungsanforderungen), soziale Reize (soziale Isolation, soziale Ungleichheit, zwischenmenschliche Probleme) oder akute innere Konflikte. Treten gravierende Stressoren ein (z. B. Tod des Lebenspartners), können daraufhin mittel- bis längerfristig häufiger psychosomatische Erkrankungen auftreten.

Ein solcher Zusammenhang ist aber nicht regelhaft. Verschiedene personale Faktoren spielen hier mit hinein. In Verbindung mit den angedeuteten »Vulnerabilitäten« kann z. B. die Neigung zu depressiven Verstimmungen, Ängsten oder Ärger das Auftreten von Erkrankungen begünstigen. Personale Faktoren können aber auch als Schutzfaktoren wirken, so etwa Selbstwirksamkeitserwartungen oder das Kohärenzgefühl (vgl. Faltermaier, 2017, S. 186ff.).

Andere psychische Momente von Erkrankungen können im eigenen gesundheitsriskanten Verhalten liegen: Menschen schädigen ihre Gesundheit, indem sie sich (a) falsch ernähren, (b) im Übermaß Genussmittel zu sich nehmen, (c) sich kaum oder nur einseitig körperlich bewegen, (d) unzureichende Körperhygiene betreiben oder (e) sich im Straßenverkehr und am Arbeitsplatz leichtsinnig verhalten. Für den Bereich gesundheitlicher Belastungen von Kindern und Jugendlichen gibt es dazu inzwischen reichhaltige Befunde (s. etwa Bilz et al., 2016). Solche gesundheitsschädigenden Verhaltensweisen, die auch Gegenstand gesundheitspsychologischer Forschung sind, können in einen Zusammenhang mit dem Stresskonzept gebracht werden. Sie sind dann als nicht gelungene Versuche zu verstehen, konflikthafte, belastende oder überfordernde Lebenssituationen angemessen zu bewältigen. Mit einem solchen Krankheitsmodell hat sich die moderne Psychosomatik geöffnet für ein Verständnis, dass sowohl die biologischen, wie auch psychologischen und sozialen Faktoren mit einbezieht (Herzog et al., 2016; Bode et al., 2016).

Verhaltensmedizin

»Verhaltensmedizin ist die Anwendung verhaltenstherapeutischer Methoden in der Medizin« (Ehlert, 2015, S. 6). Ihr Gegenstand ist demnach die Prävention, Behandlung und Evaluation *körperlicher* Erkrankungen oder *physiologischer* Funktionsstörungen. Sie betrachtet Gesundheit und Krankheit als komplexes multisystemisches Geschehen, das in der Tradition der empirisch ausgerichteten Verhaltenstherapie und Lernpsychologie analysiert wird. Der Verhaltensbegriff wird hier sehr weit gefasst. Körperzelle, Organ, Mensch und Umwelt »verhalten« sich regelgebunden in miteinander vernetzten Systemen. Die Forschung auf den unteren Systemebenen in den Feldern der Psychoendokrinologie, Psychoneurobiologie, Psychoimmunologie und Psychoneurologie befindet sich in der Entwicklung. Auf den Systemebenen Organ, Mensch und Umwelt gibt es durch die kognitiv und emotionsorientierte verhaltenstherapeutische Forschung eine Vielzahl empirisch abgesicherter Erkenntnisse und Belege für die Wirksamkeit verhaltensmedizinischer Interventionen (z. B. Gestaltung medizinischer Aufklärungsgespräche, Schmerzlinderungsmethoden, Stärkung von Kompetenzgefühl).

Die Verhaltensmedizin integriert in ihrem Ansatz Erkenntnisse, Methoden und Techniken der Biomedizin, der Verhaltenswissenschaften und der Pädagogik. Mit diesen Entwicklungen wird in den Gesundheitswissenschaften der Weg für ein gemeinsames Grundverständnis bereitet, der ein einheitliches transdisziplinäres Forschungs- und Arbeitsfeld Gesundheitswissenschaft möglich erschienen lässt.

5.4 Pädagogische Psychologie

Pädagogische Psychologie ist, knapp formuliert, pädagogisch *relevante* Psychologie. Genauer: Sie erschließt die psychologische Seite von pädagogischen Kontexten – und »pädagogisch« sind alle Kontexte, die mit der Förderung von Lernenden in Richtung auf Erziehungs- und Lehrziele zu tun haben. Hierzu gehören nicht nur die Kontextbereiche Familie und Schule, sondern z.B. auch die vorschulische Erziehung, die Jugendarbeit, die Erwachsenenbildung in der Volkshochschule, ein Hochschulstudium, die berufliche Aus- und Weiterbildung usw. Damit wird deutlich, dass die Pädagogische Psychologie vorwiegend für zahlreiche nichtpsychologische Berufe, für Lehrende und Erziehende in unterschiedlichsten Bereichen, von Interesse ist.

Die generelle pädagogisch-psychologische Perspektive lässt sich auf die in *Tafel 45* dargestellte Weise abbilden: Pädagogisch tätige Personen versuchen, durch ihr Verhalten und die Herstellung bestimmter Situationen bei den Lernenden erwünschte personale Dispositionen herbeizuführen (vgl. »Verändern als Förderung«, S. 252). Pädagogisches Handeln ist insofern auf die *Beeinflussung der Weiterentwicklung* von Menschen gerichtet. Zieldispositionen im Leistungsbereich sind z.B. Lesekompetenz, sprachliche Kompetenzen, motorische Fertigkeiten sowie Sachwissen in verschiedenen Gebieten. Soziale, emotionale und motivationale Ziele sind beispielsweise Verlässlichkeit, Hilfsbereitschaft, Selbstvertrauen, Selbstkontrolle etc.

Zwischen den Fächern *Pädagogik* und *Pädagogische Psychologie* gibt es Überschneidungen, aber auch Unterschiede. So beschäftigt sich die Pädagogik unter anderem mit der Frage nach den »richtigen« pädagogischen Zielen (»Was sollen wir anstreben?«), mit Lehrplänen und mit pädagogischen Institutionen (Schulformen etc.), während die Psychologie immer dort einsetzt, wo es um die »*Akteure*« des pädagogischen Feldes geht, also um die Lernenden (die Schüler/innen, die Erzogenen etc.) und um die pädagogisch Tätigen (die Lehrer/innen, Eltern etc.). Genauer: Es geht um deren Verhalten, deren Motivationen etc. und zugleich geht es immer um Lernprozesse und ihre Steuerung.

Lange Zeit hatten die Bereiche Lehren/Unterrichten sowie Erziehen etwa gleiches Gewicht innerhalb der deutschsprachigen Pädagogischen Psychologie. Heute dominieren eindeutig Themen zum ersten Problemfeld, insbesondere Themen rund um die Schule, während die Erziehungspsychologie deutlich zurückgefallen ist. Damit hat sich die deutschsprachige Pädagogische Psychologie an die »educational psychology« angeglichen, ist also weitgehend so etwas wie Bildungspsychologie geworden und als solche auch Teil der Bildungswissenschaften.

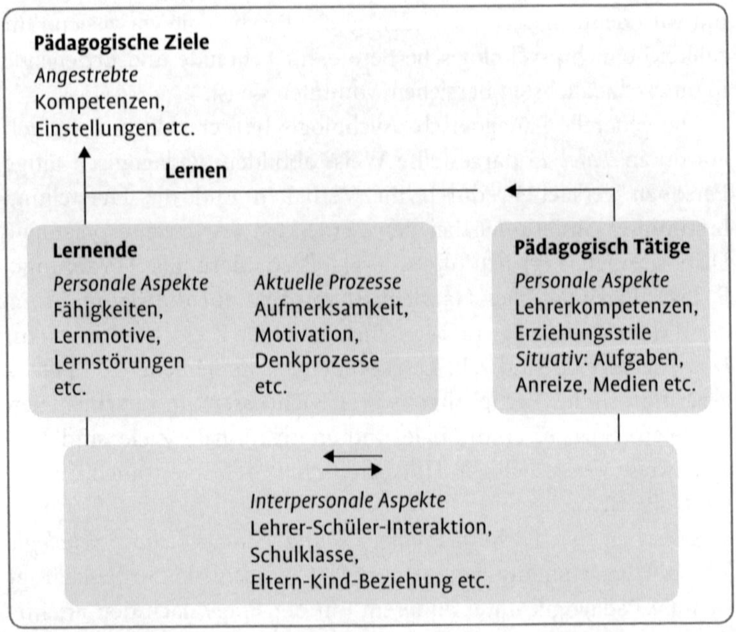

Tafel 45: Einige Inhalte der Pädagogischen Psychologie und das Grundthema: Wie können Erziehende und Lehrende Lernprozesse in Richtung auf angestrebte Dispositionen fördern?

Die meisten Lehrwerke mit dem Titel »Pädagogische Psychologie« widmen sich also dem Schwerpunkt Lehren und Lernen, doch können sie sich erheblich darin unterscheiden, ob und in welchem Umfang sie speziellere Aspekte dieses Problemfeldes mit aufgreifen, wie etwa Lernstörungen, diagnostische Verfahren, neue Medien usw. Andere Werke berücksichtigen nach wie vor sowohl den Bereich des Lehrens als auch die häusliche Erziehung (s. u.).

Lehren und Lernen als Oberthema

Pädagogische Einflussnahmen sind nur möglich, weil Menschen lernen können. Die Beschäftigung mit Lernvorgängen ist daher ein Standardthema der Pädagogischen Psychologie, Aber anders als die Allgemeine Psychologie untersucht die Pädagogische Psychologie nicht das Lernen »als solches«, sondern mit Bezug auf pädagogische Kontexte. So geht es hier etwa um Wissenserwerb und Wissenskonstruktion unter dem Einfluss bestimmter Lehrformen oder Lernstrategien (z. B. Hasselhorn & Gold, 2013; Mietzel, 2007; Renkl, 2008; Wild & Möller, 2015; Woolfolk, 2014).

Ähnliches gilt für das Stichwort Motivation. Statt um »die« Leistungsmotivation geht es beispielsweise um die Frage, ob sich die misserfolgsängstliche Komponente des individuellen Leistungsmotivs mindern und die erfolgszuversichtliche Komponente fördern lassen, wenn Lehrkräfte die mündlichen Leistungen verstärkt nach der individuellen Bezugsnorm (= persönliche Verbesserungen als Maßstab) kommentieren und bewerten statt nach der sozialen Bezugsnorm (= Leistungsverteilung in der Klasse als Maßstab) (vgl. Rheinberg & Krug, 2005). Nicht nur hinsichtlich solcher Zusammenhänge, sondern generell, zählen sowohl die Lernmotivation(en) als auch die Leistungsbeurteilung zu den klassischen Themen der Pädagogischen Psychologie.

Dasselbe gilt, wie angedeutet, für die vielfältigen Varianten von *Lehrmethoden* in weitem Sinne, deren Eignung für die Förderung von Wissen und Kompetenzen schon seit Langem empirisch erforscht wird. Hier geht es z. B. um Lehrformen wie die direkte Instruktion, entdeckenlassendes Vorgehen, kooperatives Lernen und selbstgesteuertes Lernen, aber auch um unterschiedliche Medien wie etwa Texte, Bilder oder individualisierende Lernsoftware.

Soweit mit Lehren speziell der *Schul*unterricht gemeint ist, sind selbstverständlich auch die sozialen bzw. interpersonalen Aspekte von großem Interesse: das Verhalten der Schüler/innen untereinander ebenso wie die Wechselwirkungen von Lehrer- und Schülerverhalten. In jüngerer Zeit sind unter dem Stichwort »Klassenführung« jene Lehrerkompetenzen ein Thema geworden, die nicht so sehr mit dem eigentlichen Lehren zu tun haben, sondern primär mit der kollektiven Verhaltensbeeinflussung (Haag & Streber, 2012; Kiel et al., 2013). Hierbei geht es um das Herbeiführen von Ordnung, reibungsarmen Abläufen, aktiver Mitarbeit, einer guten Lehrer-Schüler-Beziehung etc. Ein für viele Lehrkräfte besonders kritischer Aspekt der Klassenführung ist die Prävention und Eindämmung von Unterrichtsstörungen (Nolting, 2017). Eine gute Klassenführung ist nachweislich ein überaus wichtiger Faktor des Unterrichtserfolges (Helmke, 2015).

Personale Aspekte der Lernenden und Lehrenden

Innerhalb des Kontextbereiches »Lehren und Lernen« sind individuelle Unterschiede von überragender Bedeutung für den realen Lernerfolg.

Lernende unterscheiden sich unter anderem hinsichtlich ihrer intellektuellen Fähigkeiten, ihres Vorwissens, ihrer Lernmotive (Interessen, Leistungsstreben etc) und ihrer Selbstregulation, aber auch bezüglich sozial-emotionaler Aspekte wie Ängstlichkeit oder Aggressivität. Häufig thematisiert werden auffällige Besonderheiten wie Lernstörungen und Lernschwächen die Aufmerksamkeitsdefizit-/Hyperaktivitäts-Störung (ADHS), zuweilen auch Hochbegabung (z.B. Gold, 2011; Lauth, 2014; Schuster, 2017). Mit solchen personalen Aspekten der Lernenden ergibt sich zugleich ein Anwendungsfeld der pädagogisch-psychologischen Diagnostik (Hesse & Latzko, 2011; Spinath & Brünken, 2016).

Was für die Lernenden gilt, gilt ebenso für die *Lehrenden*: Sie unterscheiden sich in vieler Hinsicht, und diese Unterschiede haben erheblichen Einfluss auf den Lernerfolg. Individuelle *Aspekte der Lehrenden* sind daher immer wieder ein Forschungsthema gewesen. Zwar ist das individuelle Lehrerverhalten teilweise auch Ausdruck allgemeinerer Personfaktoren, wie etwa der emotionalen Stabilität, die an einem so konfliktreichen Arbeitsplatz wie einer Schulklasse naturgemäß durchaus relevant ist. Doch für den Lernerfolg entscheidend sind letztlich die pädagogischen Kompetenzen, Überzeugungen und Handlungsmuster der jeweiligen Lehrkraft. Zu den

Erfolgsfaktoren zählen neben einer effektiven Klassenführung (s. o.) unter anderem die Verständlichkeit der Sprache, die Klarheit von Zielen und Leistungserwartungen und vielfältige kognitive Aktivierungen (im Überblick Hattie; 2013; Helmke, 2015). Solche Aspekte lassen sich, wie in anderen Berufen auch, in gewissem Grade durch Ausbildung und Verhaltenstraining erwerben.

Erziehung

Während der Begriff der »Erziehungswissenschaft« ein Oberbegriff ist, der den Gesamtbereich der Bildung mit einschließt, meint Erziehung im *engeren* Sinne traditionell die Förderung von sozialen Verhaltensdispositionen, nicht von kognitiven Leistungen. Für Erziehung in diesem Sinne ist primär die Familie zuständig, zum Teil der Vorschulsektor und manchmal auch Einrichtungen der Jugendhilfe. Bekanntlich ist dies aber keine strenge Arbeitsteilung. So betreiben zumindest die allgemeinbildenden Schulen immer auch Erziehung (und sei es nur im Dienste eines reibungslosen Unterrichts), während in der Familie meist auch informell »unterrichtet« wird (zum Schwerpunkt Erziehung s. Fuhrer, 2009; Hoppe-Graff, 2014; Nolting & Paulus, 2004; Tausch & Tausch, 1998).

Etwa bis in die 1980er Jahre gehörte das Erziehen zu den Dauerthemen der Pädagogischen Psychologie, insbesondere elterliche Erziehungsstile und ihre Auswirkungen. Inzwischen wird das Thema nur noch selten aufgegriffen, und ein Grund dürfte sein, dass die Befunde zur Frage nach günstigen Erziehungseinflüssen fast immer wieder in dieselbe Richtung wiesen. Sofern man nämlich Erziehungsziele wie verantwortungsvolles Sozialverhalten, Selbstvertrauen, Leistungsbereitschaft und seelische Gesundheit vor Augen hat, wird eine solche Entwicklung am ehesten durch einen Erziehungsstil gefördert, der emotionale Resonanz und Feinfühligkeit einerseits mit Orientierung vermittelnden Verhaltenserwartungen (durch Regeln, positive Bekräftigungen etc.) andererseits verbindet (so eine oft zitierte Forschungssynthese von Maccoby & Martin, 1983; s. auch Hoppe-Graff, 2014). Ein solcher Erziehungsstil wird meist als autoritativ bezeichnet, könnte aber auch kommunikativ heißen und ist keineswegs autoritär.

Im Grunde gelten dieselben Leitlinien auch für das Erziehungsverhalten außerhalb der Familie, etwa im Kindergarten und in der Schule. Für diese Bereiche sind zudem vielfältige Lernprogramme zur Förderung sozialer Kompetenzen entwickelt worden. Trainiert werden in ihnen unter anderem die Einfühlung in andere Menschen, der Umgang mit eigenen Gefühlen und konstruktive Konfliktlösungen (im Überblick Lohaus & Domsch, 2015). Solche Programme sind eine Ergänzung oder auch Kompensation zur häuslichen Erziehung mit meist präventiver Zielsetzung.

Prävention, Intervention, Beratung

Eine der Aufgaben der Pädagogischen Psychologie ist die Verhinderung und Bewältigung von Problemen, die in Zusammenhang mit den Tätigkeiten des Lehrens oder Erziehens auftreten. Soweit es sich dabei um *individuelle* Störungen des Lernens oder Verhaltens von Schüler/innen oder anderen Lernenden handelt (s. o.), überschneidet sich hier die Pädagogische Psychologie mit der Klinischen Psychologie.

Anders ist es etwa bei der Frühprävention von Lese-Rechtschreib-Schwäche oder anderen Defiziten mithilfe von Lernprogrammen im Vorschulbereich (Ennemoser & Krajewski, 2015; Hasselhorn & Schneider, 2016) oder auch bei der Anleitung von Lehrkräften zu einer Klassenführung, die permanenter Unruhe oder mangelnder Beteiligung entgegenwirkt. Hier geht es um rein pädagogisch-psychologische Probleme und Lösungen. Dies gilt auch für Programme, die sozialpädagogische und gesundheitsförderliche Ziele miteinander verbinden, wie etwa »MindMatters« (Paulus, 2017). Weitere Beispiele sind Konzepte zur Eindämmung von kollektivem Mobbing gegen einzelne Schüler/innen oder von anderen feindseligen oder gewalttätigen Handlungen in der Schule (Olweus, 2006; Schubarth, 2013).

In diesem Zusammenhang ist auch der Begriff der *Schulpsychologie* von Bedeutung (s. etwa Seifried et al., 2016). Während das Lehren und Erziehen zum großen Teil in den Händen von Nichtpsychologen liegt, ist die Schulpsychologie ein spezielles Berufsfeld der Psychologie. Zu den Aufgaben von Schulpsychologinnen und -psychologen gehören einerseits die Diagnostik, Beratung und Intervention bei Lernstörungen, psychischen Krisen, mangelnder Integration etc. einzelner Schüler/innen, andererseits auch die Unterstützung von Lehrkräften bei Problemen in ihrer Schulklasse oder des ganzen Kollegiums bei wiederkehrenden Schulproblemen wie dem erwähnten Mobbing unter Schülern.

5.5 Arbeits- und Organisationspsychologie

Die Praxisfelder »Arbeit« und »Organisation« sind miteinander verknüpft. Denn Arbeit als eine auf ein »wirtschaftliches oder organisationales Ziel hin gerichtete planmäßige menschliche Tätigkeit« (Nerdinger et al., 2014, S. 6) wird typischerweise in Organisationen geleistet. Eine Organisation ist ein »Zusammenschluss von Menschen zur Erreichung bestimmter Ziele, die hierfür eine zielgerichtete Ordnung bzw. Regelung von Aufgaben in bestimmten sozialen Gebilden (z. B. Betriebe oder gesellschaftliche Institutionen) entwickelt haben bzw. sich dieser Ordnung unterwerfen« (ebd.). Deshalb werden Arbeits- und Organisationspsychologie oftmals in einer Wortverbindung genannt und manchmal unter der Wirtschaftspsychologie zusammengefasst (Kirchler, 2011) oder um Personalpsychologie ergänzt (Kauffeld, 2014). Beide beschäftigen sich mit dem menschlichen Erleben und Verhalten in der Arbeit und in Organisationen, setzen aber unterschiedliche Akzente.

Arbeitspsychologie

Die Arbeitspsychologie richtet ihr Augenmerk auf die wechselseitige Anpassung von Mensch und Arbeit. Es geht um Leistungen und um die dazu erforderlichen physischen und psychischen Voraussetzungen der Arbeitenden. Es geht aber auch um ihre Belastungen und Beanspruchungen, die von den Arbeitsgegenständen, dem Ziel der Arbeit und den verfügbaren Arbeitsmitteln herrühren (Hacker & Sachse, 2014, S. 20ff). In diesem Zusammenspiel der verschiedenen Faktoren treten überaus vielfältige Verhaltens- und Erlebensweisen auf, wie allein schon das Beispiel der Emotionen deutlich macht, die ein Mensche im Zuge von Arbeitsprozessen erleben kann (s. *Tafel 46*).

Emotionen am Arbeitsplatz

- *Vor Beginn der Arbeitshandlung:*
  Vorfreude, Angst, Hoffnung, Verzweiflung
- *Bei der Ausführung der Arbeitstätigkeiten:*
  Interesse, Langeweile, Angst, Flusserleben (»flow«), Ekel, Überraschung
- *Bei der Bewertung von Arbeitsergebnissen:*
  Stolz, Scham, Freude, Ärger, Erleichterung, Trauer
- *Im Kontakt mit Kunden, Kollegen, Vorgesetzen etc.:*
  Liebe, Freude, Wut, Eifersucht, Neid, Dankbarkeit, Hass

Tafel 46: Beispiele für Emotionen, die bei der Arbeit auftreten (nach Wegge, 2007, S. 273)

In großem Umfang beschäftigt sich die Arbeitspsychologie mit *person*bezogenen Problemstellungen, z. B. mit der Feststellung der beruflichen Eignung und optimalen Selektion der Bewerber, mit Maßnahmen zur Verbesserung der Arbeitszufriedenheit und -motivation und mit Fragen der Aus- und Weiterbildung der Mitarbeiter.

Bei der *Eignungsfeststellung*, die differenziell-psychologisch orientiert ist, wird eine Aussage darüber getroffen, welche Bewerber/innen die individuellen Voraussetzungen für die berufliche Tätigkeit mitbringen. Dabei stützt man sich auf Ergebnisse von Leistungs- und Persönlichkeitstests sowie Interviews und Gruppendiskussionen. Zur Ermittlung der Anforderungen, nach denen die Eignung gemessen werden soll, werden Tätigkeitsanalysen und psychologische Merkmale der im Beruf Tätigen herangezogen. Die Aufgabe besteht dann in einer optimalen Zuordnung des Dispositionsgefüges eines bestimmten Bewerbers zum Profil der beruflichen Tätigkeit (»Person-Job-Fit«).

Als relativ aufwendige und kostenintensive Verfahren haben sich »Assessment-Center« zur Einschätzung beruflicher Kompetenzen und zur Prognose beruflicher Entwicklungen von Führungskräften als Standard etabliert (Kauffeld, 2014, S. 74) Sie bestehen üblicherweise aus Rollenspielen, Gruppendiskussionen, Interviews, Präsentationen und einer Postkorb-Übung. Hier müssen unsortierte

Briefe und Notizen unter Zeitvorgaben sortiert und abgearbeitet werden. An einem solchen Beurteilungsverfahren nehmen üblicherweise mehrere Personen als Beurteilte und auch mehrere Personen als unabhängige Beurteiler teil (vgl. Eck et al., 2016). Auf *situative Faktoren* der Arbeit beziehen sich Fragestellungen zur Aufgabengestaltung, zur Gestaltung des Arbeitsplatzes oder zum zeitlichen Rahmen. Konkret geht es z. B. um räumliche Bedingungen (Großraumbüro, Home Office), Licht/Beleuchtung, Farbe, Lärm, Klima, oder die Flexibilisierung der Arbeitszeit. Zunehmend bedeutsam wird auch, inwieweit Arbeitnehmer auf die Arbeitsgestaltung selbst Einfluss nehmen können. So haben z. B. im sog. Job-Crafting die Arbeitnehmer die Möglichkeit, die Schwerpunkte ihrer Arbeit zu verlagern, ihre Aufgaben neu zu formen und so zu organisieren, wie sie am besten zu ihren Stärken und Fähigkeiten passen (Kauffeld, 2014, S. 24). *Tafel 47* gibt einen Überblick über einige Strategien der Gestaltung und der angestrebten Ziele.

Wichtig ist auch die Art der zu erledigenden Arbeitsaufgaben. Können sie die Arbeitsmotivation, die Gesundheit, die fachliche Qualifikation, die soziale Kompetenz sowie die Selbstwirksamkeit und Flexibilität der Beschäftigten fördern? Arbeitsaufgaben, die in erhöhtem Maße mit körperlichen und psychischen Belastungen verbunden sind, wie z. B. bei Schichtarbeitern aufgrund der Nachtstunden oder bei manchen Pflegekräften durch das Miterleben von Leid und Sterben von Patienten, führen oft zu erheblichen stressbedingten gesundheitlichen Beeinträchtigungen.

Denkbar sind z. B. eine Minderung der intellektuellen Flexibilität, Ermüdung, psychosomatische Störungen oder eine Erschöpfungsdepression (Burnout). So wurde z. B. festgestellt, dass Schichtarbeiter vielfältige und höhere gesundheitliche Risiken haben als Arbeiter unter regulären Bedingungen, wie z. B. Schlafstörungen, Magenbeschwerden bis hin zu Herz-Kreislauf-Erkrankungen (Paridon et al., 2012).

Strategien der Arbeitsgestaltung	Ziele der Arbeitsgestaltung
Korrektive Arbeitsgestaltung	Korrektur erkannter Mängel (z. B. Beschaffung ergonomisch angemessener Stühle, *nachdem* Nacken- bzw. Rückenschmerzen eingetreten sind)
Präventive Arbeitsgestaltung	Vorwegnehmende Vermeidung gesundheitlicher Schädigungen und psychosozialer Beeinträchtigungen (z. B. Beschaffung geeigneten Mobiliars, *bevor* Beschwerden auftreten können)
Prospektive Arbeitsgestaltung	Schaffung von Möglichkeiten der Persönlichkeitsentwicklung (z. B. Angebot verschiedener Formen der Arbeitsgestaltung, zwischen denen die Betroffenen, etwa Sekretärin und Sachbearbeiterin, *wählen* und die sie gegebenenfalls *verändern* können)

Tafel 47: Strategien und Ziele der Arbeitsgestaltung (leicht verändert aus Ulich, 2011, S. 190)

Zur Erklärung, wie die Beanspruchungen mit ihren z. T. weitreichenden und langanhaltenden Folgen entstehen, sind verschiedene psychologische Modelle entwickelt worden (s. z. B. Kauffeld, 2014; Neuner, 2016). Das bekannte Anforderungs-Kontroll-Modell von Karasek geht z. B. davon aus, dass die Höhe der Arbeitsanforderungen und das Ausmaß der persönlichen Kontrolle entscheidend für die erlebte Beanspruchung sind. In der Weiterentwicklung dieses Modells ist die soziale Unterstützung als dritte gesundheitsförderliche Dimension aufgenommen worden. Danach ist eine Arbeit dann besonders belastend, wenn sie hohe Anforderungen stellt, gleichzeitig wenig Entscheidungsspielraum lässt und nur geringe soziale Unterstützung bietet. Herausfordernd, mit positiven Emotionen verbunden, ist hingegen eine Arbeit, die hohe Anforderungen stellt bei gleichzeitig großen Entscheidungsspielraum. Das Modell zeigt auf, wie die Arbeit gestaltet sein muss, damit sie von den Arbeitnehmern ohne gesundheitliche Einbußen bewältigt werden kann.

Eine andere Möglichkeit besteht darin, die persönlichen Kompetenzen der Betroffenen durch Trainings zu erweitern, sodass sie über adäquates Stressmanagement oder wirksame Coping-Strategien in belastenden beruflichen Situationen verfügen. Solchen Maßnahmen der Belastungsreduktion und der Beanspruchungsbewältigung ist in den letzten Jahren vermehrt Aufmerksamkeit geschenkt worden (vgl. Kaluza, 2015; Eckert & Tarnowski, 2017).

Mit dem *Wandel der Arbeitswelt* verändert auch die Arbeitspsychologie ihr Profil: Immer mehr Menschen sind als »Wissensarbeiter« beschäftigt, wo planerische, koordinierende, überwachende und vielfältig vernetzte Tätigkeiten vorherrschen. In Dienstleistungsberufen ist hingegen in hohem Maße Kommunikations- und Emotionsarbeit zu leisten. Dieser Wandel bringt es mit sich, dass die Arbeit nicht mehr zwingend räumlich, zeitlich und organisatorisch an betriebliche Strukturen, Zeiten und Orte gebunden ist (z.B. Telearbeit und -kooperation; Schaper, 2011). Sie entgrenzt sich und ist im Positiven durch Zeitsouveränität und Vertrauensarbeit gekennzeichnet. In ihrer negativen Ausprägung ist sie mit ständiger Erreichbarkeit und Arbeitsverdichtung unter Zeitdruck in scheinselbständigen Arbeitsverhältnissen verbunden. Hohe psychische Beanspruchungen, die aus Überforderungssituationen und aus der Vereinzelung in der singulären Arbeit resultieren, sind dann eine mögliche Folge. Hier entsteht am Arbeitsplatz ein Veränderungs-, Anpassungs- und Innovationsdruck, zu dem sich die Menschen verhalten und ihr Verhältnis zur Arbeit neu bestimmen müssen.

Organisationspsychologie

Die Organisationspsychologie beschäftigt sich mit dem Erleben und Verhalten von Menschen in Organisationen, genauer: Ihre Aufgabe ist es, das Verhalten (und, soweit möglich, auch das Erleben) zu beobachten, zu beschreiben und zu erklären, zu prognostizieren und in Interventionsfällen auch zu verändern (Schuler & Moser, 2014, S. 10). Die *Organisationspsychologie* hat person-, gruppen- und organisationsbezogene Schwerpunkte. Zu den personbezogenen zählen die Interaktion des Individuums mit der ihm gestellten Aufgabe (z.T. identisch mit Aufgaben der Arbeitspsychologie) sowie die *Personalentwicklung*, die Konzepte zur Ausbildung, Erhaltung und Wiedererlangung der beruflichen Handlungskompetenz zu erstellen hat, z. B. anlässlich der Einführung einer neuen Software. Umfangreiche Personalentwicklungsmaßnahmen werden oftmals dann notwendig, wenn grundlegendere Reorganisationen oder Fusionen anstehen (vgl. Blickle, 2011; Kauffeld & Grote, 2014).

In den *gruppen*bezogenen oder auch *interpersonalen* Schwerpunkten geht es um Interaktionen der Individuen in ihren organisatorisch vorgegebenen Rollen (Vorgesetzter, Nachgeordneter, Gleichgestellter), um Fragen der Personalführung, um die Gestaltung von Arbeitsgruppen und um die Bewältigung sozialer Konflikte in Organisationen (vgl. Nerdinger, 2014).

*Organisations*bezogene Fragestellungen sind z. B. die Einstellungen zur Organisation in ihrer Gesamtheit (»Organisationsklima«), geteilte Werte und Normen (»Organisationskultur«) oder Sozialisationseffekte von Organisationen auf ihre Mitglieder (Nerdinger et al., 2014).

Seit längerem schon wird auch die Organisation selbst in ihrem Aufbau und Ablauf als ein dynamisch sich veränderndes System in psychologischer Perspektive analysiert. Deshalb hat auch das Konzept der »Lernenden Organisation« zentrale Bedeutung gewonnen. Es macht darauf aufmerksam, dass es für Organisationen immer wichtiger wird, sich anbahnenden gesellschaftlichen Wandlungsprozessen proaktiv zu stellen und sich nicht nur reaktiv den Veränderungen anzupassen. Durch »generatives Lernen«, so die Grundidee, könnten Unternehmen ihre Organisationsziele und die damit zusammenhängenden Werte und Einstellungen neu bewerten und sich dadurch ihre Kreativität und Innovationskraft erhalten (Senge, 2011).

In der Arbeits- und Organisationspsychologie sind verschiedene *theoretische Positionen* vertreten worden. Auch hier haben in den vergangenen Jahren kognitivistische Ansätze eine dominante Rolle eingenommen (vgl. S. 216). Zunehmend wird aber auch die Bedeutung emotionaler Aspekte der Arbeit und in Organisationen, z. B. bei Führungsaufgaben erkannt und thematisiert (Fröse et al., 2015; s. auch *Tafel 46*, S. 200).

Durch die erwähnten tiefgreifenden gesellschaftlichen Wandlungsprozesse, die auch die Arbeitswelt verändert haben, ist die Nachfrage nach psychologischem Know-how sehr angestiegen. Beiträge der empirisch fundierten Arbeits- und Organisationspsychologie zur Mitgestaltung der Arbeitswelt werden deshalb in der Wirtschaft, aber auch innerhalb der Psychologie heute mehr beachtet als früher (Felfe, 2012a, b).

6 Theoriegeleitete Sichtweisen (»Richtungen«)

Wer sich mit der wissenschaftlichen Psychologie beschäftigt, sieht sich nicht nur einer verwirrenden Fülle von Befunden gegenüber, sondern auch einer Vielfalt von »Theorien«. Darunter sind »Minitheorien«, die sich nur auf eng umgrenzte Phänomene beziehen (z. B. auf eine optische Täuschung). Dann gibt es Theorien mittlerer Reichweite, die komplexere Problembereiche wie z. B. Angst, Aggression, Hilfsbereitschaft, Leistungsmotivation oder psychische Gesundheit umfassen. Schließlich gibt es grundlegende theoretische Strömungen, Richtungen oder »Paradigmen«: Sie schaffen jeweils einen Bezugsrahmen, aus dem die unterschiedlichsten psychischen Phänomene in jeweils typischer Art beschrieben und erklärt werden. Im übertragenen Sinne liefern sie spezifische »Brillen«, mit denen man psychisches Geschehen betrachtet (Lück & Guski-Leinwand, 2014; Walach, 2013).

Danach lassen sich in der heutigen Psychologie zumindest drei Hauptströmungen unterscheiden: Tiefenpsychologie, Behaviorismus und Kognitivismus (z. B. Schönpflug, 2006). Vielfach wird noch, wie wir es hier auch tun, die Humanistische Psychologie als eine eigenständige Position angeführt. Neben diesen Sichtweisen hat »systemisches« Denken so große Verbreitung gefunden, dass wir es als eine weitere Richtung anführen möchten. Darüber hinaus haben in jüngerer Zeit weitere Perspektiven an Gewicht gewonnen, die in andere Fachgebiete hineinreichen, so etwa die biopsychologische, evolutionsbiologische und soziokulturpsychologische Perspektive (vgl. Rudolph et al., 2017).

Diesen Ansätzen liegen, wie sich teilweise schon in den Bezeichnungen andeutet, verschiedene Auffassungen über die menschliche

Besondere Betonung bei	**Psychoanalyse**	**Behaviorismus**	**Kognitivismus**	**Humanistische Psychologie**
Aktuelle Prozesse	Motivation, innere Konflikte, meist unbewusst	Äußeres Verhalten (Bewegungen)	Denken, Informationsverarbeitung	Ganzheitlich kognitiv-emotionale Prozesse
Personale Faktoren	Eigenschaften (Charakterzüge)	Habits (Verhaltensgewohnheiten)	Kognitive Strukturen (z. B. Pläne, Begriffe)	Selbstkonzept, Werthaltungen u. a.
Entwicklungsfaktoren	Angeborene Triebe, verschiedene Reifungsstadien, prägender Einfluss früher Erfahrungen	Verhalten wird über die gesamte Lebensspanne hinweg gelernt (konditioniert).	Kognitive Lernprozesse; Individuum gestaltet Entwicklung mit; z. T. Reifungsprozesse	Kognitiv-emotionales Lernen; Individuum als Selbstgestalter, Selbstverwirklichungstendenz
Situation, Kontext	Subjektive Situationsbedeutung, mitbestimmt durch unbewusste Impulse	Objektive Umgebungsfaktoren als Auslöser, Hinweisreiz oder Bekräftigung	Subjektive Situationsbedeutung, bestimmt durch gedankliche Verarbeitung	Subjektive Situationsbedeutung, »individuelle Welt«
	Stärkere Gewichtung der Person im Vergleich zur Situation	Stärkere Gewichtung der Situation im Vergleich zur Person	Dynamische Wechselwirkung zwischen Person und Situation	Stärkere Gewichtung der Person im Vergleich zur Situation

Tafel 48: Charakterisierung von theoriegeleiteten Sichtweisen (»Richtungen«) im Rahmen der grundlegenden Aspekte des psychischen Systems

Natur zugrunde. Wie weit sie grundsätzlich angemessen sind, kann durch die psychologische Forschung nicht entschieden werden; hiermit beschäftigt sich die philosophische Anthropologie. Solche »Menschenbilder« geben aber gedankliche Gerüste vor, aus denen heraus psychologische Theorien entwickelt werden. Diese können sich als mehr oder weniger geeignet zur Erklärung psychischen Geschehens erweisen und damit wiederum bestimmte anthropologische Annahmen stützen oder in Frage stellen (Fahrenberg, 2007).

Da aber durch sie letztlich keine Entscheidung darüber möglich ist, was das »Wesen« des Menschen ist, was das »Wesentliche« des Menschseins ausmacht, kann es auch nicht die eine »richtige« psychologische Theorie geben, die alle psychischen Phänomene erklären kann. Vielmehr können verschiedene theoretische Perspektiven je nach Epoche, Gesellschaftssystem und Kultur unterschiedliches Gewicht haben (vgl. Reuter, 2014).

Wir fassen zunächst die Grundannahmen von vier Strömungen vereinfachend zusammen, die in der Geschichte der Psychologie besonders einflussreich waren oder noch sind:

- *Psychoanalyse und andere Tiefenpsychologien:* Der Mensch ist bestimmt durch unbewusste Antriebe. In die grundlegenden Ziele und Motive seines Handelns hat er nur geringe Einsicht.
- *Behaviorismus:* Der Mensch ist das Produkt allgemeingültiger Lernprozesse. Er ist letztlich determiniert durch Umweltgegebenheiten.
- *Kognitivismus:* Der Mensch handelt als vernunftorientiertes Wesen aus bewusster Erkenntnis und Einsicht.
- *Humanistische Psychologie:* Der Mensch ist Gestalter seiner selbst. Sein inhärentes Ziel ist es, sich selbst zu verwirklichen.

Man kann diese Richtungen auch im Rahmen unserer theorieneutralen Grundaspekte charakterisieren, wie wir es in *Tafel 48* versucht haben (s. auch die Überschneidungen mit den Positionen, die in der Entwicklungspsychologie vertreten werden, s. *Tafel 36*, S. 151).

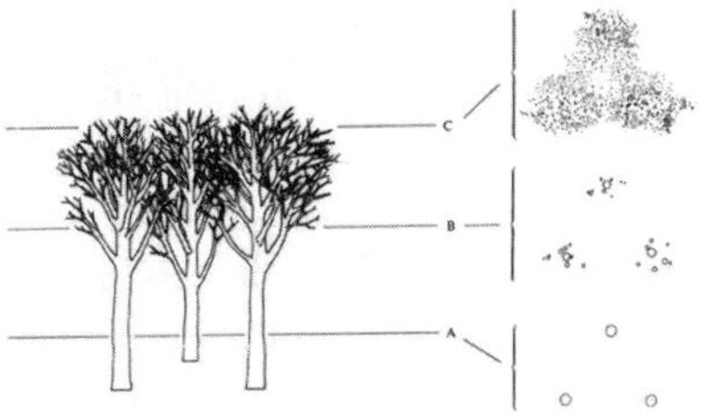

Tafel 49: Theorierichtungen und ihre Verzweigungen: Während die gemeinsamen Stämme jeder Richtung streng voneinander geschieden sind (Schnittebene A), ergeben sich mit der Vielfalt der Verzweigungen Berührungen und Zwischenstellungen (Schnittebene C) (bildliche Darstellung aus Schelp & Kemmler 1988, S. 12 f., dort auf Therapieansätze bezogen).

Durch solche Gegenüberstellungen könnte der Eindruck entstehen, die theoretischen Richtungen existierten weitgehend unabhängig voneinander. Dies trifft aber nicht zu: Trotz der Unterschiede in den grundsätzlichen Positionen gibt es vielfältige Überschneidungen. Aus jeder Grundrichtung haben sich zahlreiche Varianten entwickelt, die zum Teil eine mehr oder weniger große Nähe zu anderen Richtungen aufweisen. So kann z. B. die Individualpsychologie Alfred Adlers als »Ableger« der Tiefenpsychologie gelten, sie enthält aber zugleich wesentliche Elemente der Humanistischen Psychologie. Der kognitive Behaviorismus hat, wie schon der Name sagt, neben den grundsätzlichen Positionen des Behaviorismus auch viele Elemente des Kognitivismus in sich aufgenommen, z. B. in der Lerntheorie von Albert Bandura (1991) oder im Persönlichkeitssystem von Walter Mischel (2004). Und die Persönlichkeitstheorie von Carl Rogers (1959/1991) umfasst neben ihrer grundsätzlichen humanistisch-psychologischen Orientierung auch zentrale Elemente der kognitivistischen Position. Diese Aufzählung ließe sich fortführen. *Tafel 49* macht die Berührungen und Zwischenstellungen psychologischer Theorien anschaulich.

6.1 Psychoanalyse und andere Tiefenpsychologien

Schon in der Bezeichnung »Tiefenpsychologie« kommen mehrere Besonderheiten dieser Theorierichtung zum Ausdruck (Elhardt, 2015). Zum einen wird damit auf die zeitliche Tiefe verwiesen, auf die große Bedeutung, die den frühkindlichen Erfahrungen und ihrer Verarbeitung beigemessen wird. Zum anderen geht die Tiefenpsychologie von seinem »Schichtenmodell« der Persönlichkeit aus und beschäftigt sich – bildlich gesprochen! – mit den tieferen Schichten, dem »Unbewussten« hinter dem Erleben und Verhalten. Hierin liegt im Übrigen auch ein aufklärerischer Anspruch der Tiefenpsychologie: Sie warnt vor »Oberflächlichkeit« im Studium psychischen Geschehens und will der menschlichen Erkenntnis verborgene Bereiche öffnen.

Begründer und zugleich bekanntester Vertreter dieser Theorierichtung ist Sigmund Freud (1856–1939). Die von ihm entwickelte »Psychoanalyse« wird zuweilen von Laien fälschlich mit der Psychologie insgesamt gleichgesetzt. Näher betrachtet ist die Psychoanalyse dreierlei zugleich: eine Persönlichkeitstheorie, eine Untersuchungsmethode und eine Therapiemethode (s. Freud Studienausgabe 2000; zur Übersicht: Lohmann & Pfeiffer, 2013; Köhler, 2007).

Als *Persönlichkeitstheorie* (s. Kap. 4, S. 144) betrachtet sie den Menschen als ein Energiesystem, dessen Basis in angeborenen Trieben besteht. In seinen letzten theoretischen Entwürfen nahm Freud zwei Triebe an: einen Sexual- und einen Todestrieb (nach außen als Aggressionstrieb wirksam). Ursprünglich hatte er nur den Sexualtrieb vorgesehen. Die entscheidenden Vorgänge spielen sich nach Freud im Bereich des »Unbewussten« ab. Die Inhalte dieser psychischen Region sind stark mit Triebenergie besetzt und, da verpönt, aus dem Bewusstsein verdrängt worden. Das »Bewusstsein« selbst umfasst das Erleben, welches dem Individuum aktuell gegenwärtig ist.

Zweitens ist die Psychoanalyse eine *Untersuchungsmethode,* die versucht, unbewusste Bedeutungen des Redens und Handelns, der Träume und Fantasien oder auch der Wahnvorstellungen psychisch Kranker durch »Deuten« offenzulegen.

Schließlich ist die Psychoanalyse auch eine *Therapiemethode* (s. S. 181). Ihr geht es um die Aufdeckung und Aufarbeitung bislang unbewusster Strebungen und Gefühle. Die Therapie konzentriert sich dabei besonders auf frühkindliche Erfahrungen und dadurch bedingte unbewusste Konflikte ihrer Patienten (im Überblick: Thomä & Kächele, 2006).

Freuds Psychoanalyse hat vielfache Abweichungen und Veränderungen erfahren (vgl. Kriz, 2014). Schon früh haben sich Carl Gustav Jung (1875–1961) und Alfred Adler (1870–1937), beide zunächst Schüler und Mitarbeiter Freuds, von ihm getrennt und eigene tiefenpsychologische Schulen gegründet.

Im Unterschied zu Freud betont Adler (1920/2012) in seiner *Individualpsychologie* stärker soziale Faktoren und bewusste Denkprozesse. Aggressive und sexuelle Motive werden geringer bewertet. Auch wird kein deutlicher Trennungsstrich zwischen Bewusstem und Unbewusstem gezogen. Das Unbewusste ist der noch unverstandene Teil der Ziele und Absichten des Handelns. Zentral sind für Adler die Erfahrung des *Minderwertigkeitsgefühls* und der Versuch seiner Überwindung im Geltungsstreben (»Kompensation«). Dies kann letztlich nur in der Gemeinschaft, in einer auf den Mitmenschen bezogenen Lebensweise, verwirklicht werden. Deshalb erhält die Förderung des *Gemeinschaftsgefühls,* vor allem in der Familie, eine besondere Bedeutung. Die »Individualpsychologie« betont gerade, dass der Mensch ein soziales Wesen ist, also das Gegenteil von dem, was man vielleicht aufgrund des Wortes »Individualpsychologie« vermuten mag. In der Bezeichnung soll zum Ausdruck kommen, dass der Mensch ein »unteilbares«, ganzheitliches Wesen ist. In der Auseinandersetzung mit den Umweltanforderungen entwickelt er nach Adler die für ihn charakteristischen Personmerkmale und findet einen für ihn typischen Weg (»Lebensstil«) zur Überwindung der persönlichen Mängel (zur Übersicht: Ansbacher & Ansbacher, 2004; Dreikurs, 2014).

Auch Jung (1925/1995) wendet sich in seiner *Analytischen Psychologie* gegen die starke Betonung der Sexualität im Persönlichkeitssystem von Freud. Er hält zwar am Konzept der sexuellen Triebenergie fest, erweitert sie aber zu einer allgemeinen Lebensenergie. Er akzeptiert wie Freud die Bedeutung des Unbewussten, weitet den Begriff allerdings erheblich aus durch die Annahme eines *kollektiven Unbewussten.* Es beinhaltet die verdichteten Erfahrungen der gesamten Menschheitsgeschichte als »Urbilder« mit symbolischer Bedeutung, als sogenannte »Archetypen« (Kast, 2016). Solche Symbole seien z. B. auch in Märchen, Mythen, in der Religion und in der Kunst zu finden (z. B. das »Mandala«). Die Deutung der »Archetypen« ist der wichtigste Bestandteil der analytischen Therapie. Dagegen spielt die Analyse unbewusster affektiv-triebhafter Impulse eine geringere Rolle. Ziel der menschlichen Entwicklung ist nach Jung die Selbstintegration (»Selbstverwirklichung«, »Individuation«). Gegenüber Freuds eher naturwissenschaftlich-mechanistischer Psychoanalyse erscheint Jungs »Analytische Psychologie« eher philosophisch und religiös-mystisch (zur Übersicht: Roth, 2011; Stevens, 2015).

Weitere Entwicklungen der Psychoanalyse setzen andere Schwerpunkte (Ermann 2012; Conci & Mertens 2016). So wird in der sog. *Ich-Psychologie* das »Ich« stärker autonom gesehen als bei Freud, wodurch die Psychoanalyse ein weniger mechanistisches Gepräge bekommt Die *Neopsychoanalyse* (z. B. Horney, Fromm, Sullivan, Schultz-Hencke, Alexander), die sich vor allem in den USA entwickelte, lehnt die ausschließliche Orientierung an der Triebtheorie Freuds ab und betont stärker soziale und gesellschaftliche Einflüsse auf die menschliche Entwicklung und Persönlichkeit. Auch die Instanzenlehre wird weitgehend verlassen, und das Unbewusste als eigene Schicht wird eher zu einem Randphänomen. Ebenso wird der Aufschlüsselung von Träumen, Symbolen etc. keine besondere Bedeutung mehr beigemessen.

In den letzten Jahrzehnten haben *Objektbeziehungstheorien* (z. B. Kernberg 2010) große Bedeutung erlangt. Sie gehen davon aus, dass die realen frühkindlichen Beziehungen, insbesondere die Mutter-Kind-Beziehung, für die Entwicklung des Kindes von entscheidender Bedeutung sind. In ihnen verwirklicht das Kind seine angeborenen Neigungen, kognitive und affektive Bindungen zu Objekten in der Welt herzustellen. Diese Theorien wollen ein besseres Verständnis für die vielfach anzutreffenden psychischen Störungen bieten, in denen

Beziehungs- und Selbstwertprobleme zentral sind. Sie lassen sich nach diesem Ansatz auf reale Konflikte zurückführen, wie sie in den frühen Beziehungsformen der Kindheit bestanden haben (vgl. Stern, 2016).

Diese Theorien haben sich damit schon weit entfernt von der der freudschen Psychoanalyse, weil in ihnen die interpersonalen Bezüge ein stärkeres Gewicht bekommen haben. Sie zählen aber noch zu den tiefenpsychologischen Ansätzen, da unbewusste psychische Kräfte und frühkindliche Erfahrungen auch bei ihnen eine bedeutende Rolle spielen.

6.2 Behaviorismus

Der Behaviorismus, der vor allem in den Vereinigten Staaten populär wurde, geht in seiner ersten Ausformulierung auf den amerikanischen Psychologen John B. Watson (1878–1958) zurück. Ein weiterer bedeutender Vertreter dieser Richtung ist Burrhus F. Skinner (1904–1990). Es existieren verschiedene Richtungen innerhalb des Behaviorismus; wir erwähnen hier nur den »klassischen« und den »kognitiven« Behaviorismus.

Im *klassischen Behaviorismus* werden innere Prozesse, die nur der Introspektion (Selbstbeobachtung) zugänglich sind, von der wissenschaftlichen Analyse ausgeschlossen, da sie sich nicht eindeutig objektivieren lassen. Sie werden nur insoweit in die Betrachtung genommen, als sie durch Operationalisierung beobachtbar und messbar zu machen sind; z. B. kann Hunger (als subjektiver Zustand) in ein objektiv beobachtbares Phänomen verwandelt werden, wenn er als Zeit seit der letzten Nahrungsaufnahme definiert wird. Orthodoxe Behavioristen, wie z. B. Watson (1913) und Skinner (1982a, b), verneinen die Notwendigkeit der Annahme kognitiver Prozesse und Strukturen in der Person. Eine ausführliche Beschreibung des Verhaltens, seiner auslösenden Reize und seiner Konsequenzen (»Verhaltensanalyse«) genügen, um es »erklären« und um Voraussagen über die Auftretenswahrscheinlichkeit des Verhaltens machen zu können. Dieser Behaviorismus wird daher auch als »deskriptiver Behaviorismus« charakterisiert *(s. Tafel 50)*.

S	O	R	KV	C
Stimulus	*Organismus*	*Reaktion*	*Kontingenzverhältnis*	*Konsequenzen*
Hinweisreiz auf Verstärkung oder Bestrafung	Bedürfniszustand	Ebenen: ▶ beobachtbares Verhalten ▶ körperliche Reaktionen	Zeitlich-räumlicher Zusammenhang von Verhalten und Konsequenzen (z. B. unmittelbar, regelmäßig)	▶ Bekräftigung (positiv, negativ) ▶ Bestrafung (aversiv, Verlust) ▶ keine

Tafel 50: »Verhaltensgleichung« im deskriptiv behavioristischen Ansatz

Verhaltensdispositionen sind nach behavioristischer Auffassung das Ergebnis von Lernvorgängen. Der Einfluss von Reifungsprozessen und individuellen Unterschieden in den Erbanlagen wird gering eingeschätzt. Der Mensch ist das, was er gelernt hat. Die Individualität des Einzelnen ist deshalb in seiner individuellen Lerngeschichte begründet. Die Lernprozesse selbst werden zumeist als Verknüpfungen zwischen situativen Reizen und Reaktionen aufgefasst; die »klassische Konditionierung« und die »operante Konditionierung« (vgl. S. 94 f.) werden als Lernvorgänge schlechthin betrachtet. Sie sind in ihren Bedingungen objektiv analysierbar. Hinsichtlich der Lerngesetze nimmt der Mensch keine Sonderstellung ein, sondern gleicht sogar nicht-menschlichen Lebewesen wie Ratten, Mäusen und Tauben, an denen die Lerngesetze vornehmlich untersucht worden sind.

Hier knüpft vielfach die Kritik an: Menschen sind doch keine Ratten! Menschliches Erleben und Verhalten sind viel komplexer. Kritisiert werden auch die z. T. extreme Betonung situativer Einflüsse und die Vernachlässigung der genetischen Ausstattung des Menschen.

Allerdings schätzen andere Urteiler durchaus den Optimismus, der der menschlichen Entwicklung und Lebensgestaltung entgegengebracht wird: Durch Veränderung der Umwelteinflüsse lässt sich Verhalten verändern. In dieser Einsicht liegt einer der Ausgangs-

S	WP	IV	V	C
Situation	*Wahrnehmungsprozess*	*innere Verarbeitung*	*Handeln/ Erleben*	*Konsequenzen*
Vorbedingungen und Ereignisse (räumlich, materiell etc.). Intern: Bedürfnislage etc.	Orientieren, Aufnehmen und Kodieren von Information	Interpretation und Bewertung der Situation; Erwartung von Erfolg und Misserfolg, Ziele, Planungen etc.	Ebenen: ▶ beobachtbares Verhalten ▶ subjektives Erleben ▶ körperliche Reaktionen	▶ Verstärkung (positiv, negativ) ▶ Bestrafung (aversiv, Verlust) ▶ keine

Tafel 51: »Verhaltensgleichung« im kognitiv-behavioristischen Ansatz (in Anlehnung an Bartling et al., 2016, S. 18)

punkte für die klassische Verhaltenstherapie. Sie ist eng mit der Geschichte des Behaviorismus verbunden (vgl. Batra et al., 2012).

Aus dem Blickwinkel unseres integrierenden Modells liegt das Schwergewicht auf den situativen Anregern, auf der Verhaltensreaktion des Individuums und auf den darauf folgenden situativen Konsequenzen: Ausgangs- und Endpunkt ist also die Situation. Als Dispositionen werden gelernte situationsspezifische Verhaltensgewohnheiten (Habits) angenommen, die zu Habitsystemen organisiert sind und das Verhaltensrepertoire des Individuums darstellen.

Seit den Zeiten Watsons hat sich der Behaviorismus verändert. Anfänglich ganz auf die Analyse beobachtbaren Verhaltens konzentriert, hat er seit den 1960er-Jahren eine »kognitive Wende« genommen. Immer mehr kognitive Prozesse, die sich nicht direkt beobachten lassen, werden seitdem in die Verhaltensbeschreibung und -erklärung mit einbezogen (vgl. Bartling et al., 2016).

Dadurch ist aus dem ursprünglichen Behaviorismus der *Kognitive Behaviorismus* hervorgegangen (vgl. Schönpflug, 2016; Lück et al., 2017). Mit dieser Wende wird aber nicht die grundsätzliche Vorstellung aufgegeben, dass das Verhalten letztlich durch situative

Faktoren ausgelöst und aufrechterhalten wird. Gelerntes Verhalten ist immer ein »Response« in der Terminologie des Behaviorismus. Doch werden zwischen Reiz und Reaktion vermittelnde Prozesse und Strukturen angenommen, z. B. Selbstwirksamkeitserwartungen in der sozial-kognitiven Lerntheorie von Albert Bandura oder bei Walter Mischel ein »cognitive-affective processing system« (Gerrig, 2016, S. 525ff, s. auch *Tafel 51*).

Zugleich wird dem Individuum eine, wenn auch begrenzte, aktive Rolle gegenüber der Umwelt und bei der Steuerung von Lernprozessen zugesprochen. Eine Änderung des eigenen Verhaltens kann somit auch eine andere Verknüpfung mit den Konsequenzen (Kontingenz) nach sich ziehen. Bandura (1991, S. 221) formuliert dies so: »Der oft gehörte Satz: Verändere die Kontingenzen, und du veränderst das Verhalten, sollte reziprok ergänzt werden: Verändere das Verhalten, und du veränderst die Kontingenzen.«

Mit diesen Auffassungen werden die Übergänge zur Theorierichtung des Kognitivismus fließend. Im Gegensatz zu diesem ist aber für den Behaviorismus entscheidend, dass auch die vermittelnden kognitiven Prozesse auf reizgebundenem Lernen beruhen. Das Individuum kann sie nicht aus eigener »geistiger« Aktivität heraus erschaffen. Sie unterliegen den gleichen Lerngesetzmäßigkeiten wie anderes Verhalten auch (vgl. Bodenmann et al., 2015).

6.3 Kognitivismus

Der Kognitivismus (lat. *cognitio* = Erkenntnis) ist eine breite Strömung in der heutigen Psychologie. Er hat die höheren psychischen Prozesse und Strukturen zum Gegenstand, mit denen Menschen Informationen über ihre Umwelt aufnehmen, verarbeiten, verstehen und erinnern, die sie befähigen, rational zu denken und effizient mit ihr zu interagieren (vgl. Funke, 2017; Wentura & Frings, 2012).

Ein früher Vorläufer kann in der *Bewusstseinspsychologie* Wilhelm Wundts (1832–1920), des Begründers der empirischen Psychologie, gesehen werden. Die war zu Zeiten Freuds aktuell, und seine Psychoanalyse kann auch als eine Reaktion auf diese Strömung, die das psychische Geschehen mit den bewussten psychischen Vorgängen gleichsetzte, verstanden werden. Zu den Wegbereitern des Kognitivismus zählt auch die *Gestaltpsychologie,* die einen Höhepunkt in den 20er- und 30er-Jahren des letzten Jahrhunderts erlebte (Lück et al., 2017). Sie konnte zeigen, dass die Wahrnehmung und das Denken, wie Verhalten und Erleben generell, Resultate von kognitiven Prozessen der Strukturierung und Umstrukturierung sind. Aus dem Bereich der Wahrnehmungsprozesse sei ein Beispiel zur Verdeutlichung angeführt (*s. Tafel 52*).

Diese Bildvorlage entspricht dem Prinzip der »Vexierbilder« in den Rätselecken von Zeitungen. Man kann sie als »Bild einer jungen Frau« oder als »Portrait einer Hexe« sehen. Das »Umkippen« des einen Seheindrucks in den anderen wird durch den Wechsel des Fixationspunktes erreicht. – Hier wird deutlich: Der Wahrnehmungseindruck ist nicht das Ergebnis der Einwirkung einer bestimmten Summe von Einzelreizen. Er ist vielmehr die nach Gestaltprinzipien erfolgende Verarbeitung und Organisation dieser Reize.

Tafel 52: Verarbeitung und Organisation von Wahrnehmungsreizen nach Gestaltprinzipien

Kognitivistische Anschauungen gibt es in vielen Varianten. Auch in den beiden zuvor dargestellten theoriebezogenen Betrachtungsweisen gibt es kognitivistische Anklänge, z. B. in der psychoanalytischen Ich-Psychologie und des Kognitiven Behaviorismus. Bezugnehmend auf diese Entwicklungen wird deshalb auch ganz allgemein von einer »*kognitiven Wende*« in der Psychologie gesprochen, die sich ab ca. 1960 vollzogen hat (vgl. Neisser, 1967).

Die Kognitivisten gehen davon aus, dass das Verhalten von Menschen typischerweise nicht aus Reaktionen besteht, sondern aus Handlungen, die auf Ziele gerichtet, geplant und reguliert sind (»Wie kann ich mein Studium erfolgreich abschließen?« »Wie kann ich erreichen, dass die Kollegen meinem Vorschlag zustimmen?«, usw.) (zu Verhalten vs. Handlung s. auch S. 76). Betont wird also die kognitive Selbststeuerung und damit das Geschehen *zwischen* Reizaufnahme und Verhalten (vgl. Anderson, 2013). In den kognitiven Neurowissenschaften (s. S. 166) werden diese Prozesse mit komplexen, vernetzten neuronalen Aktivationsmustern im Gehirn (»Modulen«) in Verbindung gebracht (»Konnektionismus«), die die visuelle Wahrnehmung, das Hören, das Sprechen und Sprachverstehen, aber auch emotionalen Prozesse wie Angst oder Aggressivität repräsentieren.

Mit der Betonung der erkennenden Funktionen werden auf der Seite der Person auch deren schöpferische Fähigkeiten hervorgehoben: Sie ist kein reaktiv Informationen verarbeitender Organismus, sondern ein seine Umwelt erschließendes und vernunftorientiert handelndes Subjekt. Das Individuum erzeugt somit selbst Information und verleiht den Wahrnehmungen eine *individuelle Bedeutung,* die wiederum sein weiteres Handeln bestimmt. Durch das Handeln verändert das Subjekt die Situation, die es wiederum wahrnimmt und der es Bedeutung verleiht, usw. So steht der Mensch in einem beständigen Wechselverhältnis zur ihn umgebenden Situation bzw. aktuellen Umwelt. Man findet hier interaktionistische Auffassungen wieder, die unter anderem auch in der Persönlichkeitspsychologie und der Entwicklungspsychologie zur Geltung kommen (s. Kap. 4.2. und 4.3).

Menschen bilden zudem *Erwartungen* über eigene Kompetenzen (»Selbstwirksamkeitserwartungen«, z. B. »Die Prüfung traue ich mir zu«) oder über Handlungsergebnisse (»Ergebniserwartungen«, z. B. »Wenn ich viel Süßes esse, schade ich meiner Gesundheit«), und sie führen Ereignisse auf bestimmte Ursachen zurück (Attributionen; z. B. »Es sind die Umweltbelastungen, die meine Gesundheit gefährden«).

Durch ihre kognitiven Aktivitäten bauen sich Menschen eine *Ordnung der Wirklichkeit, eine Wissensstruktur* auf. So wird Lernen im Kognitivismus zu einem Prozess der Verarbeitung, der Interpretation, der Bewertung und des Abrufs von Informationen. Lernen bedeutet deshalb Lernen durch Einsicht, durch Verstehen und Nachvollziehen. Die »Black box« des klassischen Behaviorismus ist zur »White Box« geworden, in der die aktuellen psychischen Prozesse zumindest teilweise erkennbar werden.

Kognitivistische Auffassungen haben beispielsweise in der psychologischen Stressforschung eine herausragende Bedeutung erlangt – bei einem Phänomen also, das vielen Menschen primär körperlich-affektiver Natur zu sein scheint. In dem bekannten Stressmodell von Richard Lazarus (vgl. Knoll et al., 2017, S. 93ff) ist das Erleben von Stress ein Ergebnis von zwei Einschätzungen der Person (*s. Tafel 53*): Nimmt sie ein Ereignis als persönliche Bedrohung, als verlustbringend oder eher positiv als Herausforderung wahr? Und: Bewertet sie die eigenen Bewältigungschancen (z. B. eigene Kompetenz; Hilfen der Umwelt) als gut oder schlecht?

Erleben von Stress unter der kognitivistischen Lupe

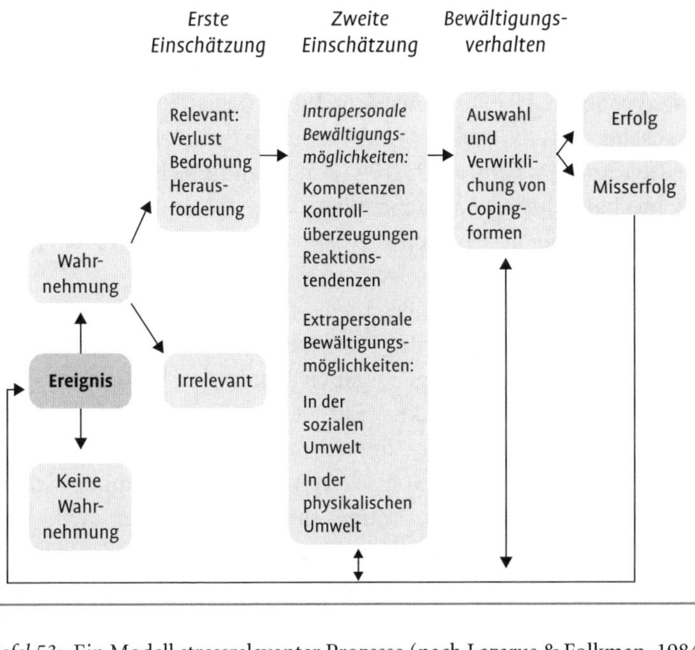

Tafel 53: Ein Modell stressrelevanter Prozesse (nach Lazarus & Folkman, 1984)

Konstruktivistische Auffassungen gehen noch einen Schritt weiter. Sie nehmen an, dass der Mensch sich die Wirklichkeit selbst kognitiv konstruiert. In einem selbstgesteuerten Lernprozess eignet er sich ganz individuelle Wissensbestände an. Sie bilden die Folie für alle weiteren Erfahrungen des jeweiligen Individuums. Das erworbene Wissen ist demnach kein Abbild der Wirklichkeit, sondern eine idiosynkratische Konstruktion, abhängig von der subjektiven Erfahrung. Das Wissen ist demnach auch kein Gegenstand, der sich vom Lehrenden zum Lernenden transportieren lässt und der ihm dann »eingetrichtert« werden kann, sondern wird in der sozialen Interaktion mit anderen (re)konstruiert (Herold & Herold, 2013; Reich, 2012).

6.4 Humanistische Psychologie

Mitte der 1950er-Jahre entwickelte sich in den USA die sog. Humanistische Psychologie, zu deren Vertretern vor allem Charlotte Bühler, Abraham Maslow, Carl R. Rogers, Fritz Perls und Viktor E. Frankl gehören. Die Humanistische Psychologie verstand sich neben klassischer Psychoanalyse und orthodoxem Behaviorismus als »dritte Kraft« (Maslow, 1973/1994) und wandte sich vor allem gegen die mechanistischen Menschenbilder, wie sie seinerzeit in diesen beiden Richtungen vertreten wurden (vgl. Quitmann, 1996; Hutterer, 2013).

Heutzutage sind die Unterschiede nicht mehr so gravierend. Mit der Weiterentwicklung von Psychoanalyse, Behaviorismus und Humanistischer Psychologie ergaben sich in den letzten Jahrzehnten auch Berührungspunkte. Ein verbindendes Glied ist unter anderem der Kognitivismus, der alle drei Theorierichtungen beeinflusst hat. In den anthropologischen Annahmen der humanistisch-psychologischen Grundströmung finden sich daher auch viele Übereinstimmungen mit dem Kognitivismus. Sie übernimmt aber nicht dessen rationalistische Sicht vom Menschen, sondern betont vielmehr die emotional-motivationalen Komponenten (vgl. Hagehülsmann, 1994).

Von zentraler Bedeutung ist das *bewusste Erleben,* worunter eine Ganzheit von Kognitionen, Emotionen und Motivationen der sich selbst und die Umwelt erfahrenden Person zu verstehen ist (vgl. Perls, 1969/1942; Rogers, 1961/2016). Die humanistischen Psychologen gehen vor allem der Frage nach, was Menschen über sich denken (»Selbstkonzept«), welche Gefühle und Motivationen sie bei sich selbst wahrnehmen, und wie sie ihre Umwelt und die Mitmenschen erleben. Zudem betonen sie den *Prozesscharakter* des Erlebens: Es befindet sich in einem ständigen Vorgang des »Sichentwickelns« und »Sichklärens«.

Die Mehrzahl der humanistischen Psychologen nimmt an, dass die Entwicklung vorangetrieben wird durch eine dem Menschen innewohnende Tendenz zur *Selbstverwirklichung.* Unter günstigen Umweltbedingungen kommt es zur Entfaltung individueller Motive und Kompetenzen und zu einer vertieften Selbst-Bewusstwerdung. Handelt der Mensch in Einklang mit der Selbstverwirklichungstendenz, führt sie ihn zu größerer Autonomie, Selbsterfüllung und Sinnfindung (vgl. Paulus, 1994). Maslow (1954/2005) hat hierzu ein hierarchisches Modell menschlicher Bedürfnisse entwickelt. Danach müssen zunächst wichtige »Defizit«-Bedürfnisse hinreichend befriedigt sein, ehe sich Wachstumsmotive bis hin zur Selbstverwirklichung voll entfalten können (*s. Tafel 54*). In eine ähnliche Richtung geht die Selbstbestimmungstheorie des neo-humanistisch-psychologischen Ansatzes von Deci & Ryan (s. S. 147).

Dagegen messen die *existenzialistisch-humanistisch* orientierten Psychologen (z. B. Frankl, May) einer inhärenten Selbstverwirklichungstendenz keine große Bedeutung bei. Für sie bedeutet Selbstverwirklichung vielmehr eine permanent zu leistende Aufgabe, um dem Leben und der eigenen Existenz Sinn zu verleihen. Auf diese Weise wird das Individuum zum »Schöpfer« seiner selbst und kreiert sich immer wieder neu. Sich dieser Aufgabe zu stellen und damit auch das Risiko des Scheiterns einzugehen, ist nach existenzialpsychologischer Überzeugung grundlegend für ein authentisches, psychisch gesundes Leben. Die Scheu, in lebenswichtigen Fragen Verantwortung für sich zu übernehmen, sich zu entscheiden und damit Verpflichtungen einzugehen, führt zu Sinnkrisen und existenziellem Schulderleben (vgl. May, 1991; Frankl, 1956/2007).

Selbstverwirklichungsbedürfnisse
(Bedürfnis nach Entfaltung der Persönlichkeit: Bedürfnis nach Wahrhaftigkeit, Schönheit, Güte, Lebendigkeit, Individualität, Gerechtigkeit, Sinnhaftigkeit etc.)

Bedürfnisse nach Wertschätzung
(Bedürfnis nach Wertschätzung und Anerkennung durch andere, Bedürfnis nach Selbstschätzung und Selbstachtung)

Bedürfnisse nach Zugehörigkeit und Liebe
(Bedürfnis nach Kontakt, nach Freundschaft, nach Aufnahme durch seinesgleichen etc.)

Bedürfnisse nach Sicherheit
(Bedürfnis nach Schutz vor Bedrohung, vor Krankheit und Schmerz, Bedürfnis nach Wohnung, nach Absicherung im Alter und gegen Arbeitslosigkeit etc.)

Physiologische Bedürfnisse
(Hunger, Durst, sexuelle Bedürfnisse, Bedürfnis nach körperlichem Wohlbefinden, nach Entspannung, lustvollen sinnlichen Erfahrungen etc.)

Tafel 54: Hierarchie der Bedürfnisse nach Abraham Maslow

Themen, die in der Psychologie an die Anliegen der humanistischen Psychologie anknüpfen, greift in jüngerer Zeit die »Positive Psychologie« auf (Seligman, 2012; Brohm, 2016). Glück, Optimismus, Geborgenheit, Vertrauen, Verzeihen, Demut oder auch Religiosität (Auhagen, 2008) weisen auf positive Seiten des Menschseins hin, die in den übrigen Theorierichtungen wenig Beachtung finden.

6.5 Systemische Sichtweise

In den letzten Jahrzehnten hat eine *systemische* Betrachtungsweise an Bedeutung gewonnen. Sie überträgt Einsichten aus der »Allgemeinen Systemtheorie« (Ludwig von Bertalanffy) auf die Beschreibung und Erklärung psychischen Geschehens. Allgemein gesprochen bestehen danach Systeme »aus Elementen, die für sich genommen als abgeschlossene Einheiten interpretiert werden können und die zum anderen untereinander in Wechselbeziehung stehen. Damit ist ein System mehr als eine Anhäufung von Einzelteilen, notwendig ist die Existenz einer Beziehungsstruktur zwischen den Elementen« (Strunk & Schiepek, 2006, S. 5). Als eine solche Beziehungsstruktur kann das (neuro-) psychische Geschehen in einem Individuum gelten, aber auch die Beziehung zwischen mehreren Individuen (z. B. Familie) oder zwischen Individuen und nicht-menschlichen Objekten (z. B. Organisationen). Je nach Forschungsfrage bzw. je nach geplanter Intervention ist ein System mehr oder weniger umfassend definiert.

Am Beispiel eines Schülers mit problematischem Verhalten lässt sich zeigen, wie durch die systemische Perspektive seine Verhaltensauffälligkeiten (z. B. »depressiv«, »dumm«) in einem neuen Licht erscheinen und dem Beobachter (Lehrer, Berater) ein umfassenderes Verständnis ermöglichen *(s. Tafel 55)*. Interpersonale Bezüge spielen in diesem theoretischen Ansatz eine bedeutende Rolle.

Die systemische Sichtweise ist zunächst vor allem in der Klinischen Psychologie aufgegriffen worden (s. Kap. 5.2). Eine Vielzahl von Familientherapien und -beratungsansätzen ist dort entwickelt worden (Schlippe & Schweitzer, 2016). Nicht einzelne Personen, sondern die ganze Familie sind dann der »Patient«. Darüber hinaus hat der systemische Ansatz im Anwendungsfeld der Familienpsychologie starken Einfluss (vgl. Schneewind, 2010; Jungbauer, 2014). Über die Familie hinaus ist der systemische Ansatz in der Organisationspsychologie, -entwicklung und -beratung verbreitet (vgl. Kriz, 2016; Kals & Gallenmüller-Roschmann, 2011), ebenso in der Ökologischen bzw. Umweltpsychologie (vgl. Hellbrück & Kals, 2012). Sein Einfluss reicht aber viel weiter. Er hat auch die anderen theoretischen Grundrichtungen um diesen Aspekt ergänzt und

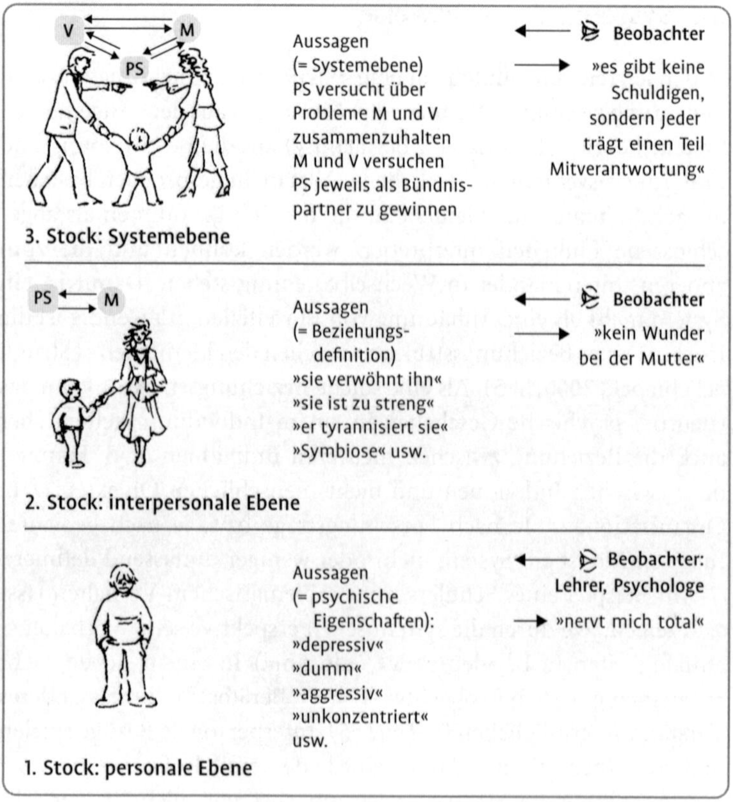

Tafel 55: »Stockwerksmodell« nach Hennig & Knödler (2000, S. 39): »Der systemische Ansatz in der schulpsychologischen Einzelfallhilfe ist nicht irgendeine neue Therapieform, sondern eine neue Sichtweise des Problemschülers. Es geht darum, auf welcher Ebene, auf welchem Stockwerk ich den Schüler in seinen Verhaltensauffälligkeiten sehe und erlebe«. (M = Mutter; PS = Problemschüler; V = Vater)

zum Teil zu Neuinterpretationen veranlasst. So gibt es z. B. Familientherapien sowohl mit psychoanalytischer wie auch mit verhaltenstherapeutischer Grundausrichtung. Von unseren Grundaspekten aus betrachtet betont die systemische Sichtweise ganz stark die interpersonalen Bezüge. Hinsichtlich der anderen Grundaspekte gibt es keine deutlichen Akzente.

6.6 Weitere theoretische Perspektiven

Neben den skizzierten »Grundströmungen« haben sich weitere Richtungen oder Perspektiven herausgebildet. Sie spiegeln wider, mit welchen wissenschaftlichen Disziplinen die Psychologie in Verbindung steht (Myers, 2014; Gerrig, 2016).

So spielt die *neuro- bzw. biopsychologische* Perspektive heute eine immer bedeutendere Rolle. Wir haben sie bereits als Grundlagengebiet, als Blick auf die organische Seite des psychischen Systems, dargestellt (s. Kap. 4.6). Die Biopsychologie kann aber auch als theoretischer Zugang zum Verständnis psychischen Geschehens begriffen werden. Deren zentrale Fragen sind: Wie werden durch die Funktionsweisen des Gehirns, des Nervensystems, des endokrinen Systems und der Gene Emotionen, Erinnerungen und sensorische Erfahrungen überhaupt möglich?

Von Relevanz ist auch die *evolutionspsychologische* Perspektive. Sie stellt die weitergehende Frage, warum bestimmte psychische Phänomene z. B. Emotionen, Problemlösen und Partnerwahlverhalten, bzw. deren zugrunde liegende neuronale Module sich überhaupt in der Phylogenese entwickeln konnten (Buss, 2004; Meyer et al., 2008). Denn aus Sicht der Evolutionspsychologie besteht das Gehirn in seinen unterschiedlichen Bereichen aus einer Vielzahl solcher Module, die durch natürliche Selektion entstanden sind, um bestimmte Aufgaben erledigen zu können (Euler, 2000; Buller, 2005): Warum sollten z. B. Männer motiviert sein, Frauen zu signalisieren, dass sie bereit sind, eine Ehe einzugehen? Evolutionspsychologen sehen darin *adaptive Vorteile* für Männer. Nach Buss (2004, S. 192) sind dies: »(1) Bessere Chancen, eine Partnerin anzuziehen, (2) erhöhte Möglichkeit, eine begehrenswerte Partnerin anzuziehen, (3) erhöhte Gewissheit der Vaterschaft, (4) erhöhte Überlebenschancen seiner Kinder und (5) erhöhter reproduktiver Erfolg der Kinder aufgrund der elterlichen Investitionen.« Oder: Warum gibt es die Eifersucht in zwischenmenschlichen Beziehungen? Aus evolutionär-psychologischer Perspektive hat sie den Zweck, das Konkurrenzverhalten eines

Artgenossen zu unterbinden, um den eigenen Reproduktionserfolg zu sichern (Buss, 1997). Hier werden die zentralen Themen des Überlebens und der damit verbundenen Reproduktion deutlich, die in der Evolutionsperspektive bedeutsam sind. Die evolutionäre Psychologie richtet damit den Blick auf die Ursprünge von allgemeinen, *art*spezifischen Merkmalen des Menschen.

Demgegenüber geht es der *soziokulturellen* Perspektive um die inter- und intrakulturellen Unterschiede im Erleben und Verhalten. Myers (2014, S. 13) schreibt hierzu: »Wir sind Afrikaner, Asiaten, Australier, Europäer oder Amerikaner. Worin gleichen wir uns als Mitglieder der einen menschlichen Familie? Worin unterscheiden wir uns als Angehörige verschiedener Umwelten?«

Diese Fragen sind von besonderer Brisanz gerade im Hinblick auf die zunehmende Multikulturalität und Diversität moderner Gesellschaften, die sich vor dem Hintergrund der Globalisierung, Technisierung und Digitalisierung im Wandel von der Industrie- zur Wissens- und Kommunikationsgesellschaft befinden. Verschiedene Umwelten bedeuten häufig auch soziale Ungleichheiten und ungleich verteilte Gesundheits- und Bildungschancen mit z. T. weitreichenden Folgen für das Erleben und Verhalten der Menschen (z. B. Anfälligkeiten für psychische Störungen; Hollederer, 2010).

7 Grundlegende »Tätigkeiten« im Umgang mit psychologischen Fragen

Auch Laien tun, was Psychologen tun. Sie versuchen, menschliches Verhalten und Erleben

- zu beschreiben (»Der Otto sitzt immer nur still da und sagt nichts«),
- zu erklären (»... weil er wegen der Kündigung so bedrückt ist«),
- vorherzusagen (»Bald zieht der sich noch ganz von der Welt zurück«),
- zu beeinflussen (»Könnten wir nicht was tun, um ihn etwas aufzumuntern?«).

Manchmal geben sie dabei auch Wertungen ab, nämlich positive oder negative Beurteilungen im Sinne von »angemessen«, »problematisch«, »unbefriedigend« etc. (»Der packt das auch ganz falsch an«).

Im Prinzip sind solche Tätigkeiten die Aufgabe jeder Wissenschaft, nicht nur der Psychologie. Zumindest gilt dies für das Beschreiben und Erklären. Ein Sonderfall ist das Bewerten. Ob es zum wissenschaftlichen Tun gehört, ist in der Psychologie zumindest umstritten; ganz vermeiden lässt es sich aber nicht (s. Abschn. 7.5).

Im Unterschied zu Laien achten Fachleute gewöhnlich darauf, die genannten Tätigkeiten deutlich zu unterscheiden (statt sie zu vermischen) und sie sehr sorgfältig auszuüben. Wer Psychologie lernt, soll letztlich »besser« beschreiben, erklären usw., und »besser« heißt: genauer, begründeter, systematischer und oftmals auch vorsichtiger, als man es im Alltag tut.

7.1 Beschreiben

Ohne eine Beschreibung der relevanten Sachverhalte sind alle anderen Tätigkeiten nicht sinnvoll möglich. Will man etwas erklären oder vorhersagen, muss man angeben, *was* man erklären oder vorhersagen will. Das mag trivial erscheinen, und doch ist diese Forderung oft gar nicht so leicht zu erfüllen. So entstehen beispielsweise mühselige Diskussionen darüber, ob man durch »Autorität« Menschen zu »mündigen« Staatsbürgern erziehen kann – ohne dass »Autorität« und »Mündigkeit« präzise und übereinstimmend beschrieben wurden.

7.1.1 Beobachtungen, Messungen, Schätzwerte

Allgemein gesprochen besteht das Beschreiben im »Feststellen, was ist« – und zwar in der doppelten Bedeutung des Wortes »Feststellen«, nämlich: (a) konstatieren, kennzeichnen etc. und (b) erfassen, ermitteln. In der Bedeutung (a) beschreibt man sprachlich beispielsweise die äußere Erscheinung einer Person oder den Hergang eines Unfalls. In der Bedeutung (b) gehört zum Feststellen, dass man Sachverhalte, bevor man sie in Worte fasst, zunächst einmal beobachtet, misst oder auszählt – dies ist das Feststellen im Sinne von Ermitteln, und es ist eine typische Tätigkeit in der Forschung ebenso wie in der Einzelfalldiagnostik.

Die sprachliche Beschreibung kann von sehr konkret bis sehr abstrakt reichen. Man beschreibt …

- sehr konkret, wenn man einzelne *Beobachtungen* mitteilt (»Der Otto sagt nichts«).
- relativ abstrakt und allgemein, wenn man verschiedene Beobachtungen zu einem *einschätzenden Urteil* zusammenfasst (»Franz ist ehrgeizig«).
- sehr abstrakt und allgemein, wenn man sich auf die Ebene von *Begriffsdefinitionen* begibt (»Aggression ist ein Verhalten, das …«, »Unter Autorität verstehe ich …«).

Manche Autoren sprechen nur bei konkreten Beobachtungen von Beschreibung. Dann braucht man allerdings einen anderen Oberbegriff für alle Formen des »Feststellens, was ist«; es hat sich jedoch kein anderer eingebürgert.

Zu einer Beschreibung können auch *quantitative Angaben* wie Häufigkeiten oder Messwerte gehören. So errechnet man z. B. die

»Intelligenz« nach den in einem Test gelösten Aufgaben; oder für den Grad der »Gewaltbereitschaft« einer Person zieht man vielleicht die Art und Anzahl der polizeilich registrierten Gewalthandlungen heran. Wenn man in dieser Weise einen Sachverhalt spezifiziert, indem man nämlich angibt, wie man ihn misst, spricht man von *Operationalisierung* oder *operationaler Definition*. Solche Art der Beschreibung kommt unter Laien fast nie vor, in der empirischen Forschung hingegen ständig. Hier führt man wissenschaftliche Debatten beispielsweise darüber, wie aussagefähig ein empirischer Befund zur Kreativität ist, wenn die Kreativität mit dem Verfahren XY gemessen wurde.

Als eine beschreibende Tätigkeit ist weiterhin das *Klassifizieren und Ordnen* einer Vielfalt von Erscheinungen anzusehen. So wie man Tiere, Autotypen oder Textsorten nach ihren Merkmalen unterteilt, so werden auch immer wieder psychologische Phänomene klassifiziert. Etliche Beispiele wurden in den vorangehenden Kapiteln vorgestellt, z. B. bei der Unterscheidung von Denkprozessen, von Emotionen, von Lernprozessen, von Personmerkmalen usw.

Beschreiben durch Beobachtungen

Häufig werden Sachverhalte beschrieben, indem man mitteilt, was man gesehen oder gehört hat: »X meldet sich zu Wort«, »Y kaut an den Fingernägeln« usw. Sichtbare Verhaltensweisen sind »im Prinzip« für alle Beobachter in gleicher Weise feststellbar. Dennoch sind Beobachtungen kein problemloser Weg der Beschreibung.

Schon bei punktuellen Ereignissen wie Unfällen können bekanntlich mehrere Augenzeugen durchaus Verschiedenes »beobachtet« haben. Und wenn man sich gar aufgrund von Beobachtungen ein »Urteil« über Menschen bilden will, ist oft unklar, ob man wirklich »Typisches« beobachtet hat. Beispiel: Man sieht auf einem Kinderspielplatz, wie eine Mutter ihr Kind heftig anbrüllt und schüttelt. Könnte man sie nun als »lieblose« Mutter beschreiben, oder war ihr Verhalten eine seltene Ausnahme? Selbst wenn alle Beobachter dasselbe beobachten, weiß man oft nicht, wie »zufällig« oder wie »typisch« das beobachtete Geschehen ist. Doch meist kommt noch hinzu, dass es auch vom Beobachter abhängt, ob ein Ereignis überhaupt wahrgenommen wird. (Mehr zu diesen Problemen unter den Stichworten »Reliabilität« und »Objektivität«, s. S. 234).

Die wissenschaftliche Psychologie versucht, diesen Schwächen durch Techniken des *systematischen* Beobachtens entgegenzuwirken (z. B. Bierhoff & Petermann, 2014, Bodenmann, 2006). Man legt dabei von vornherein fest, was man beobachten will und in welchen Situationen. Bei einer Gruppendiskussion beispielsweise könnte man unter anderem Verhaltensweisen wie diese registrieren: »Stimmt anderen zu« – »widerspricht anderen« – »greift Vorschlag anderer auf« – »unterbricht andere« etc. Im Schulunterricht könnte man erfassen: Lehrer/in gibt Information – … gibt Anweisung – … stellt enge Frage (eine richtige Antwort möglich) – stellt weite Frage (verschiedene Antworten möglich). – … lobt/akzeptiert Verhalten – … tadelt Verhalten – u. a. m.

Für viele Fragestellungen gibt es fertige Beobachtungssysteme, die sich aus einem ganzen Spektrum von Verhaltenskategorien zusammensetzen. Registriert wird dann die Häufigkeit, mit der entsprechende Verhaltensweisen in einem definierten Zeitraum vorkommen. Man kann für besondere Zwecke auch selber Beobachtungskategorien entwerfen, sollte ihre Eindeutigkeit allerdings erproben. Denn außer bei ganz eng definierten Verhaltensweisen (z. B. Häufigkeit von »bitte« und »danke« in einen Verkaufsgespräch) lassen die Kategorien oft einen gewissen Interpretationsspielraum zu, und für eine sichere Registrierung braucht man ein Beobachtungstraining.

In manchen Fällen sind technische Apparate die besten »Beobachter«, z. B. für die Registrierung von Blickbewegungen oder für die Erfassung von Entscheidungsprozessen bei einem Simulationsspiel am Computer. Dasselbe gilt für die Messung *physiologischer* Vorgänge, z. B. der Pulsfrequenz, des Blutdrucks, des elektrischen Hautwiderstandes und nicht zuletzt der Erregungspotentiale in einzelnen Bereichen des Gehirns.

Beobachten kann man nicht nur andere Menschen. In vielen Fällen ist auch *Selbstbeobachtung* möglich, eventuell sogar eine »systematische«. Man registriert z. B. in einer Strichliste seinen Zigarettenkonsum, seine Wortmeldungen im Seminar oder das Auftreten einer Angstreaktion.

Wo die direkte Beobachtung durch Außenstehende oder die technische Registrierung an Grenzen stößt, kommt häufig die *Befragung* ins Spiel. Sie richtet sich auf *Erlebnis*vorgänge wie Gedanken und Emotionen. Wenn Beobachter bei einem Menschen z. B. Erregungssymptome wahrnehmen, können sie nicht sicher sagen, ob er Angst, Ärger, Ungeduld oder ein anderes Gefühl erlebt. Genaues ist nur durch seine Mitteilungen zu erfahren – sofern der Befragte zutreffend über sein Innenleben berichtet. Vielleicht möchte er etwas verbergen, vielleicht fehlen ihm die passenden Worte (das gilt nicht nur für Kinder!). Viele Erlebnisphänomene sind nicht so präzise abzugrenzen und so zuverlässig zu registrieren wie sichtbare Verhaltensweisen. Die Angaben haben dann notgedrungen den Charakter von »Einschätzungen«.

Beschreiben durch subjektive Einschätzung

Je komplexer und unschärfer die Phänomene, umso schwieriger wird es, sie durch Beobachtungen zu beschreiben. Während man die Schnelligkeit eines Eisläufers mit der Stoppuhr messen kann, erfordert eine Kür im Eiskunstlauf die Zusammenfassung einer Fülle von Einzelbeobachtungen – sie wird »beurteilt«. Dabei kann mit »Beurteilung« zweierlei gemeint sein: (1) die Einschätzung des Ausprägungsgrades bestimmter Merkmale (z. B. der Vielseitigkeit, der Akrobatik) und (2) die Einstufung nach einem Gütemaßstab, meistens in Form von Noten. Nur in der ersten Bedeutung handelt es sich um eine Ist-Aussage: Man versucht, durch subjektive Einschätzungen ein Phänomen zu beschreiben. In der zweiten Bedeutung ist die Beurteilung eine Bewertung, ein Güte-Urteil (hierzu mehr auf S. 255). Beides wird zwar oft miteinander verknüpft, doch prinzipiell sind es verschiedene Aussagen. Eine Einschätzung wie »sehr temperamentvoll« oder »wenig extravertiert« ist das eine; wie positiv oder negativ man das bewertet, ist das andere. Und bei gleicher Ist-Einschätzung kann doch die Bewertung je nach Kontext und je nach Geschmack des Urteilers unterschiedlich ausfallen.

Wenn Menschen mithilfe von *Eigenschaftswörtern* beschrieben werden, sind dies Einschätzungen, keine Beobachtungen. Man kann nicht sehen, ob ein Mensch »sensibel«, »autoritär« oder »egoistisch« ist. Man versucht lediglich, eine Reihe von (eventuell sehr subjektiv ausgewählten) Wahrnehmungen unter einem einzigen Begriff zusammenzufassen. Das gilt für Beschreibungen durch Außenstehende ebenso wie für Selbstbeschreibungen. Die Urteiler sind sich der Subjektivität aber nicht immer bewusst und verwenden Eigenschaftswörter oft so, als bezeichneten sie etwas, was dem Objekt wirklich »eigen« sei (vgl. S. 80 zu Personfaktoren). Dies trifft zwar zu, wenn man z. B. sagt: »Der Apfel ist faul« (= Beobachtung). Wenn man jedoch sagt: »Der Schüler ist faul«, so ist dies eine subjektive Einschätzung, die beobachtetes Verhalten in bestimmten Kontexten verallgemeinert und überdies wohl negativ wertend gemeint ist. Selbst wenn man eigentlich gar nicht werten möchte – es gibt kaum ein Eigenschaftswort, das keinen wertenden Beiklang hat.

Es ist jedoch schwierig, bei Beschreibungen ganz ohne Adjektive auszukommen. Zwar lassen sich spezifische Kenntnisse und Fertigkeiten eines Menschen ziemlich direkt beobachten und benennen, aber sobald man die Beobachtungen etwas verallgemeinern will, lässt sich die Verwendung von Eigenschaftswörtern (z. B. »ist sprachgewandt«) kaum vermeiden – ungeachtet der damit verbundenen Probleme. Man braucht solche Wörter, um verschiedene Eindrücke auf einen kurzen Nenner bringen und sich in knapper Form zu verständigen.

Auch in der wissenschaftlichen Psychologie werden daher nicht nur Beobachtungen, sondern auch Eigenschaftswörter zur Charakterisierung von Menschen verwendet (»gewissenhaft«, »extravertiert« etc.). Allerdings versucht man meist, ihre Bedeutung anhand konkreterer Unteraspekte zu präzisieren, so etwa in Persönlichkeitstests. Besonders gebräuchlich ist es, direkte Einschätzungen durch Quantifizierungen vergleichbar zu machen. Man benutzt dazu sog. Schätzskalen (Rating-Skalen), auf denen der Ausprägungsgrad der Eigenschaft durch Zahlenwerte zu markieren ist (vgl. Langer & Schulz von Thun, 1974/2007; Bierhoff & Petermann, 2014). Zuweilen stellt man zwei Eigenschaftspaare als Pole einander gegenüber, etwa so:

aktiv	1–2–3–4–5–6–7	passiv
unfreundlich	1–2–3–4–5–6–7	freundlich

Verfahren dieser Art werden auch zur Selbstbeschreibung verwendet. Häufiger aber gibt es hierfür Fragebögen mit ganzen Sätzen, bei denen man sich für Antwortkategorien wie »häufig – selten – gar nicht« oder auch nur »ja – nein« zu entscheiden hat:

Ich lasse mich leicht aus der Ruhe bringen.	ja – nein
In Diskussionen rede ich gerne mit.	ja – nein

In jedem Fall sind es »intuitive« Einschätzungen des Befragten, ob er die eine oder die andere Antwort für treffender hält. Dadurch entstehende Zufallsfehler lassen sich vermindern, indem man zu der Eigenschaft, die ermittelt werden soll, eine Vielzahl von Einschätzungen erfragt.

7.1.2 Diagnostik: Die Vielfalt der Verfahren

Psychologische Diagnostik richtet sich gewöhnlich auf die Klärung konkreter Fälle. Meistens sind dies einzelne Personen, manchmal auch Gruppen oder Institutionen. Das Diagnostizieren darf nicht mit Testen gleichgesetzt werden, vielmehr umfasst es den gesamten Untersuchungsprozess von der Planung über die Durchführung bis zur Auswertung und Interpretation (Rentzsch & Schütz, 2009). Am Ende stehen dann häufig Erklärungen für bestimmte Probleme, manchmal auch Prognosen: Warum sind die Schulleistungen dieses Kindes so abgesunken? Oder: Ist zu erwarten, dass dieser Täter rückfällig wird?

Fragebögen, Tests, Verhaltensbeobachtungen, Schätzskalen oder physiologische Messungen stehen im Dienste des diagnostischen Prozesses. Sie sollen feststellen, was »ist«, und sind insofern Instrumente zur genaueren Beschreibung, beispielsweise von intellektuellen Fähigkeiten, von Motivausprägungen oder von Temperamentsmerkmalen eines Menschen. Wenn man daraus Erklärungen oder Vorhersagen ableitet, sind das weiterführende Schritte, die sich im Kopf des Untersuchers abspielen. (*Tafel 56* nennt einige typische Formen diagnostischer Instrumente; vgl. etwa Rentzsch & Schütz, 2009; Petermann & Daseking, 2015).

Einige Typen diagnostischer Verfahren

- Fähigkeits- und Leistungstests: z. B. Intelligenztests, Entwicklungstests, Schulleistungstests, Motoriktests
- Persönlichkeitsfragebögen: Erfassung von Personmerkmalen auf der Basis von Selbstbeschreibungen des Probanden
- Projektive Tests: Erfassung von Personmerkmalen auf der Basis von Fantasien, die ein Proband z. B. zu mehrdeutigen Bildern vorträgt
- Systematische Verhaltensbeobachtung; Verhaltensbeurteilung (Einschätzung auf Skalen)
- Befragungen, Gespräche

Tafel 56: Diagnostische Verfahren dienen meist der genauen Beschreibung von Leistungen, Fähigkeiten und sozial-emotionalen Personmerkmalen

In der wissenschaftlich fundierten Diagnostik wird darauf geachtet, dass die eingesetzten Verfahren sogenannten *Gütekriterien* gerecht werden, die zum Teil schon angedeutet wurden:

Das erste ist die *Objektivität.* Damit ist nicht gemeint, dass man weiß, wie der Sachverhalt »wirklich« ist, sondern dass die Befunde von der Person des Untersuchers unabhängig sind: Objektivität = intersubjektive Übereinstimmung. Dies ist bei Einschätzungen nur begrenzt erreichbar, bei systematischer Verhaltensbeobachtung schon besser, bei physiologischen Messungen sehr gut und ebenso bei Testverfahren, die für eine objektive Auswertung (meist durch Auszählen der Messwerte) konstruiert sind. Auch bei sehr objektiver Auswertung kann allerdings die anschließende Interpretation der Befunde viel subjektiven Spielraum lassen.

Das zweite Kriterium ist die sog. *Reliabilität,* Messgenauigkeit oder Zuverlässigkeit. Im physikalischen Bereich, z. B. bei der Längenmessung, gibt es da selten Probleme. Ein Zollstock misst bei demselben Tisch heute keine andere Länge als gestern. Solche Zuverlässigkeit ist in der Psychologie nicht erreichbar. Da misst man eher mit Maßstäben »aus lockerem Gummiband« (Selg et al., 1992, S. 35). Die Ungenauigkeit hat verschiedene Gründe. Schon die erwähnte Abhängigkeit vom Untersucher senkt die Messgenauigkeit; insofern fließt das Kriterium der Objektivität in die Reliabilität mit ein. Aber zu ihr gehören noch weitere Einflüsse: Wenn z. B. eine Beobachtung oder ein Testbefund davon abhängt, ob man jemanden in einem »glücklichen« oder »unglücklichen« Augenblick untersucht, oder wenn Aufgaben durch Raten gelöst werden können, dann mindert dies die Reliabilität. Mit anderen Worten: Es geht um die Frage, wieweit die gewonnenen Daten wirklich »repräsentativ« (und nicht etwa zufällig) sind, wieweit also mehrfache Messungen in etwa dasselbe Ergebnis liefern. Um diese Messgenauigkeit zu erhöhen, kann man z. B. die Zahl von Aufgaben vergrößern oder die Beobachtungszeiträume verlängern.

Nun kommt es aber nicht nur darauf an, dass man überhaupt genau misst, sondern speziell *das*, was gemessen werden *soll*. Das letztlich entscheidende Gütekriterium ist daher die sog. *Validität* oder Gültigkeit: Wieweit lassen die Befunde eine Aussage über eben den Sachverhalt zu, über den man etwas aussagen will? Wieweit sagt beispielsweise die – recht objektiv und reliabel messbare – Rechtschreibleistung etwas über die Eignung für die höhere Schule oder für eine Abteilungsleiterstelle im Kaufhaus aus? Die Validität hat also bereits mit Erklären und Vorhersagen zu tun.

Beispiel: Prüfungen. Die Abhängigkeit der Ergebnisse von der Person des Prüfers ist eine Sache der Objektivität. Die Reliabilität erstreckt sich auf Aspekte wie die momentane Verfassung des Prüflings, Missverständnisse im Prüfungsgespräch, die zufällig »drangekommenen« Fragen usw. Die Validität schließlich betrifft die Frage, wieweit die Prüfung genau das ermittelt, was sie ermitteln soll, etwa die Problemlösefähigkeit in einem bestimmten Sachgebiet (und nicht etwa die Neigung, dem Prüfer nach dem Munde zu reden, die Stressfestigkeit unter Zeitdruck o. a.).

Wie die Beispiele zeigen, geht es hier *nicht nur* um wissenschaftliche Probleme, sondern um grundsätzliche Kriterien für Aussagen über Menschen und Sachverhalte. Fachleute sind sich der Probleme solcher Aussagen allerdings eher bewusst als Laien und bemühen sich, ihre Erkenntnismethoden im Sinne der drei Gütekriterien zu verbessern. Nicht selten erweist sich das als sehr schwierig. So sind manche diagnostischen Instrumente bis heute umstritten geblieben (z. B. die Graphologie).

Um festzustellen, wieweit ein Verfahren den Gütekriterien entspricht, ist man auf aufwendige, manchmal jahrelange Untersuchungen angewiesen, und die ermittelten Kennwerte müssen angegeben werden. Keineswegs ist es möglich, die Qualität diagnostischer Verfahren durch bloßes Anschauen festzustellen, wie manche Laien glauben, die z. B. einen Fragebogen kritisieren, weil ihnen eine bestimmte Frage nicht einleuchtet. Auch versierte Psychologen können weder nach bloßem Augenschein über ein Verfahren ein sicheres Urteil fällen, noch können sie aus freier Intuition seriöse diagnostische Verfahren konstruieren (wie das bei den sog. Psychotests mancher Publikumszeitschriften geschieht).

Lernreflexion

Die wissenschaftliche Psychologie versucht, psychische Sachverhalte präziser zu erfassen und darzustellen, als Menschen dies im Alltag tun. Erläutern Sie einige Methoden, die dabei angewandt werden.

7.2 Erklären

Erst beschreiben, dann erklären – so sollte es sein. Doch diese Reihenfolge wird keineswegs immer eingehalten. Nicht selten bemühen sich Menschen um Erklärungen, bevor sie hinreichend spezifiziert haben, *was* sie eigentlich erklären wollen. Da spekulieren manche über die Ursachen der »Null-Bock-Mentalität von Jugendlichen«, ohne präzisiert zu haben, was sie mit diesem Ausdruck konkret meinen und was nicht. Da suchen andere nach einer Erklärung für »die« menschliche Aggression, ohne anzugeben, ob sie dabei an jähzornige Kinder, an Geiselnahme beim Bankraub oder an das Abwerfen von Bomben im Kriege denken.

7.2.1 Erklärungen statt Pseudo-Erklärungen

Erklärungen sind Angaben über das »Warum« von Sachverhalten. Sie nennen Bedingungen, Gründe, Ursachen, und zwar so, dass man dabei auf bekannte Gesetzmäßigkeiten zurückgreift (vgl. Breuer, 1991). Nicht gemeint ist hier das Erklären im Sinne von »Erläutern« (»Kannst du mir den Begriff Autonomie erklären?«), das wohl meist auf ein differenziertes Beschreiben hinausläuft.

Das Erklären, um das es hier geht, setzt die Beschreibung von wenigstens zwei Sachverhalten voraus. Jeder Sachverhalt ist für sich allein keine Erklärung, sondern nur in Hinsicht auf einen *anderen* Sachverhalt. Das Gefühl der Freude erklärt die überschwängliche Begrüßung, die bissige Bemerkung von Herrn X erklärt die saure Miene von Frau Y.

Genau gesehen kann man zu solchen Zusammenhängen zweierlei Aussagen machen, die Laucken, Schick & Höge (1996) als Erklärungen erster und zweiter Ordnung bezeichnen (*s. Tafel 57*). Man kann sich darauf beschränken, *dass* zwischen Sachverhalt A (»unabhängige Variable«) und Sachverhalt B (»abhängige Variable«) ein Bedingungsverhältnis besteht: Wenn man dieses Medikament injiziert, geht das Fieber weg; oder: Wenn man Herrn X nach seinem Beruf fragt, fängt er an zu stottern. Dies wären Erklärungen erster Ordnung; sie beschreiben einen regelhaften Bedingungs-Folge-Zusammenhang.

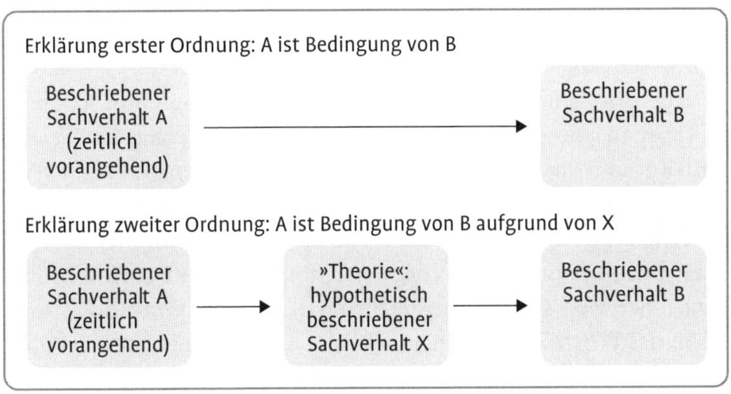

Tafel 57: Erklärungen erster und zweiter Ordnung (nach Laucken et al., 1996)

Man kann aber weiter fragen, *warum* das Medikament das Fieber senkt oder warum die Frage das Stottern auslöst. Erklärungen hierzu enthalten Aussagen über das, was sich in dem unsichtbaren Feld zwischen A und B (in der »Blackbox«) abspielt, also Aussagen über die Vermittlungsprozesse, die den Zusammenhang zustande bringen. Im ersten Beispiel wären das Aussagen über biochemische Vorgänge, im zweiten Beispiel über die Gedanken und Gefühle bei Herrn X. Solche Antworten auf die Warum-Frage sind Erklärungen zweiter Ordnung; sie sind gewöhnlich gemeint, wenn man von einer »Theorie« spricht. Der Ausdruck »Bedingung« ist übrigens dem der »Ursache« vorzuziehen, da kein Faktor A gewissermaßen aus sich heraus die Folge B hervorbringen kann, sondern nur, wenn er auf Gegebenheiten trifft, die eine solche Wirkung zulassen. Darauf ist gleich noch einmal zurückzukommen.

Viele Erklärungen in der »naiven«, aber zuweilen auch in der wissenschaftlichen Psychologie, sind weder Erklärungen erster Ordnung noch zweiter Ordnung, sondern im Grunde *Pseudo-Erklärungen*. Wenn man z. B. das Spielen mit einem Spieltrieb, das Nachahmen mit einem Nachahmungstrieb und aggressives Verhalten mit einem Aggressionstrieb erklärt, so hat man lediglich ein Wort angehängt und damit nicht mehr ausgesagt, als man ohnehin sehen kann, dass nämlich Menschen dieses oder jenes häufig tun. Es ist etwa so gehaltvoll, als würde man die Bewegungen der Gestirne mit einem »Drehtrieb« erklären.

Das schließt nicht aus, dass die Verwendung eines Wortes wie »Trieb« durchaus eine Erklärung enthalten *kann* – dann nämlich, wenn man diesen hypothetischen Sachverhalt eigenständig beschreibt, also *un*abhängig von dem zu erklärenden Sachverhalt B, und zudem mithilfe von Aussagen, die prinzipiell überprüfbar sind. Im Falle des Triebes könnte das z. B. bedeuten: Man macht Aussagen über hirnphysiologische Vorgänge, über Aufladungs-Abfuhr-Zyklen, über wechselnde Ansprechbarkeit für bestimmte Reize usw. Nicht das Wort, sondern die inhaltliche Ausfüllung entscheidet über den Erklärungswert.

Die Angabe von »Eigenschaften« ist ein weiteres Beispiel. Wenn man die Hilfeleistung eines Menschen mit dessen »Hilfsbereitschaft« erklärt, ist dies zunächst nur ein Wort. Um zu testen, ob mehr »dahintersteckt«, müsste man fragen: Woher weißt du, ob X »hilfsbereit« ist? Lautet die Antwort: »Weil er anderen hilft«, dreht sich die »Erklärung« im Kreis, ist also eine Pseudo-Erklärung. Wenn man hingegen »Hilfsbereitschaft« inhaltlich füllt, z. B. als Neigung, sich in die Not anderer einzufühlen, sich selbst Verantwortung zuzuschreiben u. dgl., dann kann dies zu einer nützlichen Erklärung (zweiter Ordnung) werden.

Man sollte sich dabei stets bewusst sein, dass Begriffe wie »Trieb«, »Motivation«, »Einfühlung« usw. sich nicht auf etwas direkt Erfassbares, sondern auf etwas Erschlossenes und Angenommenes beziehen. Man spricht daher von *hypothetischen Konstrukten.* Es sind gedankliche Konstruktionen, wenn auch keine freien Erfindungen. Die Konstrukte sind umso begründeter und zweckmäßiger, je besser sie mit empirischen Feststellungen in Einklang stehen. Dies zu überprüfen und die Konstrukte gegebenenfalls zu modifizieren, ist eine geradezu typische Aufgabe psychologischer Forschung. Sie kann beispielsweise dazu führen, dass globale Konstrukte in spezifische Konstrukte ausdifferenziert werden, so etwa »Intelligenz« in verschiedene Intelligenzformen.

In der Alltagspsychologie werden die unsichtbaren Phänomene zuweilen nicht wie hypothetische Konstrukte verstanden, sondern sozusagen wie psychische Organe, die im Menschen etwas »machen«. Das gilt besonders für substantivische Begriffe wie »der Wille«, »das Gewissen« oder auch »die Seele«. Viele Alltagsbegriffe, die solche Vorstellungen suggerieren, werden daher in der empirischen Psychologie eher gemieden oder doch zumindest aufgeschlüsselt. So kann man etwa anstelle des »Gewissens« moralische Urteile, Schuldgefühle und moralisches Handeln untersuchen.

7.2.2 Zusammenhang = Verursachung?

Das Erklären besteht also in der Benennung und Beschreibung von »verursachenden« Sachverhalten. Im psychologischen Bereich stößt man dabei allerdings immer wieder auf typische Probleme.

Was bedingt was?

Ausgangspunkt einer Erklärung ist häufig zunächst einmal die Beobachtung, dass zwei Sachverhalte A und B miteinander »zusammenhängen«, das heißt, dass beide gemeinsam auftreten und variieren (»kovariieren«, »korrelieren«). Damit allein ist aber keineswegs immer klar, was Ursache und was Wirkung ist.

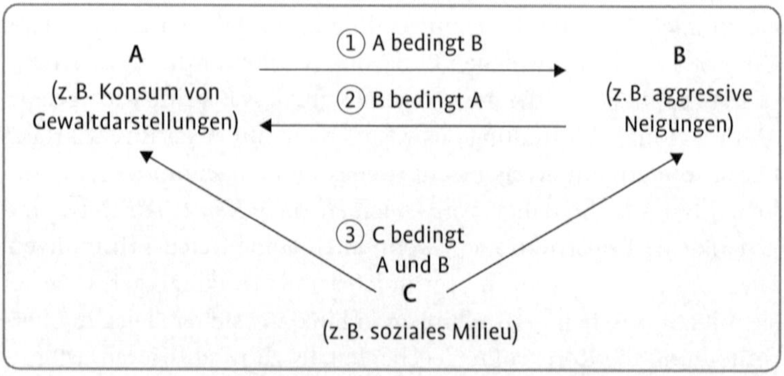

Tafel 58: Wie ein Zusammenhang zwischen A und B erklärt werden könnte

Ein Beispiel: Seit Jahrzehnten ist bekannt, dass zwischen (A) dem Fernsehkonsum von Kindern und Jugendlichen und (B) ihrer Aggressivität ein statistischer Zusammenhang besteht. Doch kann man aufgrund dieses Zusammenhangs schließen, dass Fernsehen aggressiv macht? Nicht sicher. Vielleicht ist es genau umgekehrt: Aggressive Kinder haben eine größere Vorliebe fürs Fernsehen und speziell für Gewaltdarstellungen und schauen sich deshalb häufiger solche Sendungen an. Als dritte Erklärung kommt in Frage, dass sowohl der hohe Fernsehkonsum als auch das aggressive Verhalten auf einen gemeinsamen Faktor (C) zurückgehen, nämlich auf das Erziehungsmilieu (*s. Tafel 58*). Möglich ist sogar, dass auch umgekehrt das Verhalten der Kinder das Erziehungsklima »verschärft« (in der Tafel nicht eingezeichnet).

Im psychologischen Bereich ist es sehr typisch, dass mehrere Kausalbeziehungen gleichzeitig zutreffen, dass sich also die Sachverhalte (A) und (B) wechselseitig bedingen, dass beide auf einem Faktor (C) beruhen, und dass eventuell auch (A) und/oder (B) auf

(C) zurückwirken. Bei unserem Beispiel, dem Zusammenhang von Fernsehkonsum und Aggressivität, lassen sich tatsächlich Belege für alle genannten Ursache-Wirkungs-Beziehungen finden, mithin auch für den negativen Einfluss von Gewalt im Fernsehen. Ähnliches gilt für gewalthaltige Computerspiele (vgl. etwa Anderson & Bushman, 2002; Anderson et al., 2010).

Ein weiteres Beispiel: Es gibt eine negative (= gegenläufige) Korrelation zwischen Angst und Schulleistung. Das kann bedeuten: (1) Angst beeinträchtigt die gedankliche Leistung (z. B. in einer Klassenarbeit), oder: (2) Misserfolge, also schwache Leistungen, steigern die Angst, oder: (3) Beide Faktoren, Angst und schlechte Leistungen, bedingen sich gegenseitig und münden in einen Teufelskreis, oder: (4) Sowohl die Ängstlichkeit des Schülers als auch sein Leistungsversagen beruhen auf ungünstigen familiären Bedingungen, oder: (5) Die schlechten Schulleistungen tragen selber zur Verschlechterung des Familienklimas bei (Beispiel erweitert nach Rost, 2005, S. 121f.).

Fazit: Bei psychologischen Phänomenen sind vielfältige Kausalrichtungen nicht die Ausnahme, sondern eher die Regel. Ein bestimmter Faktor ist also häufig gleichzeitig »Ursache« und »Wirkung«.

Erklären mit Bedingungsgefügen statt einzelnen »Ursachen«

Wenn in der Literatur über empirische Zusammenhänge berichtet wird, so sind diese nie im Sinne eines strengen Gesetzes »wenn a, dann b« zu verstehen. Sie können nur statistische Trends, also Wahrscheinlichkeitsaussagen sein, da neben den in der Untersuchung *erfassten* Zusammenhängen noch weitere, nicht erfasste Zusammenhänge bestehen.

Da kein Faktor für sich alleine steht, kann er auch nie einen absoluten, sondern nur eine relativen Einfluss haben. Ein Faktor (A) »führt« nicht zu einer bestimmten Folge (B), sondern begünstigt sie nur. Es ist wie mit dem Rauchen: Obwohl es, statistisch gesehen, unbestreitbar verschiedene Krebsarten fördert, wird man doch immer wieder die berühmten 90-Jährigen finden, die ihr Leben lang geraucht haben. Es kommt eben auch auf andere Faktoren an, z. B. auf genetische Faktoren, körperliche Bewegung, psychische Belastungen, Ernährungsgewohnheiten usw. Ebenso ist es mit der Gewalt im Fernsehen: Sehr viele, wenn nicht die meisten Kinder und

Jugendliche werden, ebenso wie erwachsene Krimifreunde, nicht schädlich beeinflusst, weil sie die Filme kritisch verarbeiten können und sich aufgrund ihrer Einstellungen von der Gewalt distanzieren. Neben dem situativen Faktor Fernsehgewalt sind also auch die Dispositionen der zuschauenden Personen bzw. ihr familiärer Hintergrund zu berücksichtigen.

Jeder Faktor hat nur relatives Gewicht innerhalb eines Bedingungs*gefüges*. Er liefert daher auch nicht die ganze Erklärung, sondern nur eine Teilerklärung. Dies gilt für psychische Phänomene noch mehr als für biologische, da manchmal schon ganz unauffällige Einflüsse (z. B. das Stirnrunzeln des Versuchsleiters, die Tagesform eines Befragten) die Ergebnisse mitbestimmen können. Die statistischen Zusammenhänge sind für die Theoriebildung stets von größtem Interesse, aber nicht für jeden Einzelfall. Denn Einzelfälle können von dem Trend abweichen oder ihm zuwiderlaufen, weil andere Zusammenhänge hier ausnahmsweise noch mehr Gewicht haben.

Da stets mehrere Bedingungen zusammenwirken, ist es auch problematisch, einen Faktor als die »Ursache« zu bezeichnen. Wenn man sagt, die »Ursache« für einen Unfall sei überhöhte Geschwindigkeit, so ist dies, streng genommen, eine Vereinfachung. Hohes Tempo führt ja normalerweise nicht zum Unfall, sondern nur, wenn andere Bedingungen hinzukommen, z. B. eine schwierige Kurve, eine glatte Fahrbahn oder mangelndes Fahrtraining. Die Beispiele zeigen: Wenn man von einer »Ursache« spricht, kann das nur bedeuten, dass man eine bestimmte Bedingung besonders *hervorheben* möchte.

In der Psychologie greifen einfache, lineare Ursache-Wirkungs-Aussagen so gut wie immer zu kurz. Weder eine schlechte Schulleistung noch aggressives Verhalten noch soziales Engagement noch irgendein anderes Verhalten kann durch eine Einzelbedingung hervorgebracht werden, sondern immer nur durch das Zusammenwirken verschiedener Bedingungen. Es sei daran erinnert (s. Kap. 3), dass stets personale Faktoren und Kontextfaktoren zu berücksichtigen sind – beide jeweils im Plural. Jede Untersuchung kann aus dem Gefüge der wirksamen Faktoren nur einen Teil hinreichend erfassen. Überdies ist zu beachten, dass die Komponenten eines Bedingungsgefüges sich meist nicht einfach addieren, sondern zusammenwirken oder sich gegenseitig bedingen.

Dass die Einflüsse oft so zahlreich und die Wechselwirkungen so kompliziert sind, macht verständlich, warum psychologische Erklärungen und Vorhersagen nicht so »exakt« sein können wie in der Physik, sondern stets nur mehr oder minder gut begründete Wahrscheinlichkeitsaussagen sind.

7.2.3 Strategien zur Klärung von Kausalfragen

Wenn man nun Korrelationen zwischen verschiedenen Sachverhalten findet, wie kann man dann herausfinden, welche Kausalrichtung tatsächlich zutrifft? Wie gesagt: Allein aus dem Zusammenhang lässt es sich nicht sicher entscheiden. Ebendies gilt für die allermeisten Erhebungen in natürlichen Situationen, für sog. *Feldstudien.* Sie stoßen bei der Kausalfrage gewöhnlich an Grenzen.

Was geht voran, was folgt?
Allerdings gibt es auch bei Feldstudien eine Ausnahme. Eine kausale Interpretation ist möglich, wenn man sicher weiß, welcher Sachverhalt vorangeht und welcher nachfolgt. Möglich ist dies bei einer *Längsschnittuntersuchung*, in der dieselben Personen wiederholt in gewissen Zeitabständen (z. B. alle zwei Jahre) untersucht werden.

Beispiel: Man findet gewöhnlich Korrelationen zwischen dem Erziehungsstil von Eltern und dem Sozialverhalten ihrer Kinder. Wenn man nun ermittelt, dass der elterliche Erziehungsstil in der *früheren* Erhebung mit dem Verhalten der Kinder in der *späteren* Erhebung besonders eng korreliert, so bedeutet dies wahrscheinlich, dass die elterliche Erziehung das Verhalten der Kinder kausal beeinflusst hat. Wenn hingegen umgekehrt die engste Korrelation zwischen dem früher registrierten Verhalten der Kinder (z. B. Ausmaß aggressiven Verhaltens) und dem nachfolgend ermittelten Erziehungsstil gefunden wird, so haben die Eltern offenbar auf das Verhalten des Kindes *re*agiert; oder überspitzt gesagt: Das Kind hat die Eltern »erzogen«.

Der bekannteste Weg, Ursache-Wirkungs-Beziehungen aufzudecken, ist das *Experiment*. Hier legt man selber fest, was vorangeht. Denn im Experiment werden einzelne Faktoren willkürlich verändert (unabhängige Variablen), um zu beobachten, welche Folgen dies hat (abhängige Variablen). In strenger Form leistet dies nur ein sog. *Laborexperiment*, in dem alle anderen Faktoren und der untersuchte Personenkreis vergleichbar gehalten werden. Ein Beispiel zum Problem von Gewaltdarstellungen: In einem Versuchsraum (wo also der Einfluss anwesender Eltern, der häuslichen Ausstattung usw. ausgeschaltet ist) wird Kindern ein kurzer Film mit Gewaltszenen vorgeführt. Anschließend erhalten sie Spielmaterial, das auch für aggressive Spiele geeignet ist. Das Verhalten der Kinder wird verglichen mit dem von anderen Kindern (»Kontrollgruppe«), die zuvor einen »gewaltlosen« Film gesehen haben.

Solche Experimente können einerseits den Einfluss einzelner Faktoren isolieren, was für die Theoriebildung wichtig ist, sie haben aber andererseits den Nachteil, dass sie für das Leben in natürlichen Umgebungen weniger repräsentativ sind, dass es ihnen daher an »ökologischer Validität« mangelt. Als zweiter Typ des Experiments wird daher vielfach das sog. *Feldexperiment* gewählt. Es findet in natürlicher Umgebung statt, und die Versuchspersonen wissen gar nicht, dass sie solche sind. Man simuliert z. B. am Rande einer Landstraße eine Panne oder einen Unfall, um das Hilfeverhalten der Vorbeifahrenden zu erforschen. Oder: Man veranstaltet in einem Jugendwohnheim eine »Filmwoche«, in der einige Häuser des Heimes mit gewalttätiger und andere mit »neutraler« Kost versorgt werden, und registriert dann das Verhalten der Jugendlichen im Umgang miteinander. Die größere Lebensnähe des Feldexperiments erkauft man sich allerdings mit dem Risiko, dass die Ergebnisse auch von unkontrollierten Nebeneinflüssen der natürlichen Situation mitbestimmt sein können.

Alle Untersuchungsformen haben ihre Vor- und Nachteile, sie erfüllen unterschiedliche Funktionen im Forschungsprozess und müssen sich daher notwendigerweise ergänzen (vgl. Diekmann, 2012; Bierhoff & Petermann, 2014).

Erklären oder Verstehen?

Psychische Phänomene erklären zu wollen, indem man mit empirischen Methoden Bedingungszusammenhänge untersucht, ist keineswegs immer eine wissenschaftliche Selbstverständlichkeit gewesen. »Die Natur erklären wir, das Seelenleben verstehen wir« (Dilthey) war das Motto der »Verstehenden Psychologie«, die sich Ende des 19. Jahrhunderts gegen die damals beginnende Orientierung am Vorbild naturwissenschaftlicher Forschungsmethodik wandte.

Ein solcher Standpunkt wird in der heutigen Psychologie (jedenfalls wie sie gewöhnlich an den Universitäten gelehrt wird) kaum noch vertreten. Es herrscht die Überzeugung vor, dass das eigene Erleben als Basis für das Verständnis von Menschen sowie das intuitive Erfassen von Zusammenhängen keine ausreichende wissenschaftliche Grundlage sein können. Das heißt jedoch nicht, dass das »Verstehen« in diesem weiten Sinne allenfalls für praktische Problembewältigungen von Bedeutung ist. Auch in der Forschung spielt es durchaus eine wichtige Rolle, nämlich bei der *Bildung* von Hypothesen, wenngleich es für deren *Überprüfung* nicht ausreicht.

Vielen wissenschaftlichen Entdeckungen ging zunächst eine Alltagserfahrung, eine vage Vermutung (»das kann so nicht stimmen«) oder ein Gefühl der Vertrautheit (»so was kenne ich von mir selbst«) voraus. Insbesondere bei Erklärungen zweiter Ordnung, die ja jenseits der sichtbaren Zusammenhänge Aussagen über Vorgänge in der »Blackbox« machen, sind Verstehensprozesse im Sinne intuitiver Vermutungen, Fantasien usw. unumgänglich. Die Präzisierungen geschehen dann allerdings in einem Wechsel von Hypothesenbildung und Überprüfung, korrigierter Hypothese, neuer Überprüfung usw.

Neben der Bildung von Hypothesen lassen sich zwei weitere Funktionen des Verstehens für die empirische Forschung nennen (Kriz et al., 2000). Zum einen ist schon die Auswertung von empirischem Rohmaterial, z. B. von Interviews oder Texten, auf verstehende, sog. »hermeneutische« Methoden angewiesen (Hermeneutik: Lehre von der Auslegung von Schriften). Zum anderen können auch die Endprodukte von Forschungen, nämlich Forschungsberichte oder überhaupt wissenschaftliche Literatur, nicht ohne Verstehensprozesse aufseiten der Leser verarbeitet und nutzbar gemacht werden.

Lernreflexion

Wie unterscheiden sich echte Erklärungen von Pseudo-Erklärungen, und inwiefern sind sie »mehr« als Aussagen über Zusammenhänge.

7.3 Vorhersagen

Vorhersagen sind gewissermaßen »vorwärtsgerichtete Erklärungen« (Laucken et al., 1996). Der kausale Zusammenhang, den man zwischen den Sachverhalten A und B erkannt hat, dient auch dazu, das Eintreten bestimmter Ereignisse zu erwarten. Wo kommt die Tätigkeit des Vorhersagens vor?

- In der Forschung stellt man eine »Hypothese« auf und leitet daraus ab, welche Befunde in einer bestimmten Untersuchung herauskommen werden.
- Bei Alltagsproblemen lassen sich Menschen von einer stillen Vorhersage im Sinne einer »Erwartung« leiten. Man wählt z. B. eine Arbeitsmethode, mit der man schneller voranzukommen glaubt, oder eine Erziehungsmaßnahme, von der man sich eine gute Wirkung verspricht.
- In besonders ausgeprägter Form beziehen sich Vorhersagen auf längere Zeiträume: Wird dieser Straftäter wieder rückfällig werden? Wird diese Schülerin auf dem Gymnasium erfolgreich sein? Wird diese Ehe lange halten?

Vorrangig auf solche weitreichenden Vorhersagen bezieht sich die folgende Erörterung.

7.3.1 Wovon hängt die Vorhersagequalität ab?

Zur Vorhersage gehören zwei Elemente: der Prädiktor und das Kriterium. Mit *Prädiktor* sind die Mittel gemeint, auf die man seine Vorhersage gründet, z. B. Bewerbungsgespräche, psychologische Tests, graphologische Gutachten oder Horoskope. Das *Kriterium* ist das, was vorausgesagt werden soll, z. B. der berufliche Erfolg oder ein krimineller Rückfall.

Laien glauben oft, die Vorhersage sei umso besser, je *mehr* Informationen man zugrunde lege, z. B. je mehr man über eine Person wisse, deren Eignung prognostiziert werden soll. Tatsächlich kommt es aber darauf an, dass man die wirklich *bedeutsamen* Faktoren berücksichtigt und dass man diese auch *erfassen* kann. Werden neben den bedeutsamen zusätzlich noch unwichtige Aspekte beachtet, verlieren die wichtigen relativ an Gewicht und das Prognose-Urteil wird eher schlechter.

Aber woher weiß man, welche Prädiktoren bedeutsam sind? Im Alltag kann man dies meist nur ganz subjektiv entscheiden und sich z. B. auf vergleichbar erscheinende Einzelfälle, auf Berichte aus dem Bekanntenkreis und notfalls auf leicht erkennbare Merkmale wie etwa Geschlecht und Alter stützen. Die Forschung versucht stattdessen, den Voraussagewert bestimmter Merkmale empirisch zu ermitteln: Wie eng korreliert der jeweilige Prädiktor nach den sorgfältig ausgewerteten Erfahrungen mit dem Kriterium?

Nehmen wir das Beispiel der Rückfälligkeit von Sexualstraftätern (nicht Straftätern generell). Hier haben sich unter anderem folgende Aspekte als nützliche Prädiktoren erwiesen: eine positive Einstellung zu traditioneller Männlichkeit (»Macho-Typ«), frühere sexuelle Vergehen, abweichende sexuelle Vorlieben (z. B. Pädophilie) und speziell für die Vorhersage von Kindesmissbrauch die Stärke der physiologischen Erregung (Phallometrie) beim Betrachten leicht bekleideter Kinder. Keinen Zusammenhang mit der Rückfälligkeit fand man hingegen für die soziale Schicht, für eigene Missbrauchserfahrungen des Täters als Kind und auch für die Höhe der verbüßten Strafe; diese und andere Aspekte sind demnach unbrauchbare Prädiktoren (nach Neyer & Asendorpf, 2018, S. 211f).

Auf einem ganz anderen Gebiet, der Vorhersage des Studienerfolgs, ist die Gesamtnote im Abitur ein besserer Prädiktor als einzelne Fachnoten, wenngleich auch sie ihre Grenzen hat, weil Noten eben je nach Lehrer, Schule und Bundesland variieren und somit die reale Leistung nur begrenzt erfassen (Schuler, 2006). Ähnlich ist es bei der Prognose des Schulerfolgs im Gymnasium aufgrund der Grundschulnoten. Sie sind immer auch von den Maßstäben der jeweiligen Lehrkraft abhängig und sind nur innerhalb einer Klasse, aber nicht über verschiedene Klassen hinweg gut vergleichbar. Daher sind sie zwar ein bedeutsamer Prädiktor, aber nicht verlässlich genug, um darauf bei zehnjährigen Schüler/innen Entscheidungen über das weitere Bildungsschicksal zu treffen (vgl. Langfeldt, 2006).

Grundsätzlich wird auch eine Kombination aus mehreren nachweislich bedeutsamen Prädiktoren niemals eine hundertprozentige Trefferquote liefern können. Zum einen können selbst allerbeste diagnostische Verfahren die weitere Person-Entwicklung nicht vollkommen vorhersagen. Zum anderen ist ja das vorauszusagende Verhalten oder die vorauszusagende Leistung eines Menschen nicht nur von *personalen* Faktoren abhängig. Es ist zwar naheliegend, zuallererst auf die Person (z. B. die Schülerin) zu schauen, der die Prognose gilt. Doch stets muss man auch künftige *Kontextfaktoren* in Rechnung stellen, und die lassen sich meist nur schwer oder gar nicht vorhersagen – da mag die Diagnose der personalen Aspekte noch so perfekt sein. So werden z. B. die künftigen Leistungen von Schülerin X auch davon abhängen, mit welchen Lehrkräften, welcher Unterrichtsqualität und welchem Klassenklima sie es zu tun haben wird. Ebenso wird die (wie auch immer erfasste) »Teamfähigkeit« eines Angestellten vielleicht in der einen Firma tatsächlich gut zur Geltung kommen, in einer anderen hingegen nicht. Hier liegen kaum überwindbare Grenzen von Vorhersagen.

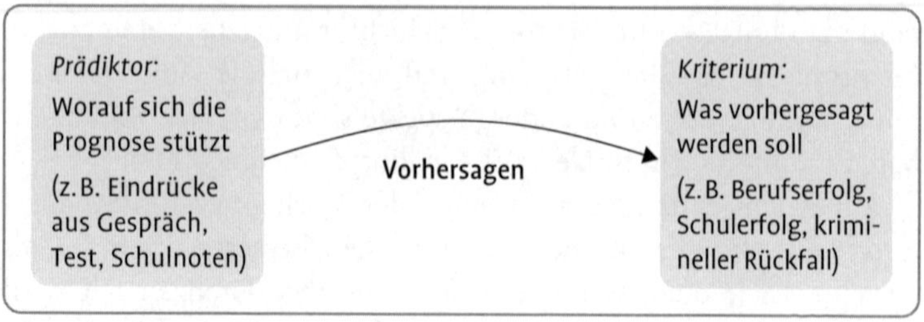

Tafel 59: Die Treffsicherheit einer Vorhersage hängt nicht nur von der Güte der Prädiktoren ab, auf die man seine Vorhersage stützt, sondern auch von der Güte des Kriteriums.

Probleme kann es auch am anderen Ende der Prognose geben: beim *Kriterium*. Wie beim Prädiktor stellt sich nämlich die Frage, wie das, was vorausgesagt werden soll, *erfasst* wird, wie also das Eintreffen der Vorhersage festgestellt wird. So ist etwa der Schulerfolg letztlich durch die Noten definiert und daher hängt die Treffsicherheit der Prognose auch davon ab, nach welchen Maßstäben die künftigen Lehrkräfte ihre Zensuren vergeben. Sämtliche Unsicherheiten der Notengebung mindern also zwangsläufig die Voraussagbarkeit des Schulerfolgs. In anderen Fällen ist das, was vorausgesagt werden soll, so unscharf, dass man es durch ganz unterschiedliche Kriterien definieren könnte – etwa bei der Prognose des »Berufserfolgs«. Misst man z. B. den »guten Arzt« an der Höhe seines Einkommens, am Urteil von Fachleuten, am Urteil der Patienten oder an was? Es ist möglich, dass die Prognose sich nach dem einen Kriterium als zutreffend erweist, nach einem anderen Kriterium hingegen nicht.

Fazit: Wenn Voraussagen nicht eintreffen, darf man dies also nicht ohne weiteres auf den Prädiktor schieben (den Test, das Gutachten usw.). Zu Fehlprognosen kann es auch kommen, weil spätere Kontexteinflüsse selbst bei noch so guter Diagnostik kaum vorhersehbar sind oder weil vielleicht nicht so sehr der Prädiktor, sondern eher das Voraussagekriterium ein Problem ist: nicht hinreichend objektiv, reliabel und valide.

7.3.2 Statistische Prognose versus Einzelfall-Prognose

Um den Vorhersagewert von Prädiktoren zu ermitteln, braucht man Untersuchungen an größeren Stichproben. Denn in Einzelfällen kann man zufällig einen Glückstreffer oder eine Niete erwischen. Solche Untersuchungen liefern dann statistische Wahrscheinlichkeiten. Das heißt: Wenn man sich auf diejenigen Prädiktoren verlässt, die statistisch die höchsten Prognosewerte haben, werden *häufiger* richtige Urteile gefällt werden, wenngleich es offenbleibt, *welchen* Personen dies zugutekommt und welchen nicht. Immerhin lassen sich aus den Wahrscheinlichkeitsaussagen oftmals praktische Empfehlungen ableiten. Wenn man beispielsweise feststellen kann, bei welchem Personenkreis das Risiko für einen Herzinfarkt überdurchschnittlich hoch ist, kann man gegebenenfalls vorbeugend etwas dagegen tun. Oder Kinder, bei denen die Einschulungsdiagnose mit einiger Wahrscheinlichkeit Schulschwierigkeiten erwarten lässt, kann man in eine pädagogische Förderung aufnehmen.

Sehr deutlich wird das Verhältnis von statistischer Prognose und Einzelfallprognose bei Ausleseverfahren (z. B. für betriebliches Personal oder für den Besuch des Gymnasiums). Hier geht es um die Frage, wie wahrscheinlich sich die Person tatsächlich als »geeignet« erweist. Es wird Treffer geben, aber auch zwei Fehlerarten: Es werden ungeeignete Personen aufgenommen und es werden geeignete ferngehalten – mit möglicherweise gravierenden Konsequenzen für die einzelnen betroffenen Personen, vielleicht auch für die aufnehmende Institution.

Ein ähnliches Dilemma ergibt sich bekanntlich bei der Prognose der Rückfälligkeit von Straftätern: Bei einem »strengen« Vorgehen bleiben viele in Haft, die gar nicht mehr rückfällig würden; bei einer höheren Entlassungsquote hingegen gelangen auch Täter in Freiheit, die rückfällig werden.

Die psychologische Forschung bemüht sich, die Instrumente der Vorhersage immer weiter zu verfeinern. Gelingt dies, wird man damit die Treffer*quote* erhöhen, also in *mehr* Einzelfällen richtig liegen, aber in einem konkreten *Einzelfall* dennoch nicht sicher wissen können, wie verlässlich speziell diese Prognose ist. Umgekehrt heißt das: Von einzelnen Treffern oder Fehlprognosen kann man nicht auf die generelle Qualität des Testes, der Begutachtung oder anderer Prädiktoren schließen.

Wo das Schicksal konkreter Menschen von der Prognose abhängt – ob bei der Strafentlassung, der Schullaufbahn oder der beruflichen Karriere – wird es diejenigen, die das Opfer einer Fehlprognose geworden sind, natürlich wenig trösten, wenn sie hören, die verwendeten Prognoseinstrumente seien, statistisch gesehen, besser als alle anderen bekannten Verfahren. Den einzelnen betroffenen Menschen interessiert verständlicherweise keine Statistik. Ein Ausweg kann es manchmal sein, auf weitreichende Prognosen für einzelne Menschen ganz zu verzichten und stattdessen Gelegenheiten des »Probierens« zu schaffen, im Falle des Schulbesuchs etwa durch ein flexibles, durchlässiges System statt einer frühzeitigen Entscheidung für eine Schulart.

Lernreflexion

Nehmen Sie den von Ihnen angestrebten Beruf als Beispiel. Worauf könnten sich hier Vorhersagen zum künftigen Berufserfolg stützen? Und auf welche Unsicherheiten und Grenzen wird jede Prognose stoßen?

7.4 Beeinflussen/Verändern

Bei vielen praktisch-psychologischen Problemen geht es letztlich um die Frage, wie man etwas beeinflussen und verändern, wie man z. B. Ängste abbauen oder das Arbeitsklima verbessern kann. Beschreiben, Erklären und Vorhersagen dienen dann im Wesentlichen der Vorbereitung für die gezielte Einflussnahme. Das gilt insbesondere für die vielfältigen Praxisbereiche der klinischen, pädagogischen und sozialen Arbeit (Beratungsstellen, Kliniken, Heime, Schulen, Betriebe usw.). Um Möglichkeiten des Beeinflussens geht es aber auch immer wieder im Alltagsleben, beispielsweise wenn Menschen sich darüber unterhalten, wie ein Kind zu erziehen oder ein Partnerschaftskonflikt zu lösen sei.

7.4.1 Ziele und Wege

Zur Tätigkeit des Beeinflussens und Veränderns gehören einerseits Zielvorstellungen, anderseits Mittel und Wege zur Zielerreichung. Es lassen sich folgende generelle Zielrichtungen bzw. Veränderungsaufgaben unterscheiden:

(1) Beeinflussen als *Korrektur:* In diesem Fall gilt der Ausgangszustand als »problematisch«, »gestört«, »unnormal«. Die Einflussnahme soll folglich in erster Linie etwas Negatives aufheben. Hier liegt der Schwerpunkt von Aktivitäten, die unter Begriffen wie »Intervention«, »Therapie« oder »Rehabilitation« zu finden sind.

(2) Beeinflussen als *Förderung:* Bei dieser Zielsetzung strebt man einen höheren, »besseren« Zustand an, ohne dass der Ausgangszustand als problematisch gilt. Zu denken ist vor allem an Begriffe wie Erziehung, Unterricht, Ausbildung oder Training. Statt von Förderung kann man auch von Optimierung sprechen.
(3) Beeinflussen als *Prävention:* Hier geht es darum, das Eintreten eines schlechten Zustandes zu verhindern. Man greift ein, damit bestimmte Risiken sich nicht erfüllen. Beispiele hierfür sind pädagogische Programme zur Suchtprävention oder eine Mitarbeiterschulung für die Unfallverhütung am Arbeitsplatz.

Zwischen Korrektur, Förderung und Prävention gibt es in der Praxis fließende Übergänge sowie gezielte Kombinationen. Manche praktischen Tätigkeiten lassen sich auch keinem der drei Typen eindeutig zuordnen. So kann etwa das *Beraten* vornehmlich korrigierende Ziele verfolgen und liegt dann nahe bei der Therapie, oder es kann der Förderung bzw. Optimierung dienen (etwa in Schule oder Ausbildung) oder auch der Prävention von Problemen.

Innerhalb der drei allgemeinen Zielrichtungen sind in der praktischen Arbeit meist *konkrete* Ziele zu formulieren, z. B. Erziehungsziele oder Therapieziele. Dabei macht es einen Unterschied, ob ein konkretes Ziel *positiv* oder *negativ* formuliert wird. Wenn z. B. ein Kind dazu neigt, seine Wünsche mit Wutausbrüchen durchzusetzen, verfolgt man natürlich ein Korrekturziel. Auf der konkreten Ebene mag es jedoch hilfreich sein, statt der bloßen Negation (»das Kind soll *nicht* wütend werden«) auch positiv definierte Verhaltensweisen zum Ziel erklären (»das Kind soll Bitten äußern, es soll abwarten können« etc.). Dieser Unterschied kann bedeutsam sein für das Verständnis des Kindes davon, was man von ihm erwartet, aber auch für das Handeln der Erziehenden, ob sie nämlich primär unerwünschtes Verhalten stoppen, bestrafen und ignorieren oder aber erwünschtes Verhalten vormachen, vorschlagen und positiv bekräftigen. Die Art der Zielformulierung – positiv oder negativ – kann also zugleich auf die Art der Einflussnahme hinlenken.

In ähnlicher Weise gilt das für die *Klarheit* bzw. Unbestimmtheit der Zielvorstellung. Was für ein Ziel hat jemand, der »sich selbst verwirklichen« oder »zufriedener« werden möchte? Was ist gemeint, wenn Eltern empfohlen wird, sich gegenüber den halbwüchsigen Kindern »verständnisvoll« zu verhalten? Es ist nicht immer leicht, Ziele klar und konkret zu beschreiben. Gelingt dies jedoch, kann dadurch das praktische Handeln erleichtert werden.

Man sieht: Bei der Formulierung konkreter Ziele ist gutes *Beschreiben* gefragt. Die Wahl des Zieles selbst ist aber ein Akt der *Bewertung*: Man entscheidet, was man erstrebenswert bzw. gut findet. Zuweilen legen Außenstehende (z. B. Eltern, Kultusminister) die Ziele fest, und manchmal sind dies nicht zugleich die Ziele der zu beeinflussenden Personen. Es ist wiederum eine Wertfrage, wann man einen Menschen auf Ziele hin verändern darf, die der Betroffene nicht teilt. In Bereichen wie etwa dem Justizvollzug ist dies rechtlich geregelt. Aber wann haben z. B. Eltern das »Recht«, das Verhalten von Kindern ändern zu wollen, weil es sie »stört« oder ihrem Geschmack zuwiderläuft?

Die *Mittel und Wege* psychologischer Einflussnahme sind außerordentlich zahlreich, wie etwa an der Vielfalt therapeutischer oder pädagogischer Maßnahmen zu sehen ist (s. »Klinische Psychologie«, Kap. 5.2; s. »Pädagogische Psychologie«, Kap. 5.4). Allgemeiner betrachtet lassen sich die Vorgehensweisen meist drei grundlegenden Ansatzpunkten zuordnen:

- Veränderung *personaler* Aspekte. Sie geschieht über die Herbeiführung von *Lern*prozessen, etwa im Kontext von Therapie, Erziehung oder Unterricht. Es können dabei unterschiedliche Arten des Lernens zur Geltung kommen, Varianten des kognitiven Lernens ebenso wie Lernen am Modell oder Lernen am Effekt.
- Veränderung *situativer* Bedingungen. In diesem Fall wird das Verhalten und Erleben des betroffenen Menschen durch die Herstellung eines neuen Umfeldes beeinflusst, z. B. durch andere Arbeitsanforderungen, andere Wohnbedingungen, die Verfügbarkeit bestimmter Medien u. a. m.
- Veränderung eines *interpersonalen* Systems. In diesem Fall werden mehrere zusammenhörige Personen gleichzeitig in die Intervention einbezogen. Beispiele sind Therapien mit Familien oder Ehepaaren, die Supervision von Arbeitskollegien oder Pro-

jekte mit einer Schulklasse oder ganzen Schule (z. B. zur Eindämmung von Mobbing). Der Schwerpunkt liegt auf Interaktions- und Kommunikationsprozessen, aber natürlich ergibt sich daraus auch sozusagen ein gemeinsames Umlernen.

Während Laien oft Lösungen vorschlagen, ohne sich hinreichend mit den Gründen eines Problems beschäftigt zu haben, stützt sich im professionellen Bereich die Wahl des Vorgehens meist auf gründliche diagnostische Arbeit und eine daraus abgeleitete *Erklärung* des Problems. Denn die Faktoren, die man als Erklärung heranzieht, bieten potenziell Ansatzpunkte für geeignete Maßnahmen, oder sie müssen doch wenigstens bei der Einschätzung der Erfolgsaussichten einer Maßnahme berücksichtigt werden.

7.4.2 Handlungswissen ist noch nicht Praxis

Die Zielanalyse und das Nachdenken über ein geeignetes Vorgehen gehören zur Planung der Einflussnahme. Aber damit ist ihre Ausführung noch nicht gesichert. Sie erfordert nicht nur *Wissen*, sondern auch *Handlungsfertigkeiten*. Es reicht z. B. nicht aus, eine bestimmte Form des Beratungsgesprächs für sinnvoll zu halten – man muss sie auch »beherrschen«. Und das braucht Übung. Daher benötigen Therapeuten, Berater, Erzieher etc. eine Ausbildung, in der unter anderem das praktische Handeln trainiert wird.

Doch auch Handlungskompetenz reicht nicht immer für erfolgreiche Interventionen. Denn verschiedene Hindernisse können einer praktischen Umsetzung entgegenstehen. Häufig liegen sie in *mangelnder Kooperation* mit jenen Personen, die für eine Problemlösung wichtig wären. Oft ist es beispielsweise kaum möglich, alle Familienangehörigen zur Beteiligung an einer systemischen Therapie zu bewegen oder ein ganzes Lehrerkollegium für ein abgestimmtes Vorgehen gegen Gewalt in der Schule zu gewinnen.

In anderen Fällen liegen die Hindernisse einfach in *äußeren Gegebenheiten*. Hierzu zählen nicht nur Zeit, Geld und Räumlichkeiten. In Gefängnissen beispielsweise können psychologische Absichten an Grenzen stoßen, die durch Gesetze und Sicherheitsvorschriften gezogen werden. Oder in der Schule wird die pädagogisch sinnvolle Absicht, Schüler nach persönlichen Lernfortschritten zu bewerten, durch den Zwang zur Notengebung nach gleichem Maßstab eingeschränkt. In der Praxis erfordert die Einflussnahme also nicht nur Wissen über psychologische Vorgehensweisen, sondern auch über Möglichkeiten, solche Hindernisse zu überwinden.

Sofern dies unmöglich ist, sind dennoch nicht zwangsläufig alle Bemühungen vergeblich. Manchmal ist es vernünftig, die Ziele zurückzustecken. Wenn etwa die Eltern nicht mitmachen, kann man für ihr Kind immer noch begrenzte Ziele anstreben, bei denen man die Mitwirkung der Eltern nicht benötigt.

Dennoch: Vieles, was psychologisch sinnvoll wäre, ist praktisch undurchführbar. Laien sind dann zuweilen von der Psychologie enttäuscht, weil sie im Grunde Rezepte erwartet haben, die in allen Lebenslagen, auch in ihrer Lebenslage, funktionieren. Die Psychologie als Wissenschaft kann aber nur *Fundamente* für das Handeln liefern. Das Handeln selbst hat häufig viel mit persönlicher »Kunst«, mit einer kooperativen Umgebung, mit materiellen Spielräumen, mit rechtlichen Möglichkeiten und anderen Bedingungen zu tun.

Lernreflexion

Erläutern Sie mit eigenen Beispielen, inwiefern Korrektur, Förderung und Prävention an personalen, an situativen oder an interpersonalen Aspekten ansetzen können.

7.5 Ist auch Bewerten eine wissenschaftliche Aufgabe?

Beschreiben, Erklären, Vorhersagen und Beeinflussen werden in Lehrbüchern häufig als »Aufgaben der Psychologie« genannt, das Bewerten hingegen nicht. Explizite Wertungen liegen jenseits der Psychologie *als Wissenschaft.* Tatsache ist aber zugleich, dass nicht nur Laien, sondern auch Wissenschaftler im Umgang mit psychologischen Fragen *unvermeidlich werten!* Der entscheidende Punkt ist dann, wieweit sich die Wertungen auf gründliches Beschreiben und Erklären stützen, denn dadurch erhalten sie die »wissenschaftliche Fundierung«.

7.5.1 Urteile nach einem Gütemaßstab

Wertungen sind Aussagen im Sinne von »gut – schlecht«, »angemessen – unangemessen« usw. Die Aussage: »Otto ist sehr ehrgeizig« ist eine (subjektive) Beschreibung eines Personmerkmals. Hingegen ist die Aussage: »Otto ist zu ehrgeizig« eine Bewertung im Sinne von »unangemessen«. Bewertungen sind Stellungnahmen nach einem Gütemaßstab und implizieren eine Bejahung oder Verneinung. Anders gesagt: Während Beschreibungen Ist-Aussagen sind, sind Bewertungen *Soll-Aussagen*. Sie drücken aus: So sollte es sein, so sollte es nicht sein.

In der Praxis wird beides oft miteinander verwechselt oder vermischt. Ein Beispiel: In einem Seminar über Gewalt unterscheidet der Dozent zwischen »krimineller« Gewalt (Raubmord, Vergewaltigung usw.) und »politischer« Gewalt (Krieg, Foltersysteme usw.). Daraufhin äußert eine Studentin, sie könne der Unterscheidung nicht zustimmen, da auch Kriege »kriminell« seien. Während der Dozent die Begriffe rein deskriptiv zur Klassifizierung von Sachverhalten benutzen wollte, verstand die Studentin das Wort »kriminell« offensichtlich im wertenden Sinne. Nur wenn man sich solch unterschiedliches Verständnis klarmacht, kann man sich lange Diskussionen darüber sparen, wer nun recht hat.

Besonders leicht werden Einschätzungen und Wertungen verwechselt, weil es sich in beiden Fällen um *subjektive* Aussagen handelt. Doch während Wertungen immer subjektiv sind, sind Einschätzungen die subjektive Variante einer Ist-Aussage, also einer Beschreibung (neben dem Beschreiben durch objektive Beobachtungen, s. S. 229).

Der Unterschied zwischen Einschätzungen und Wertungen wird wohl auch deshalb oft verwischt, weil für beide Aussagetypen gern *Eigenschaftswörter* verwendet werden. In Adjektiven (»großzügig«, »ängstlich«, »dominant«, »aktiv«, »passiv« usw.) schwingen aber fast immer Werttönungen mit – selbst dann, wenn man eigentlich eine reine Ist-Aussage machen möchte, wie etwa bei Markierungen auf Schätzskalen. Im Zweifelsfall sollte man daher klarstellen, ob eine Aussage als Beschreibung oder als Bewertung gemeint ist.

Ein weiterer Grund der Verwechslung könnte sein, dass sowohl bei Einschätzungen als auch bei Wertungen häufig von *Beurteilung* gesprochen wird (vgl. S. 231). Der Begriff der Beurteilung ist überhaupt sehr vieldeutig und kann sich auf alle Grundtätigkeiten außer Beeinflussen/Verändern beziehen: Neben der einschätzenden Beschreibung und der Bewertung kann eine »Beurteilung« auch Erklärungen zur Verursachung eines Sachverhaltes enthalten und vielleicht auch eine Abschätzung der zu erwartenden Folgen (= Vorhersage). Ein Gutachten ist häufig eine so umfassende Beurteilung. Wegen dieser Mehrdeutigkeit scheint es sinnvoll, auf den Begriff der Beurteilung zu verzichten oder jeweils klarzustellen: »Beurteilung im Sinne von …«

Wenn eingangs gesagt wurde, dass das Werten prinzipiell eine unvermeidliche Aktivität ist, so gilt dies im Alltagsleben vor allem dann, wenn Menschen ihre *eigenen* Zielsetzungen, Entscheidungen und Handlungen berührt sehen. Sie sind dann *emotional beteiligt* und kaum in der Lage, die Dinge »rein sachlich« zu betrachten. So fällt es Menschen auch schwer, wissenschaftliche Befunde einfach zur Kenntnis zu nehmen und auf der Ebene des Beschreibens und Erklärens zu erörtern, falls die Befunde den eigenen Anschauungen oder Lebensentscheidungen zuwiderlaufen.

Berichtet man beispielsweise Müttern, die ihrer Kinder wegen den Beruf aufgegeben haben, von Forschungsergebnissen, nach denen die Berufstätigkeit im Durchschnitt (!) nicht schädlicher ist als die ständige Anwesenheit, so kann es passieren, dass diese Mütter unmittelbar mit Wertungen reagieren: etwa indem sie die Untersuchungen pauschal als unglaubhaft zurückweisen oder in den Befunden sogleich eine (gar nicht gemeinte) Handlungsaufforderung sehen (»Wie soll ich das machen mit drei Kindern?«). Nüchterne Erläuterungen wie etwa die, dass der Durchschnitt ja nichts darüber aussagt, bei welcher Konstellation im Einzelfall die Berufstätigkeit oder die ständige Anwesenheit schädlicher oder günstiger ist, werden die Distanz zwischen wissenschaftlicher Information einerseits und persönlichen Wertungen andererseits kaum überbrücken können.

7.5.2 Wertungen im wissenschaftlichen Bereich

Auch Wissenschaftler und praktisch tätige Psychologen können gar nicht umhin, zu werten, wollen sie nicht auf Entscheidungen und Handlungen verzichten. *Wissenschaftler* wählen Projekte aus, die sie »wichtig« oder »reizvoll« finden, sie halten bestimmte Forschungsmethoden für »geeignet« oder »ungeeignet«, sie lehnen vielleicht ein Experiment als »ethisch nicht vertretbar« ab. Wissenschaftlich ausgebildete *Praktiker* haben zu entscheiden, ob eine Maßnahme »sinnvoll« oder ein Ergebnis »befriedigend« ist –, und häufig auch, welche Ziele sie überhaupt anstreben »sollen«. So mag sich beispielsweise eine Eheberaterin in einem konkreten Fall fragen, ob ihr Beratungsziel der Fortbestand der Ehe sein sollte oder eine gütliche Trennung.

So unvermeidlich also Wertungen in allen Handlungsfeldern sind, es gibt so etwas wie eine fachlich orientierte Bewertung, die sich von der »alltäglichen« vor allem durch zwei Bemühungen auszeichnet, nämlich

- die Bewertung so weit wie möglich auf wissenschaftlich fundierte Beschreibungen und Erklärungen zu stützen
- deutlich auseinanderzuhalten, wo die wissenschaftliche Aussage endet und wo die persönliche Wertung beginnt

In diesem Zusammenhang ist auch der wissenschaftliche Terminus der *Evaluation* zu erwähnen. Sie ist eine empirisch fundierte Bewertung der Nützlichkeit von bestimmten Projekten. Beispielsweise wird untersucht, welche Wirkungen eine Aufklärungskampagne gegen das Rauchen hat oder welche von zwei Lehrmethoden ein bestimmtes Lehrziel eher erreicht. Evaluiert werden kann dabei nicht nur das Endergebnis (= summative Evaluation), sondern auch der Prozess und Ablauf (formative Evaluation).

Im Hintergrund steht zwar auch hier ein Soll-Kriterium, nämlich eine Zielvorstellung, an der die Befunde gemessen werden.

Aber anders als eine rein subjektive Bewertung, eine bloße Meinung, besteht die wissenschaftliche Evaluation in einer empirischen Studie. Ihre Befunde liefern die Basis, auf die sich die Bewertungen stützen, die dann häufig zu nutzenorientierten Entscheidungen führen (Sedlmeier, 2015). Beispielsweise: Ob es sich »lohnt« oder »nicht lohnt«, für eine Aufklärungskampagne weiterhin Geld auszugeben. Allerdings: Bei derselben Befundlage können die individuellen Wertungen und Entscheidungen durchaus unterschiedlich ausfallen, und hier kommt dann wieder das subjektive Moment in Spiel.

Einige Wissenschaften haben übrigens viel öfter Wertungen zu treffen, als es in der Psychologie und anderen empirischen Disziplinen üblich ist. Das gilt besonders für sog. normative Wissenschaften. So werden in der Rechtswissenschaft bestimmte Handlungen von Individuen oder Institutionen im Lichte von Rechtsnormen, also von Soll-Aussagen bewertet. Das Ergebnis ist dann eine Aussage im Sinne von »zulässig« oder »nicht zulässig«. Zu den Aufgaben des Faches Pädagogik gehört unter anderem die kritische Erörterung von Erziehungs- und Bildungszielen (was »sollen« wir anstreben?) und aus diesem Blickwinkel auch die Bewertung von Lehrplänen, Schulformen usw. Die empirische Erfassung von Ist-Zuständen sowie von realen pädagogischen Effekten gehört natürlich ebenfalls zur Aufgabe der Pädagogik und hierin überschneidet sie sich dann deutlich mit der Pädagogischen Psychologie.

Lernreflexion

Bemerken Sie bei sich selbst Wertungstendenzen bezüglich des Faches Psychologie? Haben Sie z. B. eine Vorliebe für die eine oder andere theoretische Strömung (s. Kap. 6). Oder haben Sie z. B. eine kritische Einstellung gegenüber bestimmten Forschungsmethoden (s. Abschnitt 7.1. und 7.2)?

Teil III
Grundwissen übertragen

Die **Kapitel 8 und 9** leiten zur Nutzung des Grundwissens aus den Kapiteln 3 und 7 an. **Kapitel 10** resümiert Empfehlungen für eine Lernweise, die Ordnung und Wissensübertragung unterstützt.

8 Zielkompetenz I: Neue Themen strukturieren

In diesem Buch ist viel von Wissensübertragung die Rede und bereits in Kapitel 2 haben wir hierzu Demonstrationsbeispiele angekündigt. Nach der Behandlung von Grundlagenwissen zum psychischen System (s. Kap. 3) sowie zu den »Tätigkeiten« (s. Kap. 7) soll diese Ankündigung nunmehr eingelöst werden.

8.1 Grundwissen auf neue Themen übertragen

Was kann man tun, wenn man zu einem Thema etwas sagen oder schreiben möchte, zu dem man noch keine speziellen Kenntnisse besitzt? Wie kann man sicherstellen, dass man das Thema einigermaßen systematisch und vielseitig aufbereitet, statt lediglich diesen oder jenen Assoziationen zu folgen? Man kann Themen stets nach dem ersten roten Faden (Systemaspekte) und nach dem zweiten roten Faden (Tätigkeiten) gliedern, wobei meistens eine Kombination naheliegt. Eine solche Kombination wird in diesem und dem nächsten Kapitel durch Beispiele illustriert.

Strukturierung nach den Tätigkeiten Beschreiben, Erklären, Beeinflussen

Viele Bücher und andere Darstellungen, die ein Thema umfassend behandeln, gliedern sich nach der Sequenz: Beschreiben – Erklären – Beeinflussen (seltener gehört auch das Vorhersagen dazu). Zwar tragen die Kapitel nicht genau diese Überschriften, aber es läuft doch meist darauf hinaus.

Folgt man diesem Muster, so beginnt man am besten mit einer *Beschreibung* der Sachverhalte, um die es in der Themenstellung vorrangig geht (z. B. Gewalt, Lernstörungen, Angst). Beschreibungen können von abstrakten Definitionen, die die Merkmale des fraglichen Sachverhalts sehr allgemein zusammenfassen, bis zur Benen-

Muster für die Strukturierung eines Themas

- *Beschreiben:* Definitionen und/oder konkrete Spezifizierungen zu den Titelbegriffen; operationale Definitionen und Erfassungsmethoden
- *Erklären:* Erklärende Beiträge aus dem Blickwinkel der grundlegenden Systemaspekte; einzelne theoretische Ansätze, Modelle und Befunde
- *Beeinflussen:* Therapie, Prävention oder Förderung mit Blick auf mögliche personale, situative und interpersonale Ansatzpunkte

Tafel 60: Typische Abfolge in Darlegungen zu einem Thema, das im Prinzip das gesamte psychische System berührt

nung konkreter Verhaltensweisen, Gedanken etc. reichen (im Falle von Angst beispielsweise die Besorgnisse, körperliche Symptome u. a. m.). Wenn empirische Untersuchungen wiedergegeben werden, sind meist auch operationale Definitionen (s. S. 229; z. B. »als Hochbegabung gilt ein IQ über 130«) sowie die Erhebungsmethoden von Interesse.

Im zweiten Teil der Thematik wendet man sich gewöhnlich den *Erklärungen* zu: Die Überschriften lauten etwa: »Theorien zu …«, »Ansätze zur Erklärung von …« oder »Wie entsteht …?«. In vielen Publikationen ist der Erklärungsteil besonders lang und enthält Ausführungen, die sich explizit oder sinngemäß den grundlegenden Systemaspekten zuordnen lassen.

Den dritten Teil kann man, wie es viele Werke vormachen, den Möglichkeiten der *Beeinflussung* widmen. Bei »negativen« Sachverhalten (z. B. Angststörungen oder Gewalt in der Schule) lauten die Überschriften dann beispielsweise: »Therapeutische Ansätze«, »Behandlungsmethoden«, »Verminderung von …«, »Prävention von …«. Bei »positiven« Sachverhalten (z. B. prosoziales Verhalten, Lesestrategien) lauten sie etwa »Erziehung zu …« oder »Förderung von …«.

Strukturierung nach grundlegenden Systemaspekten

Wenn sich ein Thema mit menschlichem *Verhalten* beschäftigt, sind im Prinzip immer *alle* grundlegenden Systemaspekte von Interesse. Anders ist es, wenn das Thema explizit nur einen bestimmten Ausschnitt fokussiert, z.B. einen aktuellen Prozess wie die Motivation oder einen Personfaktor wie die Intelligenz. Dann schaut man sozusagen mit der Lupe vorrangig auf diesen einen Teil des Systems. Dennoch kommt man gar nicht umhin, sich von hier aus auch zu anderen Grundaspekten zu bewegen. Es gibt eben keine Motivation ohne Person und Situation, und auch über einen personalen Faktor wie Intelligenz kann man nur Aussagen machen, indem man relevante Denkaufgaben (= situativ) erwähnt und möglichst auch die Denkprozesse beschreibt, in denen sich Intelligenz manifestiert.

Von solchen »Ausschnittsthemen« abgesehen, können immer sämtliche Grundaspekte bei der Strukturierung eines Themas weiterhelfen, indem man sich fragt: *Was hat dieses Thema zu tun mit aktuellen Prozessen, mit personalen Faktoren, mit deren Entwicklung, mit situativen Bedingungen, mit interpersonalen Bezügen?*

Kombination beider Strukturierungen

Beide Strukturierungen miteinander zu verbinden, ergibt sich häufig fast von selbst. Denn sobald es darum geht, *was* zu beschreiben ist, *was* man als Erklärung heranziehen kann oder *was* sich als Ansatzpunkt zur Beeinflussung nutzen lässt, kommen in irgendeiner Form die grundlegenden Systemaspekte ins Spiel. Am deutlichsten wird dies beim Erklären von Verhalten, weil hier ja prinzipiell alle Grundaspekte von Interesse sein können.

Ansatzpunkte für Beeinflussungen bzw. Veränderungen sind gewöhnlich die personale Entwicklung, die situativen Faktoren und die interpersonalen Bezüge. Das Verändern personaler Faktoren geschieht über Lernprozesse; sie beeinflussen die künftige Entwicklung (so wie frühere Lernprozesse häufig die derzeitigen Dispositionen erklären). Auf der situativen Ebene ändert man beispielsweise Aufgaben, Medien oder räumliche Bedingungen. An den interpersonalen Bezügen anzusetzen, bedeutet beispielsweise, mit einer ganzen Familie oder einem ganzen Kollegium eine Therapie bzw. eine Supervision durchzuführen.

8.2 Erstes Themenbeispiel: Gewalt

Wenn das Thema so offen formuliert ist (»Gewalt«), könnte man es aus allen 4 + 1 Grundaspekten beleuchten. Anders wäre es, wenn es von vornherein spezifiziert wäre, etwa: »Die Rolle von Lernprozessen bei der Entwicklung individueller Aggressivität«.

Beschreibungen des Sachverhalts »Gewalt«. Erläuterungen zum Titelbegriff bilden fast unvermeidlich den Anfang. Wie bei vielen anderen Begriffen wird man beim Lesen von Fachliteratur feststellen, dass es keinen verbindlichen Gewaltbegriff gibt. Wir halten uns hier an Definitionen, die unter Gewalt im Wesentlichen Handlungen verstehen, mit denen jemand absichtlich andere Menschen mehr oder minder schwerwiegend schädigt und verletzt. (Man kann in der Literatur auch deutlich weiter gefasste Gewaltbegriffe finden.) Weiterhin kann man den Sachverhalt Gewalt durch eine Aufzählung und eventuell auch Systematisierung konkreter Verhaltensweisen spezifizieren.

Erklärungen. Die »unmittelbarste« Ebene für die Erklärung gewalttätiger Handlungen sind die *inneren Prozesse*, sowohl die aufnehmenden als auch die einwirkenden, verhaltensbezogenen (vgl. S. 50). Wenn ein Betrachter die Frage stellt: »Warum tut X das?«, erwartet er gewöhnlich vor allem Aussagen über die Art der Motivation. Im Falle von Gewaltanwendung könnte man unter anderem denken an Rachegefühle, Geldgier, Machtstreben oder Bedürfnis nach Beachtung. Weiterhin könnte die Rolle von Denkprozessen zur Sprache kommen: Aufseiten der aufnehmenden Prozesse wäre dabei von Interesse, wie ein gewalttätig handelnder Mensch einen vorangehenden Anlass auffasst (erfassendes Denken) und welche Gefühle dadurch entstehen. Aufseiten der einwirkenden Prozess ginge es um die Unterscheidung von impulsiven Affekttaten und bewusst geplanten, gesteuerten Handlungen. Schon diese wenigen Überlegungen legen nahe, dass »Gewalt« psychologisch kein einheitliches Phänomen ist.

Ein weiteres Unterthema könnten die *personalen* Aspekte sein: Menschen unterscheiden sich deutlich in ihrer individuellen Gewaltbereitschaft. Aber worin genau unterscheiden sich gewaltgeneigte von gewaltlosen Menschen? In ihrer Neigung zu Ärgeremotionen? In ihrem Egoismus? In ihrem Machtstreben? In ihren moralischen Einstellungen? In ihren sozialen Kompetenzen? Und wie manifestieren sich solche Dispositionen in konkreten Denkweisen, Emotionen etc.?

Die Personperspektive kann erweitert werden um die Frage, wodurch sich die hohe Gewaltbereitschaft eines Menschen *entwickelt* hat. Diese Frage wird spätestens dann gestellt, wenn ein Mensch wegen einer schweren Straftat vor Gericht steht. Es geht dann meistens um die Vorgeschichte mit Erfahrungen wie etwa: Gewalt in der Familie, schlechte Vorbilder im Freundeskreis, demütigende Erlebnisse u. a. m. Prinzipiell sind bei den Entwicklungsbedingungen immer auch genetische Faktoren in Betracht zu ziehen.

Niemand verübt permanent und überall Gewalt, sondern nur in bestimmten *Kontexten*. Zu fragen ist also immer auch: Wann und wo tritt das Verhalten typischerweise auf? Da es gegen andere Menschen gerichtet ist, drängt sich der *interpersonale* Aspekt bei dieser Thematik geradezu auf, und diesen kann man mithilfe der Begriffe Interaktion, Kommunikation und Beziehung weiter aufschlüsseln. Um Gewalthandlungen zu erklären, wäre mithin auch auf die aktuelle Interaktion und Kommunikation der Beteiligten zu schauen, auf Missverständnisse, Eskalationen etc. und ebenso auf die Beziehung zwischen ihnen (Rivalität, persönliche Feindschaft, anonyme Täter-Opfer-Beziehung etc.). Bei kollektiver Gewalt (durch Cliquen, Banden, Armeen etc.) wären zudem die gruppeninternen Prozesse und Beziehungen zu beachten (Konformitätsdruck, Hierarchien etc.).

Hinzu kommen rein *situative* Kontextfaktoren, beispielsweise »gute Gelegenheiten« zur Bereicherung, die Verfügbarkeit von Waffen oder Umgebungen, in denen man nicht beobachtet wird. Im erweiterten Sinne situativ ist auch die Verfügbarkeit von Alkohol, dessen Konsum bekanntlich Gewalthandlungen erleichtert. Externe Faktoren – sowohl anregende als auch hemmende – könnten also einen weiteren Abschnitt zum Thema Gewalt bilden.

Beeinflussung. Für die *Gewaltverminderung* sind wiederum verschiedene Zugänge in Betracht zu ziehen. Die individuelle Weiterentwicklung in eine neue Richtung zu lenken, also personale Aspekte durch

Lernprozesse zu verändern, ist das Ziel von pädagogischen und therapeutischen Interventionen. Sie stehen im Vordergrund, wenn das Hauptproblem in der Aggressivität einzelner Personen liegt. Wo interpersonale Bezüge eine große Rolle spielen, können diese häufig auch Ansatzpunkte zur Gewaltverminderung bieten. Beispiele sind etwa Kommunikationstrainings für Paare oder Familien sowie Schulprojekte, die das gesamte Kollegium und die gesamte Schülerschaft einbeziehen. Auch die Veränderung situativer Faktoren kann manchmal zur Gewaltverminderung beitragen (z. B. strengere Waffengesetze).

Welche der genannten Aspekte dann in einem Referat, einer Klausur, einer mündlichen Prüfung oder bei anderen Anlässen unter dem Stichwort »Gewalt« tatsächlich zur Sprache gebracht werden müssten, hängt von der konkreten Aufgabenstellung ab. Es kann sein, dass sich ein Referat z. B. nur auf bestimmte Entwicklungsbedingungen, auf kognitive Prozesse bei Ärger oder auf Gewalt in einem spezifischen Kontext konzentrieren soll.

Die Übertragung der 4 + 1 Grundaspekte auf die Gewaltthematik soll also lediglich dabei helfen, einen Rahmen zu setzen, in dem man sich bewegen kann, und zugleich an verschiedene Blickwinkel erinnern, die erwähnenswert sein *könnten*. Dadurch kommt man in jedem Fall zu einer Strukturierung und man schützt sich davor, wichtige Seiten der Thematik zu »vergessen« – mit einer Einschränkung allerdings: Es handelt sich ausschließlich um *psychologische* Aspekte. Selbstverständlich könnte man beim Thema »Gewalt« z. B. auch nach gesellschaftlichen und kulturellen Faktoren fragen, müsste sich dafür aber in andere Fachgebiete begeben.

Anmerkungen zur Literatur. In der Psychologie wird dieser Themenkreis nicht nur unter »Gewalt«, sondern auch unter »Aggression« behandelt. Hierzu gibt es Einführungen und umfassende Sammelwerke. Weit häufiger sind Publikationen, die sich mit bestimmten Erscheinungsformen und bestimmten Kontexten beschäftigen, z. B. mit Gewalt in der Schule, mit Mobbing im Betrieb, mit Gewaltkriminalität, mit Krieg oder noch spezielleren Problemen (Amoktaten, Kindesmisshandlung, Terrorismus u. a. m.).

8.3 Zweites Themenbeispiel: Lernstörungen

Auch dieses Thema ist so offen formuliert, dass es »ganze Menschen« und damit alle grundlegenden Systemaspekte berührt, und in diesem Sinne wird es im Folgenden entfaltet. Nicht möglich wäre das in dieser Form, wenn es um einen spezifischen Ausschnitt ginge, beispielsweise um kognitive Prozesse bzw. Defizite beim Rechnen.

Beschreibung des fraglichen Sachverhaltes. Was ist eine Lernstörung? Ausgangspunkt sind hier nicht bestimmte Verhaltensweisen, sondern Leistungen, sozusagen Verhaltens*produkte* (mathematische Lösungen, geschriebene Texte usw.). Sie müssen »unzureichend« sein, sonst würde man nicht von einer »Störung« sprechen. Es stellt sich dann allerdings die Frage: Kann man wirklich *beschreiben*, welche Leistungen »unzureichend« sind, oder läuft dies nicht auf eine *Bewertung* hinaus?

Es muss zunächst eine Leistung erfasst werden (z. B. die Zahl gelöster Rechenaufgaben) – dies ist eine Beschreibung. Die erfasste Leistung wird dann aber an einer *Norm*, das heißt an einer *erwarteten* Leistung gemessen – und dies ist eine Bewertung. Die Norm wechselt mit dem Kontext; sie ist z. B. in einem Gymnasium eine andere als in einer Hauptschule. Als Norm können auch die Fähigkeiten des Lernenden selbst gelten (individuelle Norm). Dann hat auch jemand eine Lernstörung, der deutlich unter seinen Fähigkeiten bleibt oder plötzlich in seinen Leistungen abfällt.

Erklärungen. Lernschwierigkeiten sind kein separates Problem; es gibt nur »unzureichend lernende Menschen«, sodass prinzipiell alle Aspekte dieses Menschen und seiner Lern- und Lebensumwelt für die Erklärung der Leistung in Frage kommen.

Da Lernstörungen individuelle Abweichungen sind, rücken hier *personale* Faktoren des Lernenden gewöhnlich zuallererst ins Blickfeld. Das drückt sich unter anderem in der Laienfrage »Dumm oder faul?« aus (die so zweifellos viel zu grob ist). Zu fragen wäre nach intellektuellen Fähigkeiten, nach Kenntnisdefiziten in bestimmten Sachgebieten, nach der Ausprägung von Lernmotiven (Interessen, Leistungsstreben u. a.), nach der Arbeitsdisziplin, nach den Lernstrategien u. a. m. Auf der personalen Seite könnten auch spezielle

Beeinträchtigungen wie etwa das Aufmerksamkeits-Defizit-Hyperaktivitäts-Syndrom (ADHS) oder eine Lese-Rechtschreib-Schwäche zum Thema werden.

Fast unvermeidlich würde man weiterfragen nach den *Entwicklungsbedingungen* hinter den personalen Schwächen und Defiziten. Hier käme man auf genetische Faktoren (insbesondere bei Fähigkeitsmängeln) und ebenso auf vielfältige Umwelteinflüsse (z. B. »bildungsfernes« Elternhaus, »schlechte« Schule, krankheitsbedingte Lernpausen u. a. m.).

Will man genauer verstehen, was nicht so funktioniert wie erforderlich, so gelangt man auf die Ebene der *aktuellen Prozesse.* Man würde sich also damit beschäftigen, was sich im Kopf eines Lernenden *abspielt*, wenn er beispielsweise mit einer Additionsaufgabe oder einem Text konfrontiert wird, oder welche Gefühle und Gedanken in einem Schüler ablaufen, der »nicht motiviert« erscheint (Solche Mikroanalysen sind der primäre Gegenstand der Forschung).

Sind im Falle von »Lernstörungen« auch *Kontextbedingungen* ein mögliches Unterthema? Durchaus, sowohl situative als auch interpersonale. Vor allem die Familie und die Schule sind nicht nur langfristig wirksame Entwicklungsinstanzen, sondern sie bieten zugleich Umfelder für die aktuellen Lerntätigkeiten. Beispiele dafür sind Unruhe und Ablenkungen zu Hause oder in der Schule, die Verständlichkeit und Strukturiertheit des Unterrichts, das Ausmaß individueller Unterstützung, die Beziehung des Lernenden zu einzelnen Lehrkräften und den Mitschülern. Das heißt: Sowohl externe Lernbedingungen als auch interpersonale Aspekte könnten eine Rolle spielen.

Selbstverständlich sind die relevanten Faktoren nicht nur einzeln, sondern auch in ihrer Wechselwirkung zu betrachten. Im Falle von Lernstörungen wirken stets mehrere Faktoren zusammen, und es können sich leicht Teufelskreise entwickeln, etwa in der Weise, dass ein ungünstiges Elternhaus die Lernstörung einerseits mitbedingt, die schlechten Leistungen andererseits auch negatives Verhalten der Eltern auslösen.

Beeinflussung. Eine gute Diagnose ist zugleich eine Basis für mögliche Interventionsmaßnahmen. Personbezogene Hilfen stehen gewöhnlich im Vordergrund, z. B. Nachhilfe- oder Förderunterricht, manchmal auch Interventionen mit therapeutischem Charakter. Kontextbezogen ist vor allem der Wechsel der Klasse oder der Schule, vielleicht auch eine Verbesserung der häuslichen Arbeitsbedingungen. Eine interpersonal ausgerichtete Beeinflussung ist z. B. eine Elternberatung oder gemeinsame Anleitung von Eltern und Kindern zu konstruktivem Umgang mit Konflikten.

8.4 Drittes Themenbeispiel: Resiliente Kinder

Dieses Thema ist nicht ganz so offen formuliert wie die beiden vorangehenden »Verhaltensthemen«. Resilienz ist nämlich ein Personmerkmal. Dass es um personale Aspekte geht, wird durch das Wort »Kinder« zusätzlich deutlich. Der Grundaspekt »Person« ist daher diesmal der *Ausgangs*punkt der Analyse. Doch wenn man näher *beschreiben* bzw. *spezifizieren* will, wie sich Resilienz *äußert*, gelangt man wiederum zwangsläufig auch zu den aktuellen Prozessen sowie zum Kontext; und wenn man Resilienz *erklären* will, fragt man naturgemäß nach den Entwicklungsbedingungen.

Definitorische Beschreibung. Resilienz meint so etwas wie psychische Widerstandsfähigkeit von Kindern. Häufig werden auch die Begriffe Stressresistenz, psychische Robustheit, psychische Elastizität oder Kohärenzgefühl synonym verwendet. Resiliente Kinder sind in der Lage, widrigen Lebensumständen, wie z. B. chronischen Erkrankungen oder Behinderungen, Leistungsversagen in der Schule, andauernden familialen Konflikten oder prekären sozialen Lebenslagen, zu trotzen und sich gesund zu entwickeln.

Spezifizierende Beschreibung auf der Person-Ebene. Hier geht es um die Frage, worin sich resiliente Kinder von anderen Kindern unterscheiden. Zum Beispiel: Verfügen sie über ein Gefühl eigener Selbstwirksamkeit? Haben sie eine positive Grundstimmung? Sind es besonders intelligente Kinder? Sind sie sozial kompetenter als vergleichbare andere Kinder? Auch ein Blick auf die Big-Five-Persönlichkeitsfaktoren könnte weiterführen: Sind resiliente Kinder z. B. eher extravertiert und weniger emotional labil? Unterscheiden sich Jungen und Mädchen in der Ausprägung der Resilienz?

Weitere Spezifizierung durch Kontextaspekte. Vielleicht ist Resilienz keine generelle Persönlichkeitseigenschaft, sondern zeigt sich bei einem Kind vorrangig in bestimmten Lebenssituationen und -bereichen und in anderen nicht. Denkbar wäre zum Beispiel, dass einige Kinder sich in Leistungssituationen gut behaupten, aber nicht in sozialen Konfliktsituationen. Vielleicht sind manche auch gegenüber bestimmten Mitmenschen nicht so robust wie gegenüber anderen. Bei der Behandlung dieses Themas wären also immer auch situative und interpersonale Kontextfaktoren zu berücksichtigen: Wo und wann erweist sich ein Kind als resilient? Das könnte individuell variieren.

Spezifizierende Beschreibung auf der Ebene der aktuellen Prozesse. Es wäre z. B. zu klären, wie resiliente Kinder widrige Lebensumstände auffassen. Sind es überhaupt widrige Umstände für sie? Wie schätzen sie sie ein: Sind es eher Herausforderungen als Bedrohungen? Herrscht eher Optimismus als Angst vor? Ist eher »Hoffnung auf Erfolg« als »Furcht vor Misserfolg« die treibende Kraft für das Handeln dieser Kinder?

Erklärung durch Entwicklungsbedingungen. Wie entwickelt sich Resilienz bei Kindern? Wie wirken sich Erziehungs- und Sozialisationserfahrungen in der Familie, in der Kita, in der Schule und im Freundeskreis aus? Haben resiliente Kinder typischerweise auch resiliente Eltern? Es liegt nahe, dass in der individuellen Entwicklungsgeschichte die interpersonalen Erfahrungen eine entscheidende Rolle spielen, dass z. B. wohlwollende Unterstützung, Ermutigung zu eigenem Handeln und zum Ausprobieren altersangemessener Herausforderungen zur Resilienz beitragen. Ob dies so ist, könnte also eine Facette des Themas sein.

Beeinflussung. In (sozial-)pädagogischen oder beratend-therapeutischen Zusammenhängen geht es um die Frage, wie Resilienz erhalten, gestärkt und gefördert werden kann, welche Lernprozesse angeregt und welche Lerngelegenheiten bereitgestellt werden sollten. Können z. B. Eltern, Lehrkräfte und Mitschüler als resiliente Verhaltensmodelle dienen, und lässt sich das Lernen durch Bekräftigung sowie selbstständiges Problemlösen pädagogisch nutzen?

Lernreflexion

Strukturieren Sie in ähnlicher Weise ein weiteres Thema. Worüber könnten Sie beispielsweise bei einem der folgenden Stichwörter sprechen: Umweltbewusstsein, Hilfeleistung, elterliches Erziehungsverhalten, Gesundheitsverhalten, Umgang mit Konflikten. Probieren Sie aus, ob die vorgestellten Muster (Grundaspekte und Tätigkeiten) für die Ideenfindung und Strukturierung hilfreich sind.

9 Zielkompetenz II: Praxisfälle analysieren

9.1 Grundwissen auf Fallbeispiele übertragen

Wie für den Umgang mit neuen Themen lassen sich die roten Fäden auch für die Analyse von Praxisfällen nutzen. Bevor wir dies an Beispielen illustrieren, ist allerdings auf Unterschiede zwischen Themen und Praxisfällen hinzuweisen:

Unterschiede zwischen der Bearbeitung eines »Themas« und eines »Praxisfalls«

Thema	Praxisfall
Viele potenziell bedeutsame (»themen-relevante«) Gesichtspunkte sind anzusprechen.	Zu erkunden ist, welche Gesichtspunkte im konkreten Fall besonders bedeutsam sind und welche weniger.
Es sind Aussagen zu machen über Kategorien von Prozessen, Personen, Situationen usw.	Es sind Aussagen zu machen über konkrete Prozesse, Personen, Situationen usw.
Sowohl das psychische Gesamtsystem als auch Systemausschnitte können zum Thema werden.	Man hat es immer mit »ganzen Menschen«, insofern immer mit dem Gesamtsystem zu tun.
Beschreiben und Erklären stehen meist im Vordergrund. Das Beeinflussen ist oft nicht Thema.	Es stellt sich meist auch die Frage nach dem Beeinflussen/Verändern (»Was kann man tun?«).

Tafel 61: Die Anforderungen bei der Bearbeitung eines Themas und eines Praxisfalls sind in mancher Hinsicht verschieden. Doch in beiden Fällen kann die Übertragung der »roten Fäden« hilfreich sein.

Bei der Behandlung eines »Themas« trägt man hypothetisch Gesichtspunkte zusammen, die bedeutsam sein *könnten.* Ein Lehrbuch oder ein Vortrag muss beispielsweise Themen wie Hilfeleistung, Aggression oder Angst so behandeln, dass viele denkbare Fälle abgedeckt werden. Anders gesagt: Man spricht über *Kategorien* von Prozessen (Gedanken, Gefühlen usw.), Kategorien von Personen (z. B. »Ängstliche«) und Kategorien von Situationen (z. B. »bei Leistungsdruck«). Bei einem konkreten Fall von Hilfeleistung, Aggression oder Angst hingegen geht es nicht darum, herauszufinden, welche Aspekte *überhaupt* bedeutsam sein könnten, sondern welche in *diesem* speziellen Fall tatsächlich besonders relevant und welche weniger relevant sind. Man muss über konkrete Gedanken, Gefühle, Absichten, über konkrete Personen und konkrete Situationen etwas sagen.

Weiterhin können sich »Themen« auf Subsysteme, auf bestimmte Komponenten des psychischen Gesamtsystems konzentrieren (»Ausschnittsthemen«, s. S. 264), während man es in der Praxis immer mit »ganzen Menschen in Kontexten« zu tun hat und man das fragliche Problem nur durch das Zusammenwirken verschiedener Komponenten erklären kann. Anders als bei der Behandlung von Themen in Forschung und Studium werden bei Praxisproblemen meistens auch *Veränderungen* angestrebt. Psychologische Kompetenz hat sich daher zum Gutteil durch Handlungsentwürfe für pädagogische oder therapeutische Maßnahmen zu bewähren.

Als *Suchbereiche* für die Analyse von Fallbeispielen können erneut die grundlegenden Systemaspekte dienen. In dem Leitfaden von *Tafel 62* sind zu jedem Grundaspekt einige diagnostische Fragen aufgeführt, die bei der Analyse hilfreich sein können.

Die *Reihenfolge* der Analyse wird, anders als bei Darstellungen zu Themen, stark von der Machbarkeit bestimmt: Worüber kann man leicht Informationen gewinnen, worüber nur schwer? Was lässt sich objektiv beschreiben, was lässt sich nur subjektiv einschätzen?

Leitfaden für die Analyse von Fallbeispielen: Erklärung des Verhaltens von Person X

PERSON:
Was kann man über X sagen?

Personfaktoren:
Welche Motive/Ziele, Einstellungen sind typisch für X?
Welche Fähigkeiten, Kenntnisse bringt X mit? Welche fehlen?
Welche Grundstimmung (Erregbarkeit etc.) ist typisch?

Entwicklungsfaktoren:
Welche Erfahrungen in welcher Umgebung waren für X wichtig?
Welche genetischne Faktoren sind zu vermuten?

Zu erklären ist:
Aktuelles VERHALTEN:
Was genau tut X? Was sagt X?
Auch Mimik, Körperhaltung etc.

Aktuelle innere Prozesse:
Was denkt (wie interpretiert, wie bewertet etc.) X?
Was fühlt X? In welcher Stimmung verhält sich X so?
Wozu ist X motiviert, was ist sein/ihr momentanes Ziel?
Wie geplant oder impulsiv ist das Verhalten?

KONTEXT:
Wann und wo tritt das Verhalten auf?

Situationsfaktoren:
An welchen Orten, zu welchen Zeiten?
Bei welchen Anlässen, Anforderungen, Gelegenheiten?
Mit welchen unmittelbaren (Verhaltens-)Effekten?

Interpersonale Bezüge:
Gegenüber wem?
Zusammen mit wem?
Bei welchen Interaktionen?
Welche Beziehung besteht zwischen X und den anderen?

Tafel 62: Einige Fragen, die bei der Suche nach Verhaltenserklärungen nützlich sein können.

Daher ist es bei Fallanalysen empfehlenswert, mit den *beobachtbaren Aspekten* zu beginnen:

- **Konkretes Verhalten von X.** Das Verhalten ist möglichst genau zu spezifizieren, also mit Beschreibungen wie »fällt anderen oft ins Wort« etc. statt »ist dominant«.
- **Situationsfaktoren.** Beobachtbar ist zum großen Teil auch, unter welchen Bedingungen das fragliche Verhalten von X auftritt. Um regelhafte Zusammenhänge zu erkennen, sind aber mehrfache genaue Protokollierungen erforderlich.
- **Interpersonale Bezüge.** Sie sind beobachtbar, soweit sie die *Verhaltens*ebene betreffen, d. h. die direkte Interaktion einschließlich verbaler Äußerungen. Nicht direkt zu beobachten, aber manchmal aufgrund von Beobachtungen zu erschließen, ist die interpersonale Beziehung (Wie stehen X und Y zueinander?).

Anschließend widmet sich die Analyse jenen Suchbereichen, die man lediglich mit mehr oder minder begründeten *Vermutungen* füllen kann:

- **Innere Prozesse.** Das Wahrnehmen, Denken, Fühlen, Streben sowie die kommunikativen Empfangsprozesse »hinter« dem Verhalten von X kann man als Außenstehender eventuell durch Einfühlung und aufgrund von Verhaltensbeobachtungen erahnen. Manchmal kann man Person X direkt befragen, stößt aber an Grenzen, wenn X sich nicht mitteilen will oder (mangels hinreichender Selbstwahrnehmung) nicht mitteilen kann.
- **Personale Faktoren.** Sie lassen sich zum Teil aufgrund wiederholter Beobachtungen in unterschiedlichen Kontexten in gewissem Grade einschätzen. Man kann Person X auch nach ihrer Selbsteinschätzung befragen. Für eine genauere Erfassung von Personfaktoren können psychologische Testverfahren nützlich sein.
- **Entwicklungsfaktoren.** Sie können in begrenztem Maße durch Befragung ermittelt werden, manchmal auch durch Beobachtung, sofern die Einflüsse (z. B. in der Familie oder Schule) gegenwärtig noch fortbestehen. Genetische Faktoren lassen sich bei biologischen Verwandtschaften manchmal vermuten und in einigen Fällen (z. B. bei Erbkrankheiten) durch Experten untermauern.

Für eine Diagnose ist nicht in jedem Fall die Durcharbeitung *aller* Suchbereiche erforderlich oder nützlich. Welche Informationen man braucht, hängt von der Zielsetzung im konkreten Einzelfall ab. Solide psychologische Kenntnisse helfen gewöhnlich, nützliche Hypothesen zu bilden und zu entscheiden, worauf man den Blick richten sollte.

9.2 Erstes Beispiel: Linda wird gemobbt

Nehmen wir den Fall, dass ein Kind in der Schule von anderen Kindern gemobbt wird. Der Begriff des Mobbings meint, dass eine Person wiederholt und über einen längeren Zeitraum von Stärkeren angegriffen wird. Angreifer können dabei Einzelne oder Gruppen sein. Gelegentliche Auseinandersetzungen zwischen Gleichstarken sind kein Mobbing. In jedem konkreten Fall wäre zu klären, ob es sich im beschriebenen Sinne tatsächlich um Mobbing handelt.

- ***Verhalten.*** Da mehrere Personen beteiligt sind, ist hier das Verhalten der Angreifer *und* von Linda zu beschreiben.
  Täter: Worin besteht das Mobbing? Was tun die Mobber konkret? Verspotten? Auslachen? Berauben? Ausgrenzen? Eigentum kaputt machen? Oder was?
  Opfer: Wie verhält sich Linda? Bleibt sie passiv? Weint sie? Versucht sie wegzulaufen? Ruft sie um Hilfe? Reagiert sie selbst aggressiv? In welcher Weise?
- ***Situationsfaktoren.*** An welchen Orten geschehen die Mobbinghandlungen, an welchen nicht? Beispiele: Geschieht es im Klassenraum? In versteckten Bereichen des Schulhofs? In den Toilettenbereichen? Auf dem Heimweg? Unterbleiben sie, wenn eine Aufsichtsperson in der Nähe ist?
- ***Interpersonale Bezüge.*** Hängen die Angriffe mit bestimmten Verhaltensweisen von Linda unmittelbar zusammen (Interaktion)? »Nervt« Linda die Angreifer z. B. durch hyperaktives oder anderes Verhalten? Oder ist sie eher ein passives Opfer (dies ist bei Mobbing der Normalfall)? Wird Linda immer von denselben Tätern angegriffen? Machen sie das jeweils als Einzelne oder

gemeinsam mit einer Clique? Nimmt Linda eine Außenseiterstellung in der Klasse ein oder hat sie auch Freundinnen? Kommt ihr im akuten Fall jemand zu Hilfe?

Diagnostische Hilfen. Die Verhaltensweisen der Beteiligten, die situativen Bedingungen und ein Teil der interpersonalen Bezüge sind durch direkte Beobachtung oder durch Beobachtungen, die von Zeugen berichtet werden, zu ermitteln. Auch eine anonyme Befragung (Fragebogen) zu Mobbing in der Klasse oder der Schule (nicht speziell nur zu einem bestimmten Opfer) kann nützlich sein.

- ***Innere Prozesse.*** Was kann man einigermaßen verlässlich über die Gedanken, Gefühle und Motivationen von Opfer und Tätern sagen? Es ist naheliegend, dass Linda Angst hat, dass sie sich hilflos oder deprimiert fühlt, wenn sie angegriffen wird. Empfindet sie auch Wut, Hass, Rachegefühle?
  Macht dem Mobber das Mobben Spaß? Fühlt er/sie sich selbst leicht angegriffen (z. B. schon dann, wenn jemand »blöd guckt«)? Fühlt er/sie sich immer im Recht? Genießt er/sie Machtgefühle? (Bei mehreren Mobbern könnte es individuelle Unterschiede geben.)

Diagnostische Hilfen. Vermutungen durch Einfühlung in die Betroffenen, es sei denn, man kann die Personen befragen und bekommt glaubhafte Auskünfte.

- ***Personale Faktoren.*** Wie lassen sich die beteiligten Personen, also Linda und die Mobber, charakterisieren? (Hierbei stützt man sich auf die vorangehenden Erkenntnisse zu Verhalten, Kontext und eventuell inneren Prozessen.)
  Erscheint Linda schon durch ihr Auftreten wehrlos und leicht angreifbar? Ist sie körperlich schwach? Macht sie einen stillen, geduckten, gehemmten, weinerlichen Eindruck? Oder neigt sie dazu, andere zu provozieren oder auf andere Weise zu »nerven«? Ist der Hauptaggressor (wenn es den gibt) körperlich stark? Kommandiert er gerne? Ist er leicht reizbar?
- ***Entwicklungsfaktoren.*** Kann man etwas über die Vorgeschichte des Problems sagen? Seit wann besteht es? Welche Umwelteinflüsse

könnten zu welchen personalen Faktoren der Beteiligten beigetragen haben?
War Linda in früheren Schulklassen oder Schulen schon mal Opfer? Welches Verhalten der Eltern könnte Lindas Eigenheiten begünstigen (z. B. überbehütende Erziehung)?
Wie ist der familiäre Hintergrund des Mobbers/der Mobber: Gewalt gegen die Kinder und/oder den Ehepartner? Wenig emotionale Wärme? Nachgiebigkeit bei aggressivem Verhalten des Kindes? Mangelnde Vermittlung von Regeln? Keine Anleitung zu positivem Verhalten?

Diagnostische Hilfen. Alle Aussagen über Personmerkmale sind (abgesehen von Testverfahren) Schlussfolgerungen aus wiederkehrenden Beobachtungen. Entwicklungsfaktoren lassen sich eventuell teilweise durch Befragungen ermitteln.

9.3 Zweites Beispiel: Jan hat schlechte Schulnoten

Der unmittelbare Ausgangspunkt ist in diesem Fall nicht ein problematisches Verhalten, sondern bestimmte Leistungen, definiert durch Schulnoten. Davon ausgehend ist dann weiterzufragen, durch welches Verhalten sie hervorgebracht werden. Obwohl es naheliegt, dass die Noten in erheblichem Maße mit der Person des Kindes zu tun haben, ist es doch nützlich, auch nach Kontextfaktoren zu fragen.

- ***Leistungen.*** Es ist bekannt, dass Schulnoten nicht nur Leistungen widerspiegeln, sondern auch vom subjektiven Lehrerurteil abhängen. Dennoch sind sie notwendigerweise der Ausgangspunkt, und es ist zu spezifizieren: In welchen Fächern sind die Leistungen besonders schwach, in welchen nicht? Gibt es bestimmte Aufgaben, mit denen Jan besondere Probleme hat (z. B. Rechtschreibung, freie Aufsätze, Textaufgaben in Mathe)? Gibt es Unterschiede zwischen mündlichen und schriftlichen Leistungen?
- ***Verhalten.*** Wie kann Jans Lernverhalten konkret beschrieben werden? Beginnt er die Hausaufgaben von selbst oder muss er gedrängt werden? Arbeitet er konzentriert oder mit Unterbre-

chungen und Ablenkungen? Was tut er, wenn er nicht weiterkommt? Beteiligt er sich in der Schule am mündlichen Unterricht?

- ***Situative Aspekte.*** Unterscheiden sich die Leistungen je nach Fach und Art der Aufgabe (s. o. die Fragen zum Stichwort Leistungen)? Unterscheidet sich das Lernverhalten zu Hause und in der Schule?
- ***Interpersonale Bezüge.*** Was tun die Eltern, wenn Jan zu Hause nicht vorankommt (z. B. ermahnen, helfen, etwas versprechen)? Kommt es zu Streitereien um die Hausaufgaben? Wie ist Jans Beziehung zu den Eltern, zu einzelnen Lehrkräften, zu den Mitschülern? Hat ein Lehrerwechsel schon mal eine Leistungsänderung mit sich gebracht?

Diagnostische Hilfen. Das Verhalten von Jan, die situativen Bedingungen und ein Teil der interpersonalen Bezüge sind in gewissem Ausmaß zu ermitteln, indem man die Eltern, die Lehrkräfte und Jan selbst nach ihren Beobachtungen fragt.

- ***Personale Faktoren.*** Wie sind Jans intellektuelle und sprachliche Fähigkeiten, seine Einstellung zur Schule, seine Interessen, sein Leistungsstreben einzuschätzen? Unter welchen emotionalen Beeinträchtigungen leidet er? Wie ausgeprägt ist seine Selbstkontrolle?
- ***Entwicklungsfaktoren.*** Seit wann bestehen die Schwierigkeiten? Welche Erfahrungen hat Jan früher in der Schule gemacht? Welche Unterstützung hat er zu Hause bekommen?

Diagnostische Hilfen. Die Personfaktoren sind teilweise nur durch eine professionelle Diagnose in einer psychologischen Einrichtung zu klären. Die Entwicklungsfaktoren lassen sind teilweise durch Befragung ermitteln.

- ***Innere Prozesse.*** Welche Gefühle und Motivationen kommen in Lern- und Leistungssituationen vermutlich bei Jan auf? Welche leistungsbezogenen Gedanken? Welche ablenkenden Gedanken?

Diagnostische Hilfen. Einfühlung in das Kind und Gespräche mit ihm könnten hierzu gewisse Erkenntnisse bringen. Hingegen lassen sich die kognitiven Verarbeitungsprozesse während der eigentlichen Lernhandlungen nur schwer erkennen.

9.4 Drittes Beispiel: Melanie lässt sich nicht entmutigen

Dieses Beispiel passt zum Thema »Resilienz«. Resiliente Kinder lassen sich von den Widrigkeiten ihres Lebens nicht oder nicht so leicht wie andere entmutigen.

- ***Verhalten.*** Was genau ist mit der Aussage gemeint, dass Melanie sich nicht entmutigen lässt? Woran kann man es erkennen? An der Art, wie Melanie über Misserfolge, über negative Rückmeldungen spricht? Wie ihre Körperhaltung, Mimik und Gestik dabei aussieht?
- ***Situative und interpersonale Kontextfaktoren.*** Trifft das Verhalten auf alle widrigen Lebenssituationen zu oder auf bestimmte? Auf schulische Leistungssituationen? Auf Konflikte zu Hause? Auf Enttäuschungen in persönlichen Beziehungen? Auf Erkrankungen oder körperliche Behinderungen?

Diagnostische Hilfen. Systematische Verhaltensbeobachtungen in verschiedenen Kontexten oder Interviews mit Personen, die Melanie gut kennen.

- ***Innere Prozesse.*** Sieht sie schwierige Aufgaben als Bedrohung oder Herausforderung an? Denkt sie: »Ich kann es beim nächsten Mal packen«, »Ich muss nicht immer perfekt sein«? Oder aber vielleicht: »Ich darf mir vor meinen Klassenkameraden nicht anmerken lassen, dass mich die schlechte Zensur geschockt hat«? Dann wäre es denkbar, dass Melanie nicht wirklich resilient ist, sondern nur so tut, weil sie als »cool« gelten möchte.

Diagnostische Hilfen. Einfühlsame Gespräche, in denen Melanie über ihre Gedanken, Gefühle und Ziele in belastenden Lebenssituationen berichtet.

- ***Personale Faktoren.*** Wie lässt sich Melanie – aufgrund der Informationen zu Verhalten, Kontext und inneren Prozessen – in ihrer Persönlichkeit beschreiben? Kann sie sich neuen Situationen schnell anpassen, ist sie in Leistungs- und in sozialen Konfliktsituationen belastbar? Ist sie meist tüchtig? Ist sie intelligent, neugierig und voller Selbstvertrauen?

- *Entwicklungsfaktoren.* Was wissen wir über Melanies bisherigen Lebensverlauf? Wie ist sie aufgewachsen, wie ist sie erzogen worden? Hat sie Geschwister, von denen sie etwas lernen konnte? Sind die Eltern zugewandt und einfühlsam? Aber auch kritisch? Haben sie zu selbstständiger Problembewältigung ermutigt? Hat Melanie Vorbilder neben den Eltern?

Diagnostische Hilfen. Aussagen über die Personfaktoren und Entwicklungsbedingungen sind zu erfahren durch Selbstauskünfte von Melanie (evtl. einschließlich eines Fragebogens) oder durch Einschätzungen von Melanie nahestehenden Personen (z. B. Eltern, Lehrkräfte, Freunde).

> *Anmerkung.* Die Fragen in den drei Fallbeispielen 9.2 bis 9.4 sollten zeigen, wie die Grundaspekte bei der Analyse von Problemfällen *als Suchbereiche* genutzt und konkretisiert werden *könnten*. Sie sind keineswegs eine vollständige Liste. Im Übrigen ist es ist auch möglich, dass man in einem Praxisfall auf einzelne Suchbereiche ganz verzichtet (z. B. auf die Entwicklungsbedingungen), weil es zu schwierig ist, hierüber Informationen zu gewinnen, oder weil man sich davon zu wenig Nutzen für praktische Maßnahmen verspricht.

Weiterführende Literatur zu den Kapiteln 8 und 9

Die beiden Kapitel sollten den Transfer von Grundwissen demonstrieren, einmal an den drei Themenbeispielen »Gewalt«, »Lernstörungen« und »Resiliente Kinder«, zum anderen an entsprechenden Fallbeispielen. Für diejenigen, die darüber hinaus nähere Informationen zu den Themen selbst suchen, hier einige Literaturhinweise:

Zur Psychologie der Aggression im Überblick: Nolting (2015), speziell zum Bereich der Schule: Olweus (2006) sowie Schubarth (2013). Zu Lernstörungen, ihrer Diagnostik und Behandlung: Gold (2011), Lauth, Grünke & Brunstein (2014) sowie Mähler und Grube (2012) im kurzen Überblick. Zu Resilienz und ihrer Förderung: Fröhlich-Gildhoff & Rönnau-Böse (2015) sowie Wustmann (2015).

Lernreflexion

Nehmen Sie einen Praxisfall, den Sie aus eigener Erfahrung kennen, und analysieren sie ihn nach Art der vorangehenden Beispiele. Formulieren Sie Vermutungen oder Spekulationen, wo Ihnen sichere Informationen fehlen.

10 Rückschau: Psychologie vernetzend lernen

Psychologie lernt man gewöhnlich über Seminare und Bücher, die unabhängig voneinander konzipiert sind und deshalb auch kaum aufeinander Bezug nehmen. Daraus entstehen Mängel in der Qualität des erworbenen Wissens und Schwierigkeiten bei der Wissensnutzung. Welche Konsequenzen sich daraus für das selbstregulierte Lernen von Psychologie ergeben, möchten wir zum Abschluss in wenigen Punkten zusammenfassen.

10.1 Aus einem Nebeneinander ein Zueinander machen

Um eine flexible Wissensnutzung (Transfer) zu erleichtern, sollte das Wissen in hohem Maße »integriert« sein. Integration wird gefördert, indem man die Wissensinhalte nicht additiv speichert, sondern auf vielfältige Weise miteinander verbindet und zu einem geordneten Zueinander, also zu einer Struktur organisiert. Allerdings gibt es nicht eine einzige »richtige« Strukturierung, sondern mehrere mögliche, die sich ergänzen können und sollten. Besonders hilfreich erscheint es uns, die Lerninhalte nach drei Kriterien in ein Zueinander zu bringen:

- nach Über- und Unterordnung
- nach Teil und Ganzes
- nach der Art des Blickwinkels

Weil Bücher und Seminare unterschiedliche »Themen« behandeln, ist es wichtig, sich bei der Wissensorganisation nicht einfach von wechselnden Titeln leiten zu lassen, sondern die Themen einzuordnen, und dieses Einordnen kann nach den drei genannten Kriterien geschehen.

Zueinander nach Über- und Unterordnung

Man stellt die Wissensinhalte nicht gleichrangig nebeneinander, sondern ordnet sie hierarchisch. Man erkennt manche Inhalte als

Oberbegriffe oder übergreifende Aussagen und andere Inhalte als spezifischere Ausformungen.

Folgt man dem in diesem Buch präsentierten theorieneutralen Bezugsrahmen, so wären vor allem Fragen wie die folgenden zu stellen:

- Was hat das Thema mit aktuellen Prozessen wie Denken, Motivation usw. zu tun?
- Inwiefern geht es um individuelle Personfaktoren?
- Inwiefern hat das Thema mit der Entwicklung der Person zu tun (oder mit Entwicklungsförderung)?
- Inwiefern geht es um den Einfluss externer Situationsfaktoren?
- Inwiefern geht es um interpersonale Bezüge (Interaktion, Kommunikation, Beziehung)?

Wie sich diese übergeordneten Aspekte für die Strukturierung sehr unterschiedlicher Themen nutzen lassen, wurde in Kapitel 8 bereits an drei Beispielen erläutert. Ein weiteres Beispiel soll deutlich machen, wie man auch innerhalb eines Grundaspektes Hierarchien bilden kann:

Thema »Leistungsmotivation«. Sie ist eine Variante von Motivation und diese eine Komponente der aktuellen Prozesse. Die Hierarchie wäre also:

Grundaspekt:	Aktuelle Prozesse
darin Prozesstyp:	Motivation
darin Variante:	Leistungsmotivation

Dies ist natürlich nicht die einzige mögliche Einordnung. Leicht werden bei diesem Thema auch andere Grundaspekte ins Spiel kommen, so etwa personale Aspekte, sobald man das Leistungsmotiv in seinen individuellen Ausprägungen (Erfolgszuversichtlichkeit und Misserfolgsängstlichkeit) behandelt.

Zueinander nach Teil und Ganzes

Da die Grundaspekte als Systemaspekte zu verstehen sind, stehen sie nicht nur ganz oben in der Hierarchie, sondern fordern zugleich dazu auf, ein zweites Kriterium für eine gute Wissensorganisation zu beachten: Aus dem Systemcharakter psychischen Geschehens ergibt sich nämlich, dass man einzelne Prozesse und Faktoren nicht isoliert betrachten darf, wenn man eine Erklärung oder Voraussage geben will. Vielmehr sollte man immer mehrere Aspekte zugleich betrachten und zu einem Wirkungsgefüge verbinden. Im Detail gelingt dies häufig nur auf der Ebene von Vermutungen, weil man als Lernender für dieses Thema zu wenige Kenntnisse mitbringt oder auch die Forschungslage nicht eindeutig ist. Der Versuch, in Gefügen zu denken statt lediglich in Einzelaspekten, ist jedoch in jedem Fall sinnvoll.

Klar ist weiterhin: Damit ein bestimmtes Verhalten zustande kommt, müssen stets mehrere Komponenten in die gleiche Richtung wirken. In manchen Fällen sind einzelne Komponenten zwar wirksam (z. B. eine soziale Einstellung, ein situativer Anreiz), können sich aber im Verhalten nicht durchsetzen, weil andere Faktoren (z. B. Ängste, fehlende Fertigkeiten) ihnen entgegenwirken. In vielen Fällen ist beim Zusammenspiel der Komponenten auch an die Möglichkeit von Kreisprozessen zu denken, sei es innerhalb einer Person (z. B. Interessen und Fertigkeiten fördern sich wechselseitig), sei es zwischen verschiedenen Personen (z. B. herrisches Verhalten von A und unterwürfiges von B bedingen sich wechselseitig).

Zueinander nach Art des Blickwinkels

Es ist nützlich, sich klarzumachen, aus welcher Perspektive man einen Gegenstand betrachtet und in welcher Relation diese zu anderen möglichen Perspektiven steht. Perspektiven gibt es in fast uferloser Zahl; wir erwähnen hier einige typische Arten.

So ist zunächst einmal zu unterscheiden, ob das Thema das psychische Gesamtsystem unter einer bestimmten Fragestellung betrachtet oder ob es lediglich Ausschnitte des Systems untersucht. *Ganzheitsthemen* sind vor allem solche, die sich mit bestimmten Formen des Verhaltens befassen. Beispielsweise betrachtet man Menschen unter dem Gesichtspunkt, dass sie andere Menschen angreifen (Thema »Aggression«) oder dass sie sich um das Wohlergehen anderer kümmern (Thema »Hilfeleistung«), dass sie in der Schule oder Ausbildung schlechte Leistungen erbringen (Thema »Lernstörungen«). Wenngleich es immer möglich ist, dass sich die Bearbeitung des Themas auf einzelne Aspekte zuspitzt (z. B. auf bestimmte Kognitionen oder Gefühle), geht es doch stets um »ganze Menschen in Kontexten«, und insofern sind zunächst einmal alle grundlegenden Systemaspekte für solche Themenstellungen von Bedeutung.

Demgegenüber konzentrieren sich *Ausschnittsthemen* von vornherein auf bestimmte Funktionsbereiche bzw. Subsysteme psychischen Geschehens, z. B. auf die optische Wahrnehmung, die Begriffsbildung, Motivationsvorgänge, bestimmte Lernarten oder anderes. Funktionale Zusammenhänge zwischen Subsystemen sind selbstverständlich. dennoch kann sich der Blick eben vorrangig auf einen bestimmten Ausschnitt des Gesamtsystems richten.

Zusätzlich zu dieser Unterscheidung »Ganzheit vs. Ausschnitt« lassen sich Themen auch nach den *systembezogenen, praxisbezogenen* und *theoriebezogenen* Perspektiven charakterisieren, die in den Kapiteln 4 bis 6 vorgestellt wurden. So kann man beispielweise die Leistungsmotivation unter dem Aspekt der Entwicklung oder dem Aspekt der individuellen Unterschiede betrachten (zwei systembezogene Blickwinkel) oder unter dem Aspekt der pädagogischen Förderung in der Schule (praxisbezogener Blickwinkel). In der Forschungsliteratur nehmen theoriebezogene Perspektiven bzw. Kontroversen verständlicherweise oft einen großen Raum ein.

Auch die *Tätigkeiten* des Beschreibens, Erklärens, Vorhersagens und Veränderns sowie darin vorkommende *methodische* Problemstellungen (Diagnostik, Forschungspläne usw.) können den vorrangigen Blickwinkel bilden.

Zu beachten ist, dass man es der bloßen Überschrift *nicht* immer ansehen kann, um welche Fragestellung es geht. Kurztitel wie »Intelligenz«, »Angst«, »Aggression«, »Selbstbild« usw. sind zunächst nur *Stichwörter* aus dem Psychologie-Lexikon, die sich sehr unterschiedlich füllen lassen. Wenn ein Studierender z. B. sagt: »Mein Prüfungsthema ist Aggression«, so ist noch völlig offen, ob er sich mit allgemeinen Aggressionstheorien befassen will, mit aggressivem Verhalten in der Familie, mit Gewaltkriminalität, mit Krieg, mit Aggressivität als Persönlichkeitsmerkmal, mit Aggressivität in verschiedenen Altersstufen, mit Instrumenten zur Aggressionsmessung, mit therapeutischen Möglichkeiten usw. Kaum jemand fasst nämlich alles gleichzeitig ins Auge, und so lohnt es sich, genau hinzuschauen, was man mit dem Benennen eines Themas eigentlich meint.

Nur wenn man ein Thema nicht als bloßes Stichwort, sondern als *Problemstellung* versteht, wenn seine Bearbeitung also Antworten auf bestimmte Fragen geben soll, kann man es sinnvoll einordnen. Durch eine solche Präzisierung erledigt sich dann meist auch die typische Studentenfrage, ob dieser oder jener Aspekt zu dem Thema noch »dazugehört«.

Ergänzender Hinweis. Auch das *Zueinander von Fachtermini* nach ihrer inhaltlichen Verwandtschaft bedarf manchmal einer Klärung. Denn wenn man sich in ein fremdes Gebiet einarbeitet, wird man oft durch eine Fülle von Fachbegriffen verwirrt – das gilt auch für die Psychologie. Wer etwa die zahlreichen Bezeichnungen, die für Typen des Lernens in Gebrauch sind (s. S. 94), jeweils für andere Lernarten hält, kommt auf ein chaotisches Sammelsurium.

Viele Fachtermini werden im Kontext einer neuen Theorie eingeführt, weil neue Konstrukte benannt werden müssen. Zuweilen ist die Neuartigkeit allerdings nur sprachlicher Art; bei näherem Hinsehen stellt sich dann nämlich heraus, dass der neue Terminus dasselbe bedeutet wie ein bereits bekannter. Daher sollte man Fachtermini vergleichen und sich beim Lernen fragen: Was für ein Sachverhalt ist damit gemeint? Kenne ich einen solchen Sachverhalt schon unter anderem Namen?

10.2 Transfer zu Beispielen und Alltagspsychologie herstellen

Bei dieser Empfehlung geht es ebenfalls um das Herstellen eines Zueinanders, aber nicht so sehr innerhalb von Lehrbuchinformationen (wie in Abschnitt 1), sondern in Richtung auf andere Kontexte: auf konkrete Beispiele und Praxisfälle sowie auf die vorwissenschaftliche Psychologie, die man schon vorher im Kopf hat.

Zueinander von abstrakten Aussagen und konkreten Beispielen

Verständnisorientiertes Lernen bewegt sich weder allein auf der abstrakt-allgemeinen noch auf der konkreten Ebene, sondern stellt zwischen beiden Verbindungen her. Ein hoher Grad an Verständnis offenbart sich in der Fähigkeit, *zwischen Abstraktem und Konkretem hin- und herpendeln zu können.* Wer nur auf der konkreten Erfahrungsebene bleibt, dem fehlen die übergreifenden Zusammenhänge, und er kann die Vielfalt nur schwer in eine Ordnung bringen. Wer aber nur auf einer abstrakten Lehrbuchebene lernt, wird das Gelernte möglicherweise reproduzieren, ohne sich darunter wirklich etwas »vorstellen« zu können. Diese Schwäche liegt auch dann vor, wenn man das abstrakte Wissen nur mit *den* Beispielen erläutern kann, die im Lehrbuch mitgeliefert werden.

Der entscheidende Verständnistest besteht also darin, das Wissen auf neue, selbst gewählte Beispiele zu übertragen. Dies wird von Lernenden oft als mühsam empfunden. Aber der Lerneffekt ist ungleich größer, als wenn man Buchtexte und Mitschriften lediglich wiederholt. Falls die Übertragung auf neue Beispiele nicht gelingt, sollte man herauszufinden versuchen, warum sie nicht gelingt. So kann aus der Schwierigkeit eine produktive Frage werden. In umgekehrter Richtung geht man von Beispielen aus und versucht diese unter allgemeine Prinzipien einzuordnen.

Ein besonderer Fall von Beispielen sind *Praxisfälle.* Sie repräsentieren nicht bestimmte Prinzipien, sondern gleich ein ganzes Bündel davon. Denn in der Praxis sind all jene Aspekte miteinander verbunden, die in Lehre und Lehrbüchern meist getrennt voneinander behandelt werden. Wie bereits ausgeführt (S. 273), betrifft Praxis grundsätzlich immer das psychische Gesamtsystem, und *welche* Aspekte im jeweiligen Fall von besonderem Interesse sind, muss erst analysiert werden.

Für eine solche Analyse ein globales, übertragbares Wissensgefüge zu nutzen, ist daher eine Übung eigener Art – allerdings eine sehr hilfreiche, sofern man sein Lernen auf praktische Verwertbarkeit ausrichten will. Hilfreich ist die Übung auch deshalb, weil in Seminaren und Lehrbüchern die Beispiele meist so gewählt sind, dass sie zu dem gerade behandelten Lehrstoff gut passen. Reale Praxisprobleme hingegen richten sich nicht nach irgendeinem Seminarthema und erfordern nicht speziell jenes Wissen, das gerade durchgenommen wurde. Soweit also die Ausbildung nicht von selbst solche Analyseübungen anbietet, greift man am besten auf Fallbeispiele aus dem Alltag oder einem Praktikum zurück.

Zueinander von wissenschaftlicher und naiver Psychologie
Ein wichtiger Punkt ist weiterhin der Vergleich von wissenschaftlicher Psychologie und Alltagspsychologie. Wer sich als Laie mit Spanisch oder Chemie beschäftigt, füllt Wissenslücken; er lernt etwas *dazu.* Wer sich hingegen als Laie mit Psychologie beschäftigt, der lernt *um.* Diese Aussage ist sicher etwas überspitzt, trifft aber im Kern einen wichtigen Tatbestand. Jeder Mensch hat nämlich schon eine »naive« Psychologie im Kopf, die ihm dazu dient, sich im Leben zurechtzufinden. Sie besteht nicht aus Kenntnissen, die nach definierten, von Fachleuten anerkannten Methoden gewonnen wurden, sondern sie ist ein »Überzeugungswissen« – ein Gemisch aus »Volksweisheiten« (z. B. »Die äußere Ordnung spiegelt die innere Ordnung«), Verallgemeinerungen von persönlichen Erfahrungen (z. B. »Studenten sind unruhige Mieter«), ideologischen Glaubenssätzen sowie einigen wissenschaftlichen Erkenntnisbrocken. Es ist gut, *sich der Alltagspsychologie bewusst zu werden,* wenn sie fachlichen Informationen entgegensteht und sich gegen sie sperrt.

»Überzeugungswissen« bringt man vor allem in solche Sachgebiete mit, die auch von Laien permanent Urteile und Entscheidungen verlangen: Umgang mit Menschen, Erziehung, Politik, Gesundheit usw. Die Urteile und Entscheidungen stützen sich hier notgedrungen beispielsweise auf Vorstellungen darüber, wie Menschen sich entwickeln und beeinflussen lassen, aus welchen Anzeichen man welche »Charakterzüge« erschließen kann, wer für bestimmte Aufgaben »geeignet« ist, wann Menschen »zusammenpassen«, was Kinder »brauchen«, was ihnen »schadet«, was sich »auswächst« und was man »fördern« kann (s. auch Kap. 1).

Vorwissenschaftliche psychologische Annahmen sind nicht unbedingt »falsch«. Sie können durchaus mit anerkannten wissenschaftlichen Aussagen übereinstimmen (und in vielen Fragen ist ja auch wissenschaftlich umstritten, was »richtig« ist). Und doch weist die Alltagspsychologie typische Schwächen auf. Sie sollen hier nicht mehr im Einzelnen erörtert werden, da diverse Aspekte in den vorangehenden Kapiteln angesprochen wurden. Erinnert sei hier nur an einseitig personale (statt auch kontextbezogene) Verhaltenserklärungen, an wertende Beschreibungen, an die Verwechslung von statistischen Aussagen und Einzelfallaussagen, an Erklärungen durch bloße Wörter oder Bilder, an lineares Wenn-dann-Denken statt »Systemdenken« u. a. m.

Unabhängig davon, wie die persönliche »Alltagspsychologie« aussieht – sie hat grundsätzlich eine ganz andere Funktion als die wissenschaftliche. Sie dient der schnellen Orientierung und nicht dem Streben nach Erkenntnis. Sie macht handlungsfähig und nicht sachkundig. Mit diesen Funktionen kann sie allerdings auch das Lernen von wissenschaftlicher Psychologie behindern. Denn um die Orientierungsfunktion nicht zu gefährden, liest man aus wissenschaftlichen Informationen möglicherweise nur das heraus, was die eigenen Überzeugungen bestätigt, und weist das zurück, was ihnen widerspricht.

Da Diskrepanzen zwischen naiver und wissenschaftlicher Psychologie kaum vermeidbar sind, mögen Anfänger einen Psychologiekurs manchmal wie ein Verunsicherungsprogramm empfinden. Es ist aber sicher wichtig, die Diskrepanzen nicht auszublenden. Beim Lesen mag es hilfreich sein, sich das eigene Vorverständnis zum jeweiligen Thema bewusst zu machen und gerade solche Aussagen des Textes zu beachten, die diesem Vorverständnis zuwiderlaufen, statt lediglich die problemlosen Stellen zu unterstreichen.

Natürlich werden sich wahrgenommene Diskrepanzen zwischen persönlichen Annahmen und wissenschaftlichen Auskünften nicht immer auflösen lassen – genauso wenig wie Kontroversen innerhalb der Wissenschaft. Aber sie können tieferes Nachdenken in Gang setzen. Überdies kann bewusstes Vergleichen der Erscheinung entgegenwirken, dass unbemerkt zwei Psychologien beziehungslos nebeneinanderher laufen: die bisherige Alltagspsychologie, die nach wie vor das persönliche Verstehen und Handeln bestimmt, und die neue, die akademische, die lediglich für die Prüfung gelernt wird.

Anhang

Literaturverzeichnis

Adler, A. (2012). Praxis und Theorie der Individualpsychologie. Köln: Anaconda.
Ajzen, I. (1991). The theory of planned behavior. Organizational Behavior and Human Decision Processes, 50, 179–211.
Alfermann, D. & Stoll, O. (2017). Sportpsychologie. Ein Lehrbuch in 12 Lektionen (5. Aufl.). Aachen: Meyer & Meyer.
Allport, G. W. (1959). Persönlichkeit (2. Aufl.). Meisenheim/Glan: Hain.
Allport, G. W. (1983). Werden der Persönlichkeit. Frankfurt a. Main: Fischer.
Ambridge, B. (2015). Das Psycho-Test-Buch. München: Knaur.
Anderson, C. A. & Bushman, B. J. (2002). The effects of media violence on society. Science, 295, 2377–2379.
Anderson, C. A., Shibuya, A., Ihori, N., Swing, E. L., Bushman, B. J., Sakamoto, A., Rothstein, H. R. & Saleem, M. (2010). Violent video game effects on aggression, empathy, and prosocial behavior in eastern and western countries: A meta-analytic review. Psychological Bulletin, 136, 151–173.
Anderson, J. R. (2001). Kognitive Psychologie (3. Aufl.). Berlin: Springer.
Anderson, J. R. (2013). Kognitive Psychologie (7. Aufl.). Berlin: Springer.
Ansbacher, H. L. & Ansbacher, R. R. (Hrsg.) (2004). Alfred Adlers Individualpsychologie (5. Aufl.). München: Reinhardt.
Antonovsky, A. (1997). Salutogenese. Zur Entmystifizierung der Gesundheit. Tübingen: dgvt.
Aronson, E., Wilson, T. & Akert, R. (2014). Sozialpsychologie (8. Aufl.). Hallbergmoss: Pearson.
Asendorpf, J. B. (2012). Verhaltens- und molekulargenetische Grundlagen. In W. Schneider & U. Lindenberger (Hrsg.), Entwicklungspsychologie (7. Aufl.) (S. 81–96). Weinheim: Beltz.
Asendorpf, J. B. (2015). Persönlichkeitspsychologie für Bachelor (3. Aufl.). Berlin: Springer.
Asendorpf, J. B. & Neyer, F. J. (2012). Psychologie der Persönlichkeit (5. Aufl.). Berlin: Springer.
Auhagen, A.E. (2008). Positive Psychologie. Anleitung zum »besseren« Leben (2. Aufl.). Weinheim: Beltz.
Ausubel, D. P., Novak, J. D. & Hanesian, H. (1980). Psychologie des Unterrichts. 2 Bde. (2. Aufl.). Weinheim: Beltz.
Bachleitner, R., Keul, A. & Kagelmann, J.H. (2011). Gesund durch Erleben (3. Aufl.). Wien: Profil.
Bak, P.M. (2014). Werbe- und Konsumentenpsychologie. Stuttgart: Schäffer-Poeschel.
Balz, H. J. & Spieß, E. (2009). Kooperation in sozialen Organisationen – Grundlagen und Instrumente. Stuttgart: Kohlhammer.
Bandura, A. (1976). Lernen am Modell. Stuttgart: Klett-Cotta.

Bandura, A. (1979/1991). Sozial-kognitive Lerntheorie. Stuttgart: Klett-Cotta.
Bandura, A. (1997). Self-efficacy. The exercise of control. New York: Freeman.
Bartling, G., Echelmeyer, L. & Engberding, M. (2016). Problemanalyse im therapeutischen Prozess. Leitfaden für die Praxis (6. Aufl.). Stuttgart: Kohlhammer.
Batra, A., Wassmann, R. & Buchkremer, G. (2012). Verhaltenstherapie (4. Aufl.). Stuttgart: Thieme.
Becker-Carus, C. & Wendt, M. (2017). Allgemeine Psychologie (2. Aufl.). Heidelberg: Springer.
Bellebaum, C., Thoma, P. & Daum, I. (2012). Neuropsychologie. Wiesbaden: VS Springer
Benecke, C. (2014). Klinische Psychologie und Psychotherapie. Stuttgart: Kohlhammer.
Benkert, O., Hautzinger, M. & Graf-Morgenstern, M. (Hrsg.) (2016). Psychopharmakologischer Leitfaden für Psychologen und Psychotherapeuten. (3. Aufl.). Heidelberg: Springer.
Berk, L.E. (2011). Entwicklungspsychologie. (5. Aufl.). München: Pearson.
Berking, M. (2015). Training emotionaler Kompetenzen. (3. Aufl.). Heidelberg: Springer.
Berking, M. & Rief, W. (Hrsg.) (2012). Klinische Psychologie und Psychotherapie für Bachelor. Berlin: Springer.
Betsch, T., Funke, J. & Plessner, H. (2011). Denken – Urteilen, Entscheiden, Problemlösen. Heidelberg: Springer.
Bierhoff, H.W. & Frey, D. (2011). Sozialpsychologie – Individuum und soziale Welt. Göttingen: Hogrefe.
Bierhoff, H. W. & Petermann, F. (2014). Forschungsmethoden der Psychologie. Göttingen: Hogrefe.
Biermann-Ratjen, E. M.; Eckert, J. & Schwartz, H. J. (2016). Gesprächspsychotherapie. Verändern durch Verstehen (10. Aufl.). Stuttgart: Kohlhammer.
Bilz, L., Sudeck, G., Bucksch, J., Klocke, A., Kolip, P., Melzer, W. Ravens-Sieberer, U. & Richter, M. (Hrsg.) (2016), Schule und Gesundheit. Ergebnisse des WHO-Jugendgesundheitssurveys »Health Behaviour in School-aged Children«. Weinheim: Beltz.
Birbaumer, N. (2014). Dein Gehirn weiß mehr, als du denkst. Neueste Erkenntnisse aus der Gehirnforschung. Berlin: Ullstein.
Birbaumer, N. & Schmidt, R.F. (2010). Biologische Psychologie (7. Aufl.). Heidelberg: Springer.
Blickle, G. (2011). Intelligenz, Persönlichkeit und Selbstdarstellung. Aktuelle Perspektiven der Personalpsychologie. In P. Gelléri, P. & C. Winter (Hrsg.), Potenziale der Personalpsychologie. Einfluss personaldiagnostischer Maßnahmen auf den Berufs- und Unternehmenserfolg (S. 113-120). Göttingen: Hogrefe.
Bliesener, T. & Lösel, F. (2014). Lehrbuch Rechtspsychologie. Göttingen: Hogrefe.
Bode, H., Büsching, U. & Kohns, U. (2016). Psychosomatische Grundversorgung in der Pädiatrie. Leipzig: Thieme.
Bodenmann, G. (2006). Beobachtungsmethoden. In F. Petermann & M. Eid (Hrsg.), Handbuch der Psy-

chologischen Diagnostik (S. 151–159). Göttingen: Hogrefe.
Bodenmann, G., Perrez, M. & Schär, M. (2015). Klassische Lerntheorien. Grundlagen und Anwendung in Erziehung und Psychotherapie (3. Aufl.). Göttingen: Hogrefe.
Bös, K. & Brehm, W. (Hrsg.) (2006). Handbuch Gesundheitssport (2. Aufl.). Schorndorf: Hofmann.
Brand, R. (2010). Sportpsychologie. Wiesbaden: Springer VS.
Breuer, F. (1991). Wissenschaftstheorie für Psychologen (5. Aufl.). Münster: Aschendorff.
Brohm, M. (2016). Positive Psychologie in Bildungseinrichtungen. Berlin: Springer.
Bruner, J. (1970). Der Prozeß der Erziehung. Düsseldorf: Schwann.
Brunstein, J. C. & Heckhausen, H. (2010). Leistungsmotivation. In J. Heckhausen & H. Heckhausen (Hrsg.), Motivation und Handeln (4. Aufl.) (S. 145–192). Berlin: Springer.
Brüntrup, G. (2016). Das Leib-Seele-Problem. Eine Einführung (5. Aufl.). Stuttgart: Kohlhammer.
Buller, D. (2005). Adapting Minds. Cambridge, Mass.: MIT Press.
Buss, D.M. (1997). Die Evolution des Begehrens. München: Goldmann.
Buss, D.M. (2004). Evolutionäre Psychologie. München: Pearson.
Caspi, A., Roberts, B. W. & Shiner, R. L. (2005). Personality development: stability and change. Annual Review of psychology, 56, 453–484.
Chaloupka-Risser, C., Risser, R. & Zuzan, W.D. (2011). Verkehrspsychologie: Grundlagen und Anwendungen. Wien: Facultas.
Conci, M. & Mertens, W. (Hrsg.) (2016). Psychoanalyse im 20. Jahrhundert. Freuds Nachfolger und ihr Beitrag zur modernen Psychoanalyse. Stuttgart: Kohlhammer.
Cranach, M. v., Kalbermatten, U., Indermühle, K. & Gugler, B. (1980). Zielgerichtetes Handeln. Bern: Huber.
Dadaczynski, K., Schiemann, S. & Paulus, P. (2016). Gesundheit spielend fördern: Potenziale und Herausforderungen von digitalen Spieleanwendungen für die Gesundheitsförderung und Prävention. Weinheim: Beltz.
Davison, G.C., Neale, J.M. & Hautzinger, M. (2016). Klinische Psychologie. Weinheim: Beltz.
Deci, E.L. & Ryan, R.M. (1985). Intrinsic motivation and self-determination in human behavior. New York: Plenum Press.
Diekmann, A. (2012). Empirische Sozialforschung. Grundlagen, Methoden, Anwendungen (6. Aufl.). Reinbek: Rowohlt.
Dilling, H. & Freyberger, H.J. (2015). Taschenführer zur ICD-10-Klassifikation psychischer Störungen: nach dem Pocket-Guide von J.E. Cooper. Göttingen: Hogrefe.
Dörner, D. (1987). Problemlösen als Informationsverarbeitung (3. Aufl.). Stuttgart: Kohlhammer.
Dreikurs, R. (2014). Grundbegriffe der Individualpsychologie. Stuttgart: Klett-Cotta.
Dunn, J. & Plomin, R. (1996). Warum Geschwister so verschieden sind. Stuttgart: Klett-Cotta.
Ebbinghaus, H. (1885). Über das Gedächtnis. Untersuchungen zur experimentellen Psychologie. Leipzig: Duncker & Humber.

Ebbinghaus, H. (1902/1908). Grundzüge der Psychologie. Leipzig: Veit und Comp.
Eberwein, W. & Thielen, M. (Hrsg.) (2014). Humanistische Psychotherapie. Theorien, Methoden, Wirksamkeit. Gießen: Psychosozial-Verlag.
Eck, C.D., Jöri, H. & Vogt, M. (2016). Assessment-Center. Entwicklung und Anwendung (3. Aufl.). Berlin: Springer.
Eckert, M. & Tarnowski, T. (2017). Stress- und Emotionsregulation. Trainingsmanual zum Programm Stark im Stress. Weinheim: Beltz.
Edelmann, W. & Wittmann, S. (2012). Lernpsychologie (7. Aufl.). Weinheim: Beltz.
Ehlert, U. (2015). Verhaltensmedizin (2. Aufl.). Berlin: Springer.
Einsle, F. & Hummel, K.V. (2015). Kognitive Umstrukturierung: Techniken der Verhaltenstherapie. Weinheim: Beltz.
Elhardt, S. (2015). Tiefenpsychologie. Eine Einführung (18. Aufl.). Stuttgart: Kohlhammer.
Ellis, A. & MacLaren, C. (2014). Rational-Emotive Verhaltenstherapie. Paderborn: Junfermann.
Ennemoser, M. & Krajewski, K. (2015). Pädagogisch-psychologische Lernförderung im Kindergarten- und Einschulungsalter. In E. Wild & J. Möller (Hrsg.), Pädagogische Psychologie (2. Aufl.) (S. 371–399). Berlin: Springer.
Ermann, M. (2012). Angst und Angststörungen. Psychoanalytische Konzepte. Stuttgart: Kohlhammer.
Euler, H. A. (2000). Evolutionstheoretische Ansätze. In J. H. Otto, H. A. Euler & H. Mandl (Hrsg.), Emotionspsychologie. Ein Handbuch (S. 45–63). Weinheim: Beltz.
Fahrenberg, J. (2007) Menschenbilder. Psychologische, biologische, interkulturelle und religiöse Ansichten. Freiburg: Universität Freiburg, Institut für Psychologie.
Fahrenberg, J. (2008). Gehirn und Bewusstsein. Neurophilosophische Kontroversen. In S. Gauggel & M. Herrmann (Hrsg.), Handbuch der Neuro- und Biopsychologie (S. 28–43). Göttingen: Hogrefe.
Falkai, P. & Wittchen, H.U. (2014). Diagnostisches und Statistisches Manual Psychischer Störungen DSM-5. Göttingen: Hogrefe.
Faller, G. (2012). Lehrbuch Betriebliche Gesundheitsförderung (2. Aufl.). Göttingen: Hogrefe.
Faller, H. & Lang, H. (Hrsg.) (2006). Medizinische Psychologie und Medizinische Soziologie (4. Aufl.). Heidelberg: Springer.
Faltermaier, T. (2017). Gesundheitspsychologie (2. Aufl.). Stuttgart: Kohlhammer.
Felfe, J. (2012a). Arbeits- und Organisationspsychologie 1. Arbeitsgestaltung, Motivation und Gesundheit. Stuttgart: Kohlhammer.
Felfe, J. (2012b). Arbeits- und Organisationspsychologie 2. Führung und Personalentwicklung. Stuttgart: Kohlhammer.
Felser, G. (2015). Werbe- und Konsumentenpsychologie (4. Aufl.). Berlin: Springer.
Fischer, P., Asal, K. & Krueger, J. (2013). Sozialpsychologie für Bachelor. Heidelberg: Springer.
Fisseni, H. J. (2008). Persönlichkeitspsychologie (5. Aufl.). Göttingen: Hogrefe.

Flade, A. (2006). Wohnen psychologisch betrachtet (2.). Bern: Huber.
Flade, A. (2008). Architektur psychologisch betrachtet. Göttingen: Hogrefe.
Flade, A. (2013). Der rastlose Mensch – Konzepte und Erkenntnisse der Mobilitätspsychologie. Berlin: Springer.
Flade, A. (2016). Third Places – Reale Inseln in der virtuellen Welt: Ausflüge in die Cyberpsychologie. Berlin: Springer.
Forgas, J. P. (1999). Soziale Interaktion und Kommunikation. Eine Einführung in die Sozialpsychologie (4. Aufl.). Weinheim: Beltz.
Franke, A. (2010). Das Modell der Salutogenese. In G.J. Dobos & A. Paul (Hrsg.), Mind-Body-Medizin. München: Elsevier, Urban & Fischer.
Franke, A. (2012). Modelle von Gesundheit und Krankheit (3. Aufl.). Bern: Huber.
Frankl, V.E. (2007). Theorie und Therapie der Neurosen. Einführung in Logotherapie und Existenzanalyse (9. Aufl.). Stuttgart: UTB. (Orig. 1956).
Freud, S. (1994/2010). Abriß der Psychoanalyse. Frankfurt: Fischer.
Freud, S. (2000). Studienausgabe. 10 Bde. Frankfurt: Fischer.
Frey, D. (2017) (Hrsg.). Psychologie der Sprichwörter. Weiß die Wissenschaft mehr als Oma? Berlin: Springer.
Frey, D. & Bierhoff, H. W. (2011). Sozialpsychologie – Interaktion und Gruppe. Göttingen: Hogrefe.
Friemel, T. N. (2013). Sozialpsychologie der Mediennutzung. Motive, Charakteristiken und Wirkungen interpersonaler Kommunikation über massenmediale Inhalte. Konstanz: UVK
Fröhlich-Gildhoff, K. & Dörner, T. (2016). Prävention und Resilienzförderung in Kindertageseinrichtungen – PRiK: Ein Förderprogramm. München: Reinhardt.
Fröhlich-Gildhoff, K. & Rönnau-Böse, M. (2015). Resilienz (4. Aufl.). München: Reinhardt.
Fröse, M.W., Kaudela-Baum, S. & Dievernich, F.E.P. (Hrsg.) (2015). Emotion und Intuition in Führung und Organisation. Berlin: Springer/Gabler.
Fuhrer, U. (2009). Lehrbuch Erziehungspsychologie (2. Aufl.). Göttingen: Hogrefe.
Funke, J. (2017). Scholarly merits: From measurement to judgement. Perspectives on Psychological Science, 12(6), 1145–1147.
Gage, N. L. & Berliner, D. C. (1996). Pädagogische Psychologie (5. Aufl.). Weinheim: Beltz.
Gazzaniga, M., Heatherton, T. & Halpern, D. (2017). Psychologie. Weinheim: Beltz.
Gebert, D. (2014). Interventionen in Organisationen. In H. Schuler (Hrsg.), Lehrbuch Organisationspsychologie (5. Aufl.) (S. 601–616). Bern: Huber.
Geiß, P. G. (2016). Fachdidaktik Psychologie. Kompetenzorientiertes Unterrichten und Prüfen in der gymnasialen Oberstufe. Bern: Haupt.
Gerrig, R. J. (2016). Psychologie (20. Aufl.). München: Pearson.
Gigerenzer, G. (2008). Bauchentscheidungen. Die Intelligenz des Unbewussten und die Macht der Intuition. München: Goldmann.

Gold, A. (2011). Lernschwierigkeiten. Ursachen, Diagnostik, Intervention. Stuttgart: Kohlhammer.

Gollwitzer, M. & Schmitt, M. (2009). Sozialpsychologie kompakt. Weinheim: Beltz.

Gollwitzer, P. M. & Malzacher, J. T. (1996). Absichten und Vorsätze. In J. Kuhl & H. Heckhausen (Hrsg.), Motivation, Volition und Handlung (S. 427–468). Göttingen: Hogrefe.

Gramann, K. & Schandry, R. (2009). Psychophysiologie. Körperliche Indikatoren psychischen Geschehens (4. Aufl.). Weinheim: Beltz.

Grawe, K., Donati, R. & Bernauer, F. (2001). Psychotherapie im Wandel. Von der Konfession zur Profession (5. Aufl.). Göttingen: Hogrefe.

Guégen, N. & Meineri, S. (2013). Natur für die Seele. Die Umwelt und ihre Auswirkungen auf die Psyche. Berlin: Springer.

Guilford, J. P. (1964). Persönlichkeit. Weinheim: Beltz.

Güntürkün, O. (2012). Biologische Psychologie. Göttingen: Hogrefe.

Guski, R. (2000). Wahrnehmung (2. Aufl.). Stuttgart: Kohlhammer.

Haag, L. & Streber, D. (2012). Klassenführung. Erfolgreich unterrichten mit Classroom Management. Weinheim: Beltz.

Hacker, W. (2010). Psychische Regulation von Arbeitstätigkeiten. In U. Kleinbeck & K. H. Schmidt (Hrsg.), Arbeitspsychologie (S. 3–37). Göttingen: Hogrefe.

Hacker, W.& Sachse, P. (2014). Allgemeine Arbeitspsychologie – Psychische Regulation von Tätigkeiten (3. Aufl.). Göttingen: Hogrefe.

Haddock, G. & Maio, G.R. (2014). Einstellungen. In K. Jonas, W. Stroebe & M. Hewstone (2014), Sozialpsychologie (6. Aufl.) (S. 197–229). Berlin: Springer.

Hahn, H. & Kagelmann, H.J. (Hrsg.) (1996). Tourismuspsychologie und Tourismussoziologie. Ein Handbuch zur Tourismuswissenschaft. Weinheim: Beltz.

Hamann, K., Baumann, A. & Löschinger, D. (2016). Psychologie im Umweltschutz. Handbuch zur Förderung nachhaltigen Handelns. München: Oekom.

Hannover, B. & Greve, W. (2012). Selbst und Persönlichkeit. In W. Schneider & U. Lindenberger (Hrsg.), Entwicklungspsychologie (S. 543–561). Weinheim: Beltz.

Hänsel, F., Baumgärtner, S.D., Kornmann, J.M. & Ennigkeit, F. (2016). Sportpsychologie. Berlin: Springer.

Hartmann-Kottek, L. (2012). Gestalttherapie (3. Aufl.). Berlin: Springer.

Hasselhorn, M. (2006). Metakognition. In D. H. Rost (Hrsg.), Handwörterbuch Pädagogische Psychologie (3. Aufl.) (S. 480–485). Weinheim: Beltz.

Hasselhorn, M. & Gold, A. (2013). Pädagogische Psychologie. Erfolgreiches Lernen und Lehren (3., vollst. überarb. u. erw. Aufl.). Stuttgart: Kohlhammer.

Hasselhorn, M. & Schneider, W. (Hrsg.) (2016). Förderprogramme für Vor- und Grundschule. Göttingen: Hogrefe.

Hattie, J. (2013). Lernen sichtbar machen. Baltmannsweiler: Schneider.

Hautzinger, M. & Thies, E. (2008). Klinische Psychologie: Psychische Störungen. Weinheim: Beltz.

Heckhausen, H. (1987). Wünschen – Wählen – Wollen. In H. Heckhausen, P. M. Gollwitzer & F. E. Weinert (Hrsg.), Jenseits des Rubikon: Der Wille in den Humanwissenschaften. (S. 3–9). Berlin: Springer.

Heckhausen, H. (1989). Motivation und Handeln (2. Aufl.). Berlin: Springer.

Heckhausen, J. & Heckhausen, H. (2010). Motivation und Handeln: Einführung und Überblick. In J. Heckhausen & H. Heckhausen (Hrsg.), Motivation und Handeln (4. Aufl.) (S. 1–9). Heidelberg: Springer.

Heidbrink, H., Lück, H. & Schmidtmann, H. (2009). Psychologie sozialer Beziehungen. Stuttgart: Kohlhammer.

Heidenreich, T. & Michalak, J. (2013). Die »dritte Welle« der Verhaltenstherapie. Grundlagen und Praxis. Weinheim: Beltz.

Heinrichs, N. & Lohaus, A. (2011). Klinische Entwicklungspsychologie kompakt. Psychische Störungen im Kindes- und Jugendalter. Weinheim: Beltz.

Hellbrück, J. & Kals, E. (2012). Umweltpsychologie. Wiesbaden: Springer.

Helmke, A. (2015). Unterrichtsqualität und Lehrerprofessionalität. Diagnose, Evaluation und Verbesserung des Unterrichts (6. Aufl.). Seelze-Velber: Kallmeyer in Verbindung mit Klett.

Hennig, C. & Knödler, U. (2000). Problemschüler — Problemfamilien. Ein praktisches Lehrbuch zum systemischen Arbeiten mit schulschwierigen Kindern (6. Aufl.). Weinheim: Beltz.

Herold, C. & Herold, M. (2013). Selbstorganisiertes Lernen in Schule und Beruf: Gestaltung wirksamer und nachhaltiger Lernumgebungen (2. Aufl.). Weinheim: Beltz.

Herrmann, H.P. (2016). Tourismuspsychologie. Berlin: Springer.

Herrmann, T. (1991). Lehrbuch der empirischen Persönlichkeitsforschung (6. Aufl.). Göttingen: Hogrefe.

Herzberg, P.Y. & Roth, M. (2014). Persönlichkeitspsychologie. Wiesbaden: Springer.

Herzog, W., Kruse, J. & Wöller, W. (2016). Psychosomatik: Erkennen – Erklären – Behandeln. Leipzig: Thieme.

Hesse, I. & Latzko, B. (2012). Diagnostik für Lehrkräfte. Opladen: Budrich.

Hock, M. & Kohlmann, C. W. (2009). Angst und Furcht. In V. Brandstätter & J. H. Otto (Hrsg.), Handbuch Allgemeine Psychologie: Motivation und Emotion (S. 623–632). Göttingen: Hogrefe.

Hollederer, A. (2010). Erwerbslosigkeit, Gesundheit und Präventionspotenziale. Berlin: Springer.

Holling, H. & Liepmann, D. (2014). Interventionen in Organisationen. In H. Schuler (Hrsg.), Lehrbuch Organisationspsychologie (5. Aufl.) (S. 285–316). Bern: Huber.

Hoppe-Graff, S. (2014). Pädagogische Psychologie: Überblick und ausgewählte Themen. Beitrag in D. Myers: Psychologie (3. Aufl.) (S. 745–783). Berlin: Springer.

Huber, O. (2013). Das psychologische Experiment. Eine Einführung (6. Aufl.). Bern: Huber.

Hudson, W. (1960). Pictorial depth perception in sub-cultural groups in Africa. The Journal of Social Psychology, 52, 183–208.

Hunecke, M. (2013). Psychologie der Nachhaltigkeit. Psychische Ressourcen für Postwachstumsgesellschaften. München: Oekom.

Hurrelmann, K., Grundmann, M. & Walper, S. (Hrsg.) (2015). Handbuch Sozialisationsforschung (8. Aufl.). Weinheim: Beltz.

Hurrelmann, K., Klotz, T. & Haisch (2014). Lehrbuch Prävention und Gesundheitsförderung. (4. Aufl.). Bern: Huber.

Hurrelmann, K., Laaser, U. & Razum, O. (Hrsg.) (2016). Handbuch Gesundheitswissenschaften (6. Aufl.). Weinheim: Juventa.

Hutterer, R. (2013). Das Paradigma der Humanistischen Psychologie: Entwicklung, Ideengeschichte und Produktivität. Berlin: Springer.

Jäncke, L. (2013). Lehrbuch Kognitive Neurowissenschaften. Göttingen: Hogrefe.

Jonas, K. Stroebe, W. & Hewstone, M. (Hrsg.) (2014). Sozialpsychologie (6. Aufl.). Berlin: Springer.

Jung, C. G. (1995). Analytische Psychologie. Nach Aufzeichnungen des Seminars von 1925. Freiburg: Walter.

Jungbauer, J. (2014). Familienpsychologie (2. Aufl.). Weinheim: Beltz.

Kagelmann, J.H. & Kiefl, W. (2015). Gesundheitsreisen und Gesundheitstourismus. Wien: Profil.

Kals, E. & Gallenmüller-Roschmann, J.G. (2011). Arbeits- und Organisationspsychologie kompakt. Weinheim: Beltz.

Kaluza, G. (2015). Stressbewältigung. Trainingsmanual zur psychologischen Gesundheitsförderung (3. Aufl.). Berlin: Springer.

Kanfer, F.H., Reinecker, H. & Schmelzer, D. (2012). Selbstmanagement-Therapie. Ein Lehrbuch für die Klinische Praxis (5. Aufl.). Berlin: Springer.

Karnath, H.O. & Thier, P. (Hrsg.). (2012). Kognitive Neurowissenschaften (3. Aufl.). Heidelberg: Springer.

Kast, V. (2016). Die Dynamik der Symbole. Grundlagen der Jungschen Psychotherapie (Neuausgabe). Düsseldorf: Patmos.

Katzer, C. (2016). Cyberpsychologie. Leben im Netz: Wie das Internet uns verändert. München: dtv.

Kauffeld, S. & Grote, S. (2014). Personalentwicklung. In S. Kauffeld (Hrsg.), Arbeits-, Organisations- und Personalpsychologie für Bachelor (2. Aufl., S. 119–150). Berlin: Springer.

Kauffeld, S. (2014). Arbeits-, Organisations- und Personalpsychologie für Bachelor (2. Aufl.). Berlin: Springer.

Keller, J.A. (1981). Grundlagen der Motivation. München: Urban & Schwarzenberg.

Kernberg, O. (2010). Objektbeziehungen und Praxis der Psychoanalyse (7. Aufl.). Stuttgart: Klett-Cotta.

Kerschreiter, R. & Mojzisch, A. (2006). Sozio-kognitive Neurowissenschaft. In H. W. Bierhoff & D. Frey (Hrsg.). Handbuch der Sozialpsychologie und Kommunikationspsychologie (S. 267–272). Göttingen: Hogrefe.

Kiel, E., Frey, A. & Weiß, S. (2013). Trainingsbuch Klassenführung. Bad Heilbrunn: Klinkhardt.

Kirchler, E.M. (2011). Wirtschaftspsychologie. Individuen, Gruppen,

Märkte, Staat (4. Aufl.). Göttingen: Hogrefe.
Klinkhammer, J. & Salisch, M. v. (2015) Emotionale Kompetenz bei Kindern und Jugendlichen – Entwicklung und Folgen. Stuttgart: Kohlhammer.
Knoll, N., Scholz, U. & Rieckmann, N. (2017). Einführung Gesundheitspsychologie (4. Aufl.). München: Ernst Reinhardt.
Köhle, K., Herzog, W., Joraschky, P., Kruse, J.; Langewitz, W. & Söllner, W. (Hrsg.) (2016). Uexküll. Psychosomatische Medizin. Theoretische Modelle und klinische Praxis. München: Elsevier
Köhler, T. (2007). Freuds Psychoanalyse. Eine Einführung (2. Aufl.). Stuttgart: Kohlhammer.
Köhler, U. (2014). Rechtspsychologie. Stuttgart: Kohlhammer.
Körner, J. (2015). Psychotherapeutische Kompetenzen – Ein Praxismodell zu Kompetenzprofilen in der Aus- und Weiterbildung. Wiesbaden: Springer Fachmedien.
Krampen, G. (2000). Handlungstheoretische Persönlichkeitspsychologie. (2. Aufl.). Göttingen: Hogrefe.
Kriz, J. (2014). Grundkonzepte der Psychotherapie. Eine Einführung (7. Aufl.). Weinheim: Beltz.
Kriz, J. (2016). Systemtheorie für Coaches. Einführung und kritische Diskussion. Berlin: Springer.
Kriz, J., Lück, H. E., Heidbrink, H., Zitterbart, W. & Werbik, H. (2000). Wissenschafts- und Erkenntnistheorie. Eine Einführung für Psychologen und Humanwissenschaftler. (4. Aufl.). Opladen: Leske & Budrich.
Kruse, L. (1974). Räumliche Umwelt. Die Phänomenologie des räumlichen Verhaltens als Beitrag zu einer psychologischen Theorie der Umwelt. Berlin: de Gruyter.
Kübler, A. & Neuper, C. (2012). Gehirn-Computer-Schnittstellen. In H.O. Karnath & P. Thier (Hrsg.), Kognitive Neurowissenschaften. (3. Aufl.) (S. 765–774). Heidelberg: Springer.
Kuhl, J. (1987). Motivation und Handlungskontrolle: Ohne guten Willen geht es nicht. In H. Heckhausen, P. M. Gollwitzer & F. E. Weinert (Hrsg.), Jenseits des Rubikon: Der Wille in den Humanwissenschaften (S. 101–120). Berlin: Springer.
Kury, H. & Obergfell-Fuchs, J. (2012). Rechtspsychologie. Forensische Grundlagen und Begutachtung. Ein Lehrbuch für Studium und Praxis. Stuttgart: Kohlhammer.
Lang, F., Martin, M. & Pinquart, M. (2012). Entwicklungspsychologie – Erwachsenenalter. Göttingen: Hogrefe.
Langer, I. & Schulz von Thun, F. (1974). Messung komplexer Merkmale in Psychologie und Pädagogik. Ratingverfahren. München: Reinhardt. (Reprint 2007. Münster: Waxmann).
Langfeldt, H.P. (2006). Psychologie für die Schule. Weinheim: Beltz.
Laucken, U. (1974). Naive Verhaltenstheorie. Stuttgart: Klett.
Laucken, U., Schick, A. & Höge, H. (1996). Einführung in das Studium der Psychologie. Eine Orientierungshilfe für Schüler und Studenten (7. Aufl.). Stuttgart: Klett-Cotta.
Lauth, G. W. (2014). ADHS in der Schule. Übungsprogramm für Lehrer (2. Aufl.) Weinheim: Beltz.

Lauth, G. W., Grünke, M. & Brunstein, J. C. (Hrsg.) (2014). Interventionen bei Lernstörungen. Förderung, Training und Therapie in der Praxis. (2. Aufl.). Göttingen: Hogrefe.

Laux, L. & Renner, K.-H. (2015). Persönlichkeitspsychologie. In A. Schütz, H. Brandt, H. Selg & S. Lautenbacher (Hrsg.), Psychologie. Eine Einführung in ihre Grundlagen und Anwendungsfächer (5. Aufl.) (S. 208–232). Stuttgart: Kohlhammer.

Lazarus, R. S. (1991). Progress on a cognitive-motivational-relational theory of emotion. American Psychologist, 46, 819–834.

Lazarus, R. S. & Folkman, S. (1984). Stress, appraisal and coping. New York: Springer.

Lefrancois, G. R. (2015). Psychologie des Lernens (5. Aufl.). Berlin: Springer.

Leipold, B. (2015). Resilienz im Erwachsenenalter. München: Ernst Reinhardt.

Leitner, A. (2010). Handbuch der Integrativen Therapie. Wien & New York: Springer.

Levold, T. & Wirsching, M. (Hrsg.) (2016). Systemische Therapie und Beratung – das große Lehrbuch (2. Aufl.). Heidelberg: Carl-Auer-Verlag.

Libet, B. (2005). Mind Time. Wie das Gehirn Bewusstsein produziert. Frankfurt: Suhrkamp.

Lilienfeld, S. O., Lynn, S. J., Ruscio, J. & Beyerstein, B. L. (2010). Fifty great myths of popular psychology. Chichester: Wiley-Blackwell.

Lohaus, A. & Domsch, H. (2015). Die Förderung psychosozialer Kompetenzen im Schulalter. In E. Wild & J. Möller (Hrsg.), Pädagogische Psychologie (2. Aufl.) (S. 421–440). Berlin: Springer.

Lohmann, H.M. & Pfeiffer, J. (2013). Freud Handbuch. Leben – Werk – Wirkung. Berlin Springer.

Lück, H. E. (1993). Psychologie sozialer Prozesse (3. Aufl.). Opladen: Leske + Budrich.

Lück, H. E. (2015). Geschichte der Psychologie. In A. Schütz, H. Brandt, H. Selg & S. Lautenbacher (Hrsg.), Psychologie. Eine Einführung in ihre Grundlagen und Anwendungsfächer (5. Aufl.) (S. 35–53). Stuttgart: Kohlhammer.

Lück, H.E. & Guski-Leinwand, S. (2014). Geschichte der Psychologie. Strömungen, Schulen, Entwicklungen (7. Aufl.). Stuttgart: Kohlhammer.

Lück, H.E., Miller, R. & Sewz, G. (Hrsg.) (2017). Klassiker der Psychologie. Die bedeutenden Werke: Entstehung, Inhalt und Wirkung (2. Aufl.). Stuttgart: Kohlhammer.

Lutz, W. & Grawe, K. (2005). Psychotherapieforschung. In F. Petermann & H. Reinecker (Hrsg.), Handbuch der klinischen Psychologie und Psychotherapie (S. 92–100). Göttingen: Hogrefe.

Maccoby, E. E., & Martin, J. A. (1983). Socialization in the context of the family: Parent-child interaction. In E. M. Hetherington & P. H. Mussen (eds.), Handbook of child psychology, Vol. 4: Socialization, personality, and social development (4th ed.) (S. 1–101). New York: Wiley.

Maguire, E.A.; Gadian, D.G.; Johnsrude, I.S.; Good, C.D.; Ashburner, J.; Frackowiak, R.S.J. & Frith, C.D. (2000). Navigation-related structural change in the hippocampi of taxi drivers. Proceedings of the National Academy of Sciences of the United States of America, 97(3), 4398–4403

Mähler, C. & Grube, D. (2012). Lernstörungen. In W. Schneider & U. Lindenberger (Hrsg.), Entwicklungspsychologie (7. Aufl.) (S. 605–618). Weinheim: Beltz.

Mähler, C. & Stern, E. (2006). Transfer. In D. H. Rost (2006), Handwörterbuch Pädagogische Psychologie (4. Aufl.) (S. 782–793). Weinheim: Beltz.

Maier, W., Schulz, J.B., Weggen, S. & Wolf, S. (2011). Alzheimer & Demenzen verstehen: Diagnose, Behandlung, Alltag, Betreuung. Stuttgart: Trias.

Maltby, J.; Day, L. & Macaskill, A. (2011). Differentielle Psychologie, Persönlichkeit und Intelligenz (2. Aufl.). München: Pearson.

Margraf, J. (Hrsg.) (2018). Lehrbuch der Verhaltenstherapie, Band 1 und 2 (4. Aufl.). Heidelberg: Springer.

Maslow, A. (1994). Psychologie des Seins. Ein Entwurf (5. Aufl.). München: Kindler.

Maslow, A. (2005). Motivation und Persönlichkeit. Reinbek: Rowohlt.

May, R. (1991). The Cry for Myth. New York: W.W. Norton Company.

McAdams, D.P. & Pals, J.L. (2002). A New Big Five – Fundamental Principles for an Integrative Science of Personality. American Psychologist, 61, 204-217.

Mees, U. (1991). Die Struktur der Emotionen. Göttingen: Hogrefe.

Merten, J. (2003). Einführung in die Emotionspsychologie. Stuttgart: Kohlhammer.

Mertens, W. (1996/1997). Entwicklung der Psychosexualität und der Geschlechtsidentität. Band 1: Geburt bis 4. Lebensjahr; Band 2: Kindheit und Adoleszenz. Stuttgart: Kohlhammer.

Mertens, W. (2014). Handbuch psychoanalytischer Grundbegriffe (4. Aufl.). Stuttgart: Kohlhammer.

Meyer, W.U., Schützwohl, A. & Reisenzein, R. (2008). Einführung in die Emotionspsychologie, Bd.2: Evolutionspsychologische Emotionstheorien (3. Aufl.). Bern: Huber.

Mietzel, G. (2007). Pädagogische Psychologie des Lernens und Lehrens (8. Aufl.). Göttingen: Hogrefe.

Milgram, S. (1974). Das Milgram-Experiment. Zur Gehorsamkeitsbereitschaft gegenüber Autorität (14. Aufl. 1997). Reinbek: Rowohlt.

Mischel, W. (1968). Personality and assessment. New York: Wylie.

Mischel, W. (2004). Toward an integrative science of the person. Annual Review of Psychology, 55, 1-22.

Montada, L., Lindenberger, U. & Schneider, W. (2012). Fragen, Konzepte, Perspektiven. In W. Schneider & U. Lindenberger (Hrsg.), Entwicklungspsychologie (7. Aufl.) (S. 27–60). Weinheim: Beltz.

Müsseler, J. & Rieger, M. (Hrsg.) (2017). Allgemeine Psychologie. (3. Aufl.). Heidelberg: Springer.

Myers, D. G. (2014). Psychologie (3. Aufl.). Berlin: Springer

Neisser, U. (1967). Cognitive Psychology. New Jersey: Prentice Hall.

Nerdinger, F. (2014). Organisationstheorien. In F. Nerdinger, W. Friedemann, G. Blickle. & N. Schaper (Hrsg.), Arbeits- und Organisa-

tionspsychologie (3. Aufl.) (S. 41–54). Berlin: Springer.
Nerdinger, F., Friedemann, W., Blickle, G. & Schaper, N. (Hrsg.) (2014), Arbeits- und Organisationspsychologie (3. Aufl.). Berlin: Springer.
Neubauer, A. & Stern, E. (2007). Lernen macht intelligent. Warum Begabung gefördert werden muss. München: Deutsche Verlags-Anstalt.
Neuner, R. (2016). Psychische Gesundheit bei der Arbeit. Betriebliches Gesundheitsmanagement und Gefährdungsbeurteilung psychischer Belastung (2. Aufl.). Berlin: Springer.
Neyer, F. J. & Asendorpf, J. B. (2018). Psychologie der Persönlichkeit (6. Aufl.). Berlin: Springer.
Nisbett, R. E. (2015). Mindware. Tools for smart thinking. New York: Farrar, Straus & Giroux. (Deutsch: (2016). Einfach denken! Wie wir alltägliche Denkfallen vermeiden und die richtigen Entscheidungen treffen. Frankfurt a. M.: Fischer.)
Nolting, H. P. (1985). Psychologie lehren. Zur Didaktik von Einführungen und Kurzstudiengängen. Weinheim: Beltz.
Nolting, H. P. (2012). Abschied von der Küchenpsychologie. Das Wichtigste für Ihre psychologische Allgemeinbildung. Reinbek: Rowohlt.
Nolting, H. P. (2015). Psychologie der Aggression. Warum Ursachen und Auswege so vielfältig sind. Reinbek: Rowohlt.
Nolting, H. P. (2017). Störungen in der Schulklasse. Ein Leitfaden zur Vorbeugung und Konfliktlösung (14. Aufl.). Weinheim: Beltz.
Nolting, H. P. & Paulus, P. (2004). Pädagogische Psychologie (3. Aufl.). Stuttgart: Kohlhammer.
Olweus, D. (2006). Gewalt in der Schule. Was Lehrer und Eltern wissen sollten – und tun können (4. Aufl.). Bern: Huber.
Ortony, A., Clore, G.L. & Collins, A. (1988). The cognitive structure of emotions. Cambridge: Cambridge University Press.
Paridon, H., Ernst, S. , Harth, V., Nickel, P. Nold, A. & Pallapies, D. (2012). Schichtarbeit – Rechtslage, gesundheitliche Risiken und Präventionsmöglichkeiten. Berlin: DGUV.
Pauls, H. (2013). Klinische Sozialarbeit: Grundlagen und Methoden psychosozialer Behandlung (3. Aufl.). Weinheim: Beltz.
Paulus, P. (1994). Selbstverwirklichung und psychische Gesundheit. Konzeptuelle Analysen und ein Neuentwurf. Göttingen: Hogrefe.
Paulus, P. (Hrsg.) (2017). MindMatters – Mit psychischer Gesundheit gute Schule entwickeln. Lüneburg: Leuphana Universität Lüneburg
Perls, F. (1969). Gestalt Therapy Verbatim. Lafayette: Real People Press.
Perls, F. (2007). Grundlagen der Gestalt-Therapie. Einführung und Sitzungsprotokolle (17. Aufl.). Stuttgart: Klett-Cotta. (Amer. Orig. 1973).
Perls, F., Hefferline, R. & Goodman, P. (1951/2006). Gestalt Therapy: Excitement and Growth in the Human Personality. Gouldsboro: Gestalt Journal Press.
Perrez, M. & Baumann, U. (2011). Lehrbuch Klinische Psychologie – Psychotherapie (4. Aufl.). Bern: Verlag Hans Huber.

Pervin, L. A. (1981). Persönlichkeitspsychologie in Kontroversen. München: Urban & Schwarzenberg.
Pervin, L. A., Cervone, D. & John, O. P. (2005). Persönlichkeitstheorien. München: Reinhardt.
Petermann, F. & Daseking, M. (2015). Diagnostische Erhebungsverfahren. Göttingen: Hogrefe.
Petermann, F., Niehank, K. & Scheithauer, H. (2004). Entwicklungswissenschaft. Entwicklungspsychologie, Genetik, Neuropsychologie. Heidelberg: Springer.
Petermann, F. & Resch, F. (2013). Entwicklungspsychopathologie. In F. Petermann (Hrsg.). Lehrbuch der Klinischen Kinderpsychologie. (7. Aufl.) (S. 57–76). Göttingen: Hogrefe.
Petzold, H.G. (2015). Integrative Therapie. Integrative Therapie aktuell 2000–2015. (Ausg. 20/2015).
Pinel, J. P. J. & Pauli, P. (Hrsg.) (2012). Biologische Psychologie (8. Aufl.). München: Pearson.
Pinquart, M., Schwarzer, G. & Zimmermann, P. (2011). Entwicklungspsychologie – Kindes- und Jugendalter. Göttingen: Hogrefe.
Preckel, F. & Vock, M. (2013). Hochbegabung – Ein Lehrbuch zu Grundlagen, Diagnostik und Fördermöglichkeiten. Göttingen: Hogrefe.
Pritzel, M., Brand, M. & Markowitsch, H. (2009). Gehirn und Verhalten. Heidelberg: Spektrum.
Quenzel, G. (2015). Entwicklungsaufgaben und Gesundheit im Jugendalter. Weinheim: Beltz
Quitmann, H. (1996). Humanistische Psychologie. Psychologie, Philosophie, Organisationsentwicklung (3. Aufl.). Göttingen: Hogrefe.
Rammsayer, T. & Weber, H. (2016). Differentielle Psychologie – Persönlichkeitstheorien (2. Aufl.). Göttingen: Hogrefe.
Reich, K. (2012). Konstruktivistische Didaktik: Das Lehr- und Studienbuch (5. Aufl.). Weinheim: Beltz.
Reichl, H. (2014). Humane Lebenswelten. Eine Psychologie des Wohnens und des Planens. CreateSpace Independent Publishing Platform.
Reimer, Ch., Eckert, J., Hautzinger, M. & Wilke, E. (2007). Psychotherapie: Ein Lehrbuch für Ärzte und Psychologen. Berlin: Springer.
Renkl, A. (1996). Träges Wissen. Wenn Erlerntes nicht genutzt wird. Psychologische Rundschau, 47, 78–92.
Renkl, A. (Hrsg.) (2008). Lehrbuch Pädagogische Psychologie. Göttingen: Hogrefe.
Renkl, A. (2015). Wissenserwerb. In E. Wild & J. Möller (Hrsg.), Pädagogische Psychologie (2. Aufl.) (S. 3–24). Berlin: Springer.
Rentzsch, K. & Schütz, A. (2009). Psychologische Diagnostik: Grundlagen und Anwendungsperspektiven .Stuttgart: Kohlhammer
Reuter, H. (2014). Geschichte der Psychologie. Göttingen: Hogrefe.
Rheinberg, F. (2004). Motivation (5. Aufl.). Stuttgart: Kohlhammer.
Rheinberg, F. & Krug, S. (2005). Motivationsförderung im Schulalltag (3. Aufl.). Göttingen: Hogrefe.
Riffer, F., Kaiser, E., Sprung, M. & Streibl, L. (Hrsg.) (2017). Die Vielgestaltigkeit der Psychosomatik. Heidelberg: Springer.
Rogers, C. R. (1978). Die klientenzentrierte Gesprächspsychotherapie. Frankfurt: Fischer. (Amer. Orig. 1951).

Rogers, C. R. (1991). Eine Theorie der Psychotherapie, der Persönlichkeit und der zwischenmenschlichen Beziehungen. Köln: Gesellschaft für wissenschaftliche Gesprächspsychotherapie.

Rogers, C. R. (2016). Entwicklung der Persönlichkeit (20. Aufl.). Stuttgart: Klett-Cotta.

Röhner, J. & Schütz, A. (2014). Psychologie der Kommunikation. Wiesbaden: VS Verlag für Sozialwissenschaften.

Rohracher, H. (1971). Einführung in die Psychologie (10. Aufl.). München: Urban & Schwarzenberg.

Rönnau-Böse, M. & Fröhlich-Gildhoff, K. (2015). Resilienz und Resilienzförderung über die Lebensspanne. Stuttgart: Kohlhammer.

Rösler, F. (2011). Psychophysiologie der Kognition – Eine Einführung in die Kognitive Neurowissenschaft. Heidelberg: Spektrum.

Ross, L. & Nisbett, R. E. (1991). The person and the situation. New York: McGraw-Hill.

Rost, D. H. (2005). Interpretation und Bewertung pädagogisch-psychologischer Studien. Weinheim: Beltz.

Roth, W. (2011). C.G. Jung verstehen: Grundlagen der Analytischen Psychologie. Düsseldorf: Patmos.

Rothangel, S. (2010). Kurzlehrbuch Medizinische Psychologie und Soziologie (2. Aufl.). Stuttgart: Thieme.

Rothermund, K. (2015). Emotion. In A. Schütz, H. Brandt, H. Selg & S. Lautenbacher (Hrsg.), Psychologie. Eine Einführung in ihre Grundlagen und Anwendungsfächer (5. Aufl.) (S. 152–169). Stuttgart: Kohlhammer.

Rowe, D. (1997). Genetik und Sozialisation. Die Grenzen der Erziehung. Weinheim: Beltz.

Ruch, F. L. & Zimbardo, P. G. (1975). Lehrbuch der Psychologie. Berlin: Springer.

Rudolph, U., Tscharaktschiew, N. & Schoessow, F. (2017). Einführung in die Psychologie. Berlin: Springer.

Schachter, S. & Singer, J. E. (1962). Cognitive, social and physiological determinants of emotional state. Psychological Review, 69, 379–399.

Schandry, R. (2016). Biologische Psychologie (4. Aufl.). Weinheim: Beltz PVU.

Schaper, N. (2011). Selbstverständnis, Gegenstände und Aufgaben der Arbeits- und Organisationspsychologie. In F. Nerdinger, W. Friedemann, G. Blickle & N. Schaper (Hrsg.), Arbeits- und Organisationspsychologie (S. 3–16) (2., aktual. Aufl.). Berlin: Springer.

Schelp, T. & Kemmler, L. (1988). Emotion und Psychotherapie. Ein kognitiver Beitrag zur Interpretation psychotherapeutischer Schulen. Bern: Huber.

Schlippe, A. v., & Schweitzer, J. (2016). Lehrbuch der systemischen Therapie und Beratung (3. Aufl.). Göttingen: Vandenhoeck & Ruprecht.

Schmalt, H.-D. & Langens, T. A. (2009). Motivation (4. Aufl.). Stuttgart: Kohlhammer.

Schmitt, M. & Altstötter-Gleich, C. (2010). Differentielle Psychologie und Persönlichkeitspsychologie. Weinheim: Beltz.

Schneewind, K.A. (2010). Familienpsychologie (3. Aufl.) Stuttgart: Kohlhammer.

Schneider, K. & Schmalt, H. D. (2000). Motivation (3. Aufl.). Stuttgart: Kohlhammer.
Schneider, W. & Lindenberger, U. (Hrsg.) (2012). Entwicklungspsychologie (7. Aufl.). Weinheim: Beltz.
Schönpflug, W. (2006). Einführung in die Psychologie. Weinheim: Beltz.
Schönpflug, W. (2016). Psychologie – historisch betrachtet. Berlin: Springer.
Schönpflug, W. & Schönpflug, U. (1996). Psychologie. Allgemeine Psychologie und ihre Verzweigungen in die Entwicklungs-, Persönlichkeits- und Sozialpsychologie (4. Aufl.). Weinheim: Beltz.
Schröger, E. (2010). Biologische Psychologie. Wiesbaden: Springer.
Schubarth, Wilfried (2013). Gewalt und Mobbing an Schulen. Möglichkeiten der Prävention und Intervention (2. Aufl.). Stuttgart: Kohlhammer.
Schuchardt, J. & Roediger, E. (2016). Schematherapie. Tübingen: Psychotherapie-Verlag.
Schuler, H. (2006). Noten als Prädiktoren von Studien- und Berufserfolg. In D. H. Rost (Hrsg.), Handwörterbuch Pädagogische Psychologie (3. Aufl.) (S. 599–606). Weinheim: Beltz.
Schuler, H. & Moser, K. (2014). Lehrbuch Organisationspsychologie (5. Aufl.). Bern: Huber.
Schulze, S. (2014). Kurzlehrbuch Medizinische Psychologie – Medizinische Soziologie. München: Urban & Fischer/Elsevier GmbH.
Schulz von Thun, F. (2003). Miteinander reden: Störungen und Klärungen. Psychologie der zwischenmenschlichen Kommunikation (42. Aufl.). Reinbek: Rowohlt.
Schuster, B. (2017). Pädagogische Psychologie: Lernen, Motivation und Umgang mit Auffälligkeiten. Berlin: Springer.
Schwarzer, R. & Jovanovic, B. (2015). Entwicklungspsychologie der Kindheit. Stuttgart: Kohlhammer.
Sedlmeier, P. (2015). Evaluation. In A. Schütz, H. Brandt, H. Selg & S. Lautenbacher (Hrsg.), Psychologie. Eine Einführung in ihre Grundlagen und Anwendungsfächer (5. Aufl.) (S. 280–297). Stuttgart: Kohlhammer.
Sedlmeier, P. & Renkewitz, F. (2013). Forschungsmethoden und Statistik für Psychologen und Sozialwissenschaftler (2. Aufl.). München: Pearson.
Seifried, K., Drewes, S. & Hasselhorn, M. (Hrsg.) (2016). Handbuch Schulpsychologie: Psychologie für die Schule (2. Aufl.). Stuttgart: Kohlhammer 2016.
Selg, H., Klapprott, J. & Kamenz, R. (1992). Forschungsmethoden der Psychologie. Stuttgart: Kohlhammer.
Seligman, M. (2012). Flourish – Wie Menschen aufblühen: Die positive Psychologie des gelingenden Lebens. München: Kösel.
Senge, P.M. (2011). Die fünfte Disziplin: Kunst und Praxis der lernenden Organisation. Stuttgart: Schäffer-Poeschel.
Simon, F. B., Clement, U. & Stierlin, H. (2004). Die Sprache der Familientherapie. Ein Vokabular (6. Aufl.). Stuttgart: Klett-Cotta.
Six, B. & Six-Materna, I. (2006). Naive Theorien. In H.W. Bierhoff & D. Frey (Hrsg.), Handbuch der So-

zialpsychologie und Kommunikationspsychologie (S. 322–329). Göttingen: Hogrefe.
Skinner, B. F. (1982a). Jenseits von Freiheit und Würde. Reinbek: Rowohlt.
Skinner, B. F. (1982b). Wissenschaft und menschliches Verhalten. München: Kindler. (Amer. Orig. 1953).
Smith, E.R. (2014). Social Psychology (4. Aufl.). New York & London: Psychology Press, Taylor & Francis Group.
Sodian, B. (2012). Denken. In W. Schneider & U. Lindenberger (Hrsg.), Entwicklungspsychologie (7. Aufl.) (S. 385–411). Weinheim: Beltz.
Spada, H. (Hrsg.) (2017). Lehrbuch Allgemeine Psychologie (4. Aufl.). Bern: Huber.
Spinath, B. & Brünken, R. (2016). Pädagogische Psychologie – Diagnostik, Evaluation und Beratung. Göttingen: Hogrefe.
Steiner, G. (2007). Lernen. Zwanzig Szenarien aus dem Alltag (4. Aufl.). Bern: Huber.
Stemmler, G., Hagemann, D., Amelang, M. & Spinath, F.M. (2016). Differentielle Psychologie und Persönlichkeitsforschung (8. Aufl.). Stuttgart: Kohlhammer
Stern, D. (2016). Die Lebenserfahrung des Säuglings (11. Aufl.). Stuttgart: Klett-Cotta.
Stevens, A. (2015). C.G. Jung – Eine sehr kurze Einführung. Bern: Huber.
Strik, W. & Dierks, T. (2011). Biologische Psychopathologie. Konzepte, Methoden und Praxis der klinischen Psychiatrie. Stuttgart: Kohlhammer.
Strunk, G. & Schiepek, G. (2012). Systemische Psychologie. Eine Einführung in die komplexen Grundlagen menschlichen Verhaltens (2. Aufl.). München: Spektrum.
Stürmer, S. & Siems, B. (2013). Sozialpsychologie der Gruppe. München: Reinhardt.
Sydow, K. v. (2015). Systemische Therapie. München: Ernst Reinhardt.
Tausch, R. & Tausch, A. M. (1998). Erziehungspsychologie. Begegnung von Person zu Person (11. Aufl.). Göttingen: Hogrefe.
Tent, L. (2006). Schulreife und Schulfähigkeit. In D. H. Rost (Hrsg.), Handwörterbuch Pädagogische Psychologie (3. Aufl.) (S. 647–657). Weinheim: Beltz.
Tesch-Römer, C. & Albert, I. (2012). Kultur und Sozialisation. In W. Schneider & U. Lindenberger (Hrsg.), Entwicklungspsychologie (7. Aufl.) (S. 137–156). Weinheim: Beltz.
Thomae, H. & Feger, H. (1976). Hauptströmungen der neueren Psychologie. Wiesbaden: Akademische Verlagsgesellschaft.
Thomä, H. & Kächele, H. (2006). Psychoanalytische Therapie. 2 Bde. (3. Aufl.). Berlin: Springer-Verlag.
Tillmann, K. J. (2007). Sozialisationstheorien. Eine Einführung in den Zusammenhang von Gesellschaft, Institution und Subjektwerdung (15. Aufl.). Reinbek: Rowohlt.
Trabert, G. & Waller, H. (2013). Sozialmedizin – Grundlagen und Praxis (7., aktual. u. erw. Aufl.). Stuttgart: Kohlhammer.
Tyson, Ph. & Tyson, R. L. (2012). Lehrbuch der psychoanalytischen Entwicklungspsychologie (4. Aufl.). Stuttgart: Kohlhammer.

Ulich, D. & Bösel, R. M. (2005). Einführung in die Psychologie (4. Aufl.). Stuttgart. Kohlhammer.
Ulich, D. & Mayring, P. (2003). Psychologie der Emotionen (2. Aufl.). Stuttgart. Kohlhammer.
Ulich, E. (2011). Arbeitspsychologie (7. Aufl.). Stuttgart: Schäffer-Poeschel.
Vögele, C. (2009). Klinische Psychologie: Körperliche Erkrankungen kompakt. Weinheim: Beltz.
Vollrath, M. & Krems, J. (2011). Verkehrspsychologie. Ein Lehrbuch für Psychologen, Ingenieure und Informatiker. Stuttgart: Kohlhammer.
Walach, H. (2013). Psychologie. Wissenschaftstheorie, philosophische Grundlagen und Geschichte. Ein Lehrbuch (3. Aufl.). Stuttgart: Kohlhammer.
Walden, R. & Kosica, S. (2011). Architekturpsychologie für Kindertagesstätten. Lengerich: Pabst.
Watson, J.B. & Rayner, R. (1920). Conditioned emotional reactions. Journal of Experimental Psychology, 3, 1-14.
Watson, J.B. (1913). Psychology as the behaviorist views it. Psychological Review, 20, 158-177
Watzlawick, P., Beavin, J. & Jackson, D.D. (2016). Menschliche Kommunikation (13. Aufl.). Bern: Huber (Orig. 1969).
Weber, H. & Rammsayer, T. (2012). Differentielle Psychologie – Persönlichkeitsforschung. Göttingen: Hogrefe.
Wegge, J. (2007). Emotionen und Arbeitszufriedenheit. In H. Schuler & K. Sonntag (Hrsg.), Handbuch der Arbeits- und Organisationspsychologie (S. 272–280). Göttingen: Hogrefe.
Wentura, D. & Frings, C. (2012). Kognitive Psychologie. Berlin: Springer.
Wicki, W. (2015). Entwicklungspsychologie (2. Aufl.). München: Reinhardt.
Wild, E. & Möller, J. (Hrsg.) (2015). Pädagogische Psychologie (2. Aufl.). Berlin: Springer.
Wittchen, H.U. & Hoyer, J. (Hrsg.) (2011). Klinische Psychologie & Psychotherapie (2. Aufl.). Berlin: Springer.
Wöller, W. & Kruse, J. (2014). Tiefenpsychologisch fundierte Psychotherapie. Basisbuch und Praxisanleitung (4. Aufl.). Stuttgart: Schattauer.
Woolfolk, A. (2014). Pädagogische Psychologie (12. Aufl.). München: Pearson.
Wustmann, C. (2015). Resilienz: Widerstandsfähigkeit von Kindern in Tageseinrichtungen fördern (5. Aufl.). Berlin: Cornelsen.
Wydler, H., Kolip, P. & Abel, Th. (Hrsg.) (2010). Salutogenese und Kohärenzgefühl. Grundlagen, Empirie und Praxis eines gesundheitswissenschaftlichen Konzeptes (4. Aufl.). Weinheim: Juventa
Zentgraf, K. & Munzert, J. (Hrsg.) (2014). Kognitives Training im Sport. Göttingen: Hogrefe.
Zimbardo, P.G. (1995). Psychologie. Berlin: Springer.

Namensverzeichnis

Sachwortverzeichnis